A PERLABORAÇÃO DA CONTRATRANSFERÊNCIA

Blucher

A PERLABORAÇÃO DA CONTRATRANSFERÊNCIA

A alucinação do psicanalista como recurso das construções em análise

Lizana Dallazen

A perlaboração da contratransferência: a alucinação do psicanalista como recurso das construções em análise
© 2020 Lizana Dallazen
Editora Edgard Blücher Ltda.

Imagem da capa: iStockphoto

Série Psicanálise Contemporânea
Coordenador da série Flávio Ferraz
Publisher Edgard Blücher
Editor Eduardo Blücher
Coordenação editorial Bonie Santos
Produção editorial Isabel Silva e Luana Negraes
Preparação de texto Ana Maria Fiorini
Diagramação Negrito Produção Editorial
Revisão de texto Karen Daikuzono
Capa Leandro Cunha

Blucher

Rua Pedroso Alvarenga, 1245, 4º andar
04531-934 – São Paulo – SP – Brasil
Tel.: 55 11 3078-5366
contato@blucher.com.br
www.blucher.com.br

Segundo o Novo Acordo Ortográfico, conforme 5. ed. do *Vocabulário Ortográfico da Língua Portuguesa*, Academia Brasileira de Letras, março de 2009.

É proibida a reprodução total ou parcial por quaisquer meios sem autorização escrita da editora.

Todos os direitos reservados pela Editora Edgard Blücher Ltda.

Dados Internacionais de Catalogação
na Publicação (CIP)
Angélica Ilacqua CRB-8/7057

Dallazen, Lizana

A perlaboração da contratransferência : a alucinação do psicanalista como recurso das construções em análise / Lizana Dallazen. – 1. ed. – São Paulo : Blucher, 2020. (Série Psicanálise Contemporânea / coordenação de Flávio Ferraz)

292 p.

Bibliografia
ISBN 978-65-5506-035-5 (impresso)
ISBN 978-65-5506-033-1 (eletrônico)

1. Psicanálise. 2. Freud, Sigmund. I. Título. II. Ferraz, Flávio.

20-0441   CDD 150.195

Índice para catálogo sistemático:
1. Psicanálise

A Hernildo e Jussara Dallazen.

Agradecimentos

Este livro é fruto da minha tese de doutoramento, defendida em dezembro de 2017, processo que para mim só termina com a publicação deste livro. Ao longo do percurso, contei com a valiosa colaboração de muitas pessoas que, em tempos diversos, agregaram algo para que eu alcançasse meus objetivos. Assim, faço deste espaço a oportunidade de manifestar meu reconhecimento e minha gratidão a todos que foram indispensáveis à realização desta trajetória iniciada em 2014.

A Daniel Kupermann, que foi orientador do meu mestrado e do doutorado, albergando em seu laboratório da USP as minhas pesquisas. A confiança e a liberdade que me foram concedidas de encaminhar as inquietações teóricas pelos terrenos das minhas identificações foram essenciais para nos mantermos trabalhando e crescendo mutuamente ao longo de uma década.

Aos caros colegas que fizeram parte das minhas bancas de qualificação e de defesa de tese, Bárbara Conte, Elisa de Ulhôa Cintra, Luis Cláudio Figueiredo e Marina Ribeiro, pela consideração com a minha produção científica e pelo compartilhamento dos saberes de forma a incentivar a diversificação do meu conhecimento, o que se tornou essencial no resultado final deste livro.

A Bernardo Tanis, Denise Hausen, Jamile Estacia e Ruggero Levi, pela hospitalidade e pelas escutas sensíveis que em tempos distintos da minha vida pessoal e profissional me propiciaram a perlaboração de muitas transferências e contratransferências. Minha gratidão e meu carinho pelos tantos momentos vivenciados.

A Clarice Tasch, Eurema Gallo de Moraes, Fernando Kunzler, Inácio Paim, pelas leituras pontuais e críticas que realizaram em determinados capítulos, ampliando as perspectivas sobre o tema; e a Luiz Carlos Menezes e Sissi Castiel, pelas discussões clínicas que reverberaram no avanço da pesquisa.

Aos amigos de Porto Alegre e de São Paulo, pelo sustento e pela alegria que ofereceram nas horas difíceis do percurso. Especialmente a Valéria Quadros, que contribuiu também de forma constante durante o extenso trabalho de pesquisa bibliográfica.

A minha família, Hernildo, Jussara e Fabiano Dallazen, paradigmas de perseverança e trabalho e que estiveram na retaguarda em todos os momentos, me permitindo segurança para trilhar o desconhecido.

A Anette Blaya Luz e Mônica Macedo, que, na reta final da preparação e da publicação do livro, fizeram intervenções pontuais.

Um agradecimento especial aos meus analisandos e supervisionandos pela confiança e pelas indagações que me fazem repensar constantemente o suposto sabido.

A Cláudia Perrota pelo trabalho minucioso durante o processo de produção textual tanto da tese como do livro.

À Editora Blucher, por apostar neste livro, contribuindo para a realização de um sonho.

Não gosto da criação desconectada. Tampouco concebo o Espírito como desconectado de si mesmo. Sofro porque o Espírito não está na vida e porque a vida não está no Espírito. Sofro com o Espírito-órgão, com o Espírito-tradução, ou com o Espírito-intimidação das coisas para fazê-las entrar no Espírito.

Pontalis, 2005, pp. 243-244

Conteúdo

Prefácio *Luís Claudio Figueiredo*   13

Apresentação: Eu erro, tu erras, ele erra... *Daniel Kupermann*   17

Introdução   25

PARTE I
Por uma nova tópica de trabalho: o psiquismo do analista
e sua contratransferência   **33**

1. A dimensão histórica da contratransferência e seus limites
   na técnica de Freud   35

2. Impasses clínicos: o problema da falta de perlaboração da
   contratransferência do analista   51

3. A pulsão de morte e a exigência de outro paradigma de
   trabalho: a alucinação do psicanalista   71

12 CONTEÚDO

PARTE II
A metapsicologia da contratransferência e a dinâmica do psiquismo do analista na perlaboração da contratransferência   **99**

4. A contratransferência elevada ao estatuto de conceito metapsicológico: aportes teóricos   101

5. Tentativas clínicas: o manejo da contratransferência em situações radicais   145

6. O trabalho da perlaboração da contratransferência: empatia, identificação projetiva e *rêverie*   167

PARTE III
A dimensão estética da contratransferência na economia dos processos de simbolização primária   **199**

7. Êxito clínico: a estética da contratransferência   201

8. Zoe/Gradiva e sua alucinação: paradigma de trabalho da figurabilidade nas construções em análise   221

Considerações finais: a transformação da escuta psicanalítica a partir da sensibilidade clínica para construir sentido   251

Referências   273

Prefácio

Não é nova a atenção "positiva" que os psicanalistas começaram a dar à dimensão contratransferencial na situação analisante. Desde o final da década de 1940, alguns autores, como Winnicott, Racker e Paula Heimann, "descobriram" nas contratransferências algo que ia muito além de um obstáculo à análise ou de um perigo a ser domado pelo analista, tal como pensara Freud nos começos. Desde então, foi-se expandindo a preocupação dos analistas com seus próprios processos e mecanismos durante o exercício de suas práticas analítico-terapêuticas, principalmente quando o analista se depara, na transferência, com um certo tipo e intensidade de sofrimento psíquico, difícil de comunicar pelos meios habituais que envolvem representação e simbolização. São situações em que os excessos pulsionais nos confrontam quase que sem nenhuma mediação.

Ampliando o foco, o tema da contratransferência, em uma conexão ainda mais essencial com a situação analítica, esteve no centro das elaborações sobre a transferência de um psicanalista francês – Michel Neyraut – na década de 1970. Em seu importante livro, Neyraut dedica à contratransferência o primeiro capítulo,

14 PREFÁCIO

talvez a parte mais inovadora e revolucionária de suas contribuições: pensar a contratransferência antes mesmo de pensar a transferência, ou seja, reconhecer a contratransferência operando como
pré-condição para a própria instalação da situação analisante. (Por
outros, caminhos J.-B. Pontalis e eu mesmo sugerimos atribuir à
contratransferência – uma "contratransferência primordial" – essa
posição decisiva e fundante.)

Na verdade, mesmo antes dos trabalhos pioneiros e inovado-
res dos psicanalistas aqui citados, já encontramos na literatura trabalhos relevantes sobre a "metapsicologia do analista", como o de
Robert Fliess, do início da década de 1940, que inclui, mas não focaliza especificamente, a chamada dimensão contratransferencial
no trabalho psicanalítico.

Já na década de 1960, a problemática se ampliou ainda mais,
incluindo a contratransferência em uma *metapsicologia da própria
situação analítica* – e não apenas a do analista – como nas contribuições decisivas do casal Madeleine e Willy Baranger. Os trabalhos sobre o "enquadre", como os de Winnicott, o de J.-L. Donnet
e os de René Roussillon, igualmente, versavam sobre a situação
analisante em sua totalidade e na dinâmica em que se insere a problemática contratransferencial.

Considerando não só essa história, já um tanto extensa, muito
rica e variada, em torno do conceito e, mais ainda, a forte presença
das considerações sobre a contratransferência e seus usos na clínica contemporânea em autores como Ogden, Ferro, Civitarese, para
apenas mencionar alguns, o que faltaria dizer?

A tese de doutorado, ora convertida em livro, de Lizana Dallazen se inscreve nessa grande corrente, a ela presta tributo e nela
deixa marcas inovadoras.

A parte I focaliza o psiquismo do analista e sua contratransferência, ou seja, trata-se aqui de começar a introduzir o leitor na

história da questão, mas já então aflora o que virá a ser o foco principal da originalidade do trabalho: a exigência de perlaboração e uma ideia do que se pode entender por "perlaboração da contratransferência", tão decisiva e fundamental, segundo a autora em certas conjunturas clínicas que foram se tornando muito frequentes nos tempos atuais em que pacientes com déficits nas capacidades de representar e simbolizar "comunicam-se" por via de descargas pulsionais, atuações e *enactments* que *afetam* intensamente o analista. São pacientes que operam na situação analisante gerando respostas emocionais incontornáveis em seus analistas. Nessas circunstâncias é que a perlaboração da contratransferência se torna indispensável.

Essas questões têm prosseguimento na parte II, sobre a metapsicologia da contratransferência e a dinâmica dos processos psíquicos do analista na perlaboração da contratransferência, onde o leitor encontrará um aprofundamento significativo dos temas. Muitos autores e conceitos são mobilizados nessa empreitada de forma a ir dando à ideia uma fisionomia mais compreensível.

Finalmente, na parte III, sobre a dimensão estética da contratransferência na economia dos processos de construção das simbolizações primárias, as propostas da autora encontram suas formulações mais interessantes e pessoais para a clínica e para o pensamento teórico. É quando a problemática da *sensibilidade* do analista a essas afetações pelo paciente "difícil" e "intenso" ganha relevo, um tema caro a seu orientador de doutorado, Daniel Kupermann. Mas é este o momento também de reencontro com Freud, em especial com o autor maduro de "Construções em análise", mas também com o Freud de *Gradiva*. Aqui, a passagem da intensidade à qualidade, da energia à figura e ao sentido ganha seu pleno alcance.

Isso se realiza plenamente nas considerações finais, em que o velho e fundamental tema freudiano da "escuta" é retomado a partir de tudo que foi visto, revisto e proposto.

Ou seja, o que dá ao trabalho de Lizana Dallazen um valor peculiar é justamente sua possibilidade de retomar e se inscrever em uma tradição multifacetada e complexa de pensamento e, ao mesmo tempo, assumir o desafio da inovação e da abertura imposto pela própria clínica psicanalítica na atualidade. Ela não joga fora a história, inclusive sua história pessoal de formação e experiência singular na psicanálise – em que sua transferência com Freud se enraíza –, mas também não recua diante do passado recente, do presente e do futuro das teorias e práticas psicanalíticas pós-freudianas e contemporâneas.

É o que mais justifica esta publicação.

Luís Claudio Figueiredo

Apresentação: Eu erro, tu erras, ele erra...

O que acontece quando um psicanalista erra?

Sim, os psicanalistas também erram(os). Ao menos alguns de nós, aqueles que não recorrem à hipocrisia para atribuir todo e qualquer desastre analítico à "resistência" dos analisandos.

Um erro técnico pode ter, evidentemente, vicissitudes trágicas, mas pode também, uma vez reconhecido, ser o momento de *virada* de uma análise, a partir do qual analista e analisando poderão, enfim, dar o tão esperado *pulo do gato*, como nos ensinaram Ferenczi (1919/1992a) e Winnicott (1947/1978a, 1954/1978b). Transformações subjetivas exigem muito trabalho e, também, alguma sorte. E o erro pode ser a contingência que faltava para uma mudança na qualidade da relação transferencial-contratransferencial.

Quando um analista erra e reconhece que houve erro, ainda que não saiba exatamente onde errou, pode ser o indício da necessidade de reavaliar seu estilo clínico e o alcance da sua própria análise. Outra supervisão, um novo período de análise, leituras e questionamentos inéditos.

Foi justamente esse o pontapé (errar dói!) inicial para a pesquisa de doutorado empreendida por Lizana Dallazen, que tive o prazer de orientar, agora publicada em livro: o erro na escuta de Douglas (nome fictício), que é apresentado ao leitor apenas nas considerações finais deste volume. Sim, trata-se de autêntico *spoiler*, como fazemos quando queremos convencer alguém a visitar uma obra que apreciamos. E *A perlaboração da contratransferência: a alucinação do psicanalista como recurso das construções em análise* deve ser estudado por todos os psicanalistas que reconhecem que a clínica contemporânea exige intenso trabalho do psicanalista, sobretudo no manejo dos casos-limite, para os quais o psiquismo do psicanalista funciona como fertilização necessária para os processos representacionais do analisando. Se Freud deveu a Anna O. a oportunidade de criar a psicanálise, Lizana Dallazen deve ao encontro com Douglas a transformação do seu modo de pensar a psicanálise e de psicanalisar.

Após a leitura, não será difícil reconhecer que nos lugares de formação psicanalítica deveria haver, ao lado dos seminários teórico-clínicos, também um de gramática, no qual os analistas – como um alerta para a importância da *humilitas* na prática clínica – repetiriam a conjugação do verbo errar: "eu erro", "tu erras", "ele erra", "nós erramos", "vós errais", "eles erram". Várias vezes.

O que é o erro em psicanálise?

Na tradição psicanalítica, o erro está frequentemente associado à falta de análise, e esta, às atuações contratransferenciais por parte do psicanalista. Para Freud, a contratransferência é uma tendência humana a ser *controlada*, um desvio a ser evitado. Ela seria, assim, efeito das próprias resistências ao inconsciente e dos pontos cegos do analista, e fonte dos seus excessos e dos seus erros técnicos. O erro seria, portanto, uma "resposta" atuada (não elaborada) do psicanalista à transferência do analisando, podendo ser expresso na forma de um atraso, um ato falho durante a sessão ou mesmo uma efêmera cochilada.

Porém, há uma outra modalidade de erro possível, mais nefasta porque mais difícil de ser reconhecida. O abuso interpretativo; o emprego defensivo da teoria e dos princípios da técnica pelo psicanalista, que, assim, se protege do impacto afetivo da experiência clínica. Se recorrermos ao "bloco mágico" de Freud como ilustração, podemos sugerir que nossa escuta clínica tende a se embotar, assim como as marcas da experiência aderem à superfície de cera comprometendo a possibilidade do inédito. No caso dos nossos "ouvidos analíticos", o erro reconhecido é um evento disruptivo capaz de retirar o excesso de "cera", nos ressensibilizando e abrindo canal para a percepção de novos sentidos no discurso e na presença do analisando nas sessões.

Há ainda um fenômeno clínico que seria considerado erro por determinadas perspectivas teóricas, que concerne intimamente ao campo transferencial-contratransferencial e que, uma vez aproveitado, permite ao par analítico um salto de qualidade na relação e no aprofundamento da análise: o *enactment*, conceituado por Cassorla (2013), por meio do qual o psicanalista pode ter acesso aos núcleos traumáticos – de outra forma inacessíveis – do analisando.

Considerando, portanto, os benefícios do erro reconhecido do analista, insistiremos na proposta de seminários de gramática durante o processo de formação: "eu erro", "tu erras"...

20 APRESENTAÇÃO

Sándor Ferenczi e a contratransferência "real"

Devemos a Sándor Ferenczi a abertura do campo psicanalítico para a importância clínica da contratransferência, seja pela introdução do problema da empatia – categoria importada do campo da estética romântica – na clínica, seja pela crítica à postura da contratransferência "profissional" defensiva, que nada mais seria senão uma verdadeira *resistência à contratransferência*, muito pouco indicada para o sucesso de uma análise.

A conceituação da empatia, no contexto da *virada* ferencziana de 1928 (Ferenczi, 1928/1992b), ampliou consideravelmente o espectro do que se entende por contratransferência, no sentido do que Marisa Schargel Maia (2003) nomeou de "campo de afetação". *Einfühlung*, "sentir dentro": para Ferenczi, sobretudo nos casos em que os analisandos apresentam clivagens narcísicas, seria preciso que o analista pudesse *sentir o outro dentro de si*, de modo a ter e a dar acesso ao que antes se mostrara inexprimível: vivências e revivências traumáticas, bem como a potência lúdica expansiva do sujeito em análise.

No *Diário clínico*, texto fragmentário escrito em seu último ano de vida, Ferenczi (1932/1990) descreve minuciosamente a riqueza adquirida pelo reconhecimento, por parte do analista, das diversas modulações da sua contratransferência, sobretudo daquelas que implicam as vivências de ódio ao analisando. Das tentativas de perlaborar o conjunto de afetos experimentados pelo psicanalista emergiria, assim, a investida na análise mútua, devedora do reconhecimento, por parte do analista, dos seus erros técnicos – restrição na escuta e excesso interpretativo – e dos limites da sua (de Ferenczi) própria análise.

A partir de meados do século XX, a comunidade psicanalítica já teria assimilado definitivamente – como atesta o célebre ensaio

On counter-transference, de Paula Heimann (1950) – a concepção de que a contratransferência seria não mais um risco a ser evitado pelo psicanalista, mas um instrumento indispensável à condução de qualquer tratamento, notoriamente nos casos de não-neurose, em que os pacientes apresentam núcleos traumáticos de difícil expressão e comprometimento dos processos de simbolização. A contratransferência fora, enfim, alçada à via régia de acesso aos inconscientes em análise, e a experiência de análise compreendida como um exercício de afetação mútua que busca favorecer o sonhar compartilhado.

Da perlaboração às construções em análise

Que o leitor desavisado não se engane, porém, por uma aparente heterodoxia do percurso proposto por Dallazen. Ele é herdeiro de uma problemática eminentemente freudiana: a da perlaboração (*Dürcharbeitung*) em análise. No verão europeu de 1914, o mesmo da eclosão da Primeira Guerra Mundial, Freud se viu às voltas com o constrangedor desfecho do caso do Homem dos Lobos e, em um gesto ilustrativo do "faça o que aconselho, mas não o que faço", redige "Lembrar, repetir e perlaborar" (Freud, 1914/2017a) , no qual inaugura uma fértil reflexão acerca da dimensão estética da clínica psicanalítica, bem como do fato de que uma análise implica *trabalho* psíquico compartilhado entre analisando e analista.

Dessa maneira, foram as dificuldades impostas à clínica (e à técnica) psicanalítica pelos casos "graves" – depois nomeados de *borderline* ou casos-limite – que obrigaram Freud a pensar novos dispositivos terapêuticos. Se entendermos que a formulação do conceito de perlaboração é a solução encontrada por Freud para corrigir os *erros* (diagnóstico e técnico) cometidos com o Homem dos Lobos, teremos mais um convincente exemplo de que, na psicanálise, são os impasses da clínica que fertilizam o pensamento teórico, e que, em contrapartida, erigir a teoria como bússola incontestável para a terapêutica incorreria não apenas em erro epistemológico, mas em uma modalidade, tanto sutil quanto funesta, de defesa mútua dos psicanalistas contra a experiência da loucura própria à frequentação do inconsciente.

Em "Construções na análise", Freud nos oferece uma via para aprofundar o enigma clínico da perlaboração e a possibilidade de conduzir a termo determinadas análises. Na impossibilidade de remeter o analisando a determinadas lembranças, restaria ao analista a tarefa de empregar sua própria imaginação para, a partir do que foi possível apreender dos fragmentos relatados pelo analisando, construir algo que se ofereça como equivalente à sua "verdadeira história", contribuindo, assim, para a expressão dos sentidos do sujeito em análise.

Lizana Dallazen se inspira na ideia de freudiana de que o trabalho de construção analítica se aproxima das "formações delirantes" próprias da alucinação para avançar o problema técnico do manejo da contratransferência: caberia ao analista a perlaboração da contratransferência – alimentada pela empatia, pela identificação projetiva, pela *rêverie* e pelas suas próprias alucinações – de modo a contribuir, criativamente, para a convicção necessária para atribuição, por parte do analisando, de sentidos para o seu sofrimento. Sem esse trabalho arrojado, que nos aproxima da experiência da loucura, a psicanálise arrisca se tornar um exercício interpretativo insosso e estéril, guiado por uma exaltação teórica defensiva.

Enfim, uma das coisas que acontece quando um psicanalista erra é que ele pode decidir escrever uma tese de doutorado que, eventualmente, pode se transformar em livro. No caso em questão, devemos bendizer o erro e nos dedicar à leitura.

Daniel Kupermann

Referências

Cassorla, R. M. S. (2013). Afinal, o que é esse tal *enactment*? *Jornal de Psicanálise*, 46(85).

Ferenczi, S. (1990). *Diário clínico*. São Paulo: Martins Fontes. (Trabalho original publicado em 1932)

Ferenczi, S. (1992a). A técnica psicanalítica. In S. Ferenczi, *Psicanálise II* (Obras Completas de Sándor Ferenczi, Vol. 2). São Paulo: Martins Fontes. (Trabalho original publicado em 1919)

Ferenczi, S. (1992b). Elasticidade da técnica psicanalítica. In S. Ferenczi, *Psicanálise IV* (Obras Completas de Sándor Ferenczi, Vol. 4). São Paulo: Martins Fontes. (Trabalho original publicado em 1928)

Freud, S. (2017a). Lembrar, repetir e perlaborar. In S. Freud, *Fundamentos da clínica psicanalítica* (Obras Incompletas de Sigmund Freud, Vol. 6). Belo Horizonte: Autêntica. (Trabalho original publicado em 1914)

Freud, S. (2017b). Observações sobre o amor transferencial. In S. Freud, *Fundamentos da clínica psicanalítica* (Obras Incompletas de Sigmund Freud, Vol. 6). Belo Horizonte: Autêntica. (Trabalho original publicado em 1915[1914])

Freud, S. (2017c). Construções na análise. In S. Freud, *Fundamentos da clínica psicanalítica* (Obras Incompletas de Sigmund Freud, Vol. 6). Belo Horizonte: Autêntica. (Trabalho original publicado em 1937)

Heimann, P. (1950). On counter-transference. *International Journal of Psychoanalysis*, *31*: 81-84.

Kupermann, D. (2019). *Por que Ferenczi?* São Paulo: Zagodoni.

Maia, M. S. (2003). *Extremos da alma: dor e trauma na atualidade e clínica psicanalítica.* Rio de Janeiro: Garamond.

Winnicott, D. W. (1978a). O ódio na contratransferência. In Winnicott, D. W., *Da pediatria à psicanálise.* Rio de Janeiro: Imago. (Trabalho original publicado em 1947).

Winnicott, D. W. (1978b). Aspectos clínicos e metapsicológicos da regressão no contexto psicanalítico. In Winnicott, D. W., *Da pediatria à psicanálise.* Rio de Janeiro: Imago. (Trabalho original publicado em 1954)

Introdução

Este livro é fruto de minha tese de doutoramento, defendida no Instituto de Psicologia da Universidade de São Paulo (USP), em dezembro de 2017. Desde então, venho apresentando as proposições nela desenvolvidas à comunidade psicanalítica, o que tem levado a profícuos debates que me permitiram avançar ainda mais no tema da contratransferência, contribuindo para o enriquecimento desta publicação. Pude agora aprofundar alguns tópicos do texto original da tese, conferindo um novo formato de apresentação às ideias em questão. O livro sintetiza, então, o momento em que me encontro na clínica – mais sensível para escutar certos tipos de padecimento e dando andamento à minha formação psicanalítica, o que certamente será interminável.

O tema da contratransferência é complexo, espinhoso e abarca um núcleo teórico difícil de adentrar. Trata-se de uma das formas de o próprio psicanalista se indagar acerca dos casos que está conduzindo, em busca de responder às inquietações clínicas geradas no uso da técnica clássica, que pode levar a sérios impasses, culminando, inclusive, em interrupções no tratamento.

26   INTRODUÇÃO

A pesquisa que originou este livro surgiu, justamente, da condução de processos analíticos de casos considerados graves, geradores de diversas angústias, ao entrarem em processos violentos de *acting in* e *acting out*, os quais parecem convocar a contratransferência com maior intensidade em comparação ao atendimento das neuroses de transferência. Após mais de uma década de trabalho exitoso com a técnica psicanalítica clássica, recebi em meu consultório pacientes com mecanismos de cisões de ego e predomínio de atitudes auto e heterodestrutivas, tendo desfechos inesperados de interrupção após anos de análise. Chegaram contando de suas andanças à procura de tratamento e relataram um histórico de fracassos de psicoterapias prévias, além de um prejuízo muito grande na vida profissional e na capacidade afetiva de investir ou manter relações amorosas satisfatórias. Dependiam de algum tipo de substância, como medicamentos antidepressivos, álcool, variados tipos de drogas, e demonstravam uma crítica severa em relação a todos os personagens que surgiam em suas histórias.

As indagações que trago neste livro dizem respeito, pois, tanto à maneira de escutar o inconsciente desses pacientes que mostram seu padecimento por meio de descargas da ação motora, apresentando ao analista o que não está inserido no circuito da representação-coisa/representação-palavra, sendo, portanto, não narrável e sem a presença de sintomas, quanto às possibilidades técnicas diante de movimentos primitivos de disrupção pulsional, convocando os processos psíquicos do analista.

Durante os debates do processo de doutorado, com alguma frequência emergia a questão: "A contratransferência seria mais intensamente convocada em casos de não neuróticos do que nas análises das neuroses?". Na verdade, esse fenômeno pode sempre "dar as caras" e, certamente, o faz tanto em casos de neuroses de transferência como nos de patologias do narcisismo. A posição de Fédida (1988) nos auxilia no caminho de sustentar essa resposta, quando afirma que a indiferenciação do psicótico entre pensar, agir e sentir gera maior angústia no psicanalista. Para o autor, isso se deve à busca de um contato físico maior, derivado da necessidade de dependência do sujeito.

Penso que essa demanda mais concreta por contato, derivada da indiferenciação entre sujeito e objeto, atinge o analista de modo mais intenso. Então, se considerarmos que os conteúdos que não são verbalizáveis via associação livre e relato dos sonhos não são passíveis de serem escutados, sendo, portanto, inanalisáveis, certamente teremos de nos recusar a atender pacientes que chegam aos nossos consultórios com sofrimentos muito intensos. Porém, esses sujeitos se esforçam para nos contar e comunicar, pelas vias que lhes são acessíveis, conteúdos que, mesmo não tendo acesso a uma narrativa, precisam ser escutados no contexto da clínica psicanalítica. Assim, testemunhar processos de *acting in/out*, derivados da descarga da pulsão de morte, que apresentam aos nossos sentidos movimentos pulsionais primitivos, implicando destinos que passam pela volta contra si mesmo ou pela transformação no contrário (Freud, 1915/1990a), é mais impactante pelo poder de destruição que se presencia e pelo qual se é afetado.

Diante disso, a tese desenvolvida e sustentada propõe que a perlaboração da contratransferência se constitui como etapa *sine qua non* do trabalho com pacientes graves. Trata-se de uma forma de processar os aspectos clivados do ego destes e colocar à disposição do trabalho clínico o material necessário para as construções em análise. Evidencio, assim, o conceito de contratransferência como recurso técnico à disposição da escuta dos *acting in/out*, convocando a sensibilidade do psicanalista para criar vias de simbolização primária desses atos. Com isso, busco abrir um caminho, entre os tantos possíveis, para a reflexão do conceito de figurabilidade interligado às construções em psicanálise.

A hipótese de partida é de que o sujeito, por meio da projeção dos sentimentos – ainda não nomeados no seu psiquismo –, inocula sobre e dentro do analista os aspectos clivados do seu ego, fazendo-o senti-los como contratransferência (Rivière, 1936/1969; Isaacs, 1943/1969; Bion, 1962/1994a; Rosenfeld, 1988; Figueiredo, 2006; 2012). Dessa forma, o paciente inclui na relação transferência-contratransferência o transbordamento pulsional do seu psiquismo. Nessa perspectiva, a contratransferência seria a matéria bruta, e a possibilidade de perlaborá-la por parte do psicanalista um modo de escutar, processar e devolver para o campo de trabalho os aspectos clivados do ego do paciente, de forma metaforizada, para que este possa integrá-los em seu psiquismo.

A questão principal recai, então, sobre o psiquismo do psicanalista: como ele realiza, dentro da sessão de análise, esse trabalho de perlaborar a contratransferência? Quais os processos mentais que nos são requeridos para trabalhar nestes casos? Qual a implicação da sensibilidade do analista na questão estética da clínica? Qual a conexão da figurabilidade e a alucinação do psicanalista com as construções em análise? E, por fim, qual o paradigma de trabalho analítico nestes casos clínicos?

Ao longo do livro, busco circunscrever dois argumentos: o primeiro diz respeito ao que estou denominando perlaboração da contratransferência. Trata-se de um trabalho que consiste em o psicanalista perceber as sensações, as imagens e os sentimentos experimentados ao longo da sessão, tolerando a presença destes em seu psiquismo para realizar um trabalho de perlaboração. A perlaboração seria, pois, a autoanálise desses conteúdos durante o processo, primeiro descondensando os sentimentos dos complexos infantis não analisados do analista, para, em um segundo momento, discriminar o que possam ser os sentimentos derivados da afetação via conteúdos do analisando. O movimento seguinte deve ser o de realizar a intervenção a partir desse lugar de objeto alucinatório da contransferência. Assim, é possível percorrer, do início ao fim, o processo contratransferencial, aqui entendido como ferramenta de escuta do que foi comunicado ao analista por meio do campo de afetação mútua. Essa proposição implica uma discussão sobre os conceitos de empatia, em Sándor Ferenczi, de identificação projetiva, a partir dos aportes de Melanie Klein e dos pós-kleinianos, e do conceito de *rêverie*, de Wilfred Bion.

O segundo argumento é o da perlaboração da contratransferência como processo de figurabilidade; ou seja, a questão da sensação/afeto, de como se dá a passagem do sensível ao sentido. Trata-se do trabalho do psicanalista no âmbito mais preciso em relação ao que sente, interligando a proposta de perlaboração da contratransferência com as construções em análise, a partir da alucinação. Imagens, sensações cinestésicas, contos, filmes e até lembranças que parecem ser particulares do analista que ocorrem e que à primeira vista parecem não ter relação com o que se passa na sessão, com os *acting in*, são na verdade movimentos alucinatórios que servem de matriz criativa para o trabalho entre a dupla. Dessa forma, busco aqui recuperar a dimensão rememorativa da alucinação, e não a psicopatológica, como nos quadros psicóticos, inscrevendo a alucinação como a qualidade psíquica que favorece o processo de criação e catapulta a contratransferência a um lugar estético na clínica.

No decorrer deste livro, os dois argumentos estarão interligados para sustentar a ideia de que é pela perlaboração da contratransferência na transferência que podemos viabilizar a figurabilidade, permitindo a integração dos aspectos clivados do ego do sujeito, por meio da (re)construção de cadeias simbólicas entre e para a dupla analítica. Considero imprescindível o trabalho clínico de perlaboração da contratransferência, e sustento que é necessário, como no modelo da Gradiva de Jensen, abrir espaço para que esses elementos surgidos por meio da contratransferência, inclusive na transferência, se tornem tema de diálogo entre analista e analisando.

É pelas questões referidas, as quais, ao serem alicerçadas no campo freudiano, permitem avançar no conhecimento de teorias e técnicas psicanalíticas pós-freudianas, que se torna possível retirar o conceito de contratransferência da obra freudiana como fenômeno relacional e circunscrevê-lo no arcabouço da metapsicologia. Dessa forma, busco o desenvolvimento de uma sensibilidade clínica para escutar e dar conta do atendimento analítico de casos difíceis com perturbações narcísicas.

Sabemos que a clínica dos excessos pulsionais revela cada vez mais os limites da técnica clássica de tratamento psicanalítico. É preciso, pois, refletir teoricamente sobre quais alterações são essas que as constelações psíquicas graves nos demandam. Possuem relação apenas com o *setting*, frequência de sessões e uso do divã? Ou estão na ordem da escuta dos atos no lugar da escuta dos sonhos narrados? Ou ainda da intervenção via perlaboração da contratransferência no lugar da interpretação e da transferência? Em síntese: como pensar a especificidade do conceito de perlaboração da contratransferência como contrapartida à noção freudiana de perlaboração da transferência?

Trata-se de questões sobre as quais necessitamos refletir, como busco fazer neste livro. Começo a primeira parte apresentando o problema em três dimensões. A primeira é uma dimensão histórica, na qual apresento a origem do conceito na literatura psicanalítica e delimito a revisitação da teoria da técnica freudiana. Faço então a primeira proposição, que é elevar o conceito de contratransferência ao patamar da perlaboração. A segunda dimensão são considerações clínicas, na qual procuro demonstrar os limites da técnica clássica por meio de recortes do historial clínico do

Homem dos Lobos. Por fim, na terceira dimensão, busco apontar as possíveis elaborações teóricas acerca de como o psicanalista pode realizar o trabalho de construções em análise após a inserção do conceito de pulsão de morte na obra de Freud. Proponho que isso se dê mediante os movimentos do seu próprio psiquismo, a alucinação, os caminhos da técnica após a virada de 1920.

Em seguinda, avanço para a segunda parte do livro, essencialmente conceitual, com breves passagens históricas e duas ilustrações clínicas. Essa parte do livro é constituída por dois grandes tópicos: a metapsicologia do conceito de contratransferência ao longo de um século de psicanálise e a metapsicologia dos processos psíquicos do analista. Juntas, essas duas dimensões do problema visam destacar os aportes teóricos que elevam a contratransferência ao estatuto de conceito, portanto, recurso clínico, e elucidar os processos psíquicos que favorecem o trabalho de perlaboração. Para tanto, apresento recortes nos aportes que foram considerados pertinentes para retirar a contratransferência da condição de limite inexorável para a condição de recurso fundamental da escuta dos casos graves.

Por fim, na terceira parte do livro, proponho a dimensão estética da contratransferência, que se refere à afetividade circulante entre os parceiros de experiência analítica, mais especificamente a função especular que a perlaboração da contratransferência confere ao lugar do analista em relação aos afetos transferidos e circulantes entre a dupla se bem perlaborada. Essa terceira parte será composta de duas dimensões: a clínica e as proposições teóricas acerca do papel da alucinação do psicanalista na figurabilidade e na construção de processos de simbolização primária no psiquismo do paciente.

A partir das elaborações teóricas tecidas ao longo do livro, encerro propondo que o modelo de trabalho analítico da

32 INTRODUÇÃO

perlaboração da contratransferência reside no modelo da Gradiva (Freud, 1907/1990d). Sem dúvida, esta não é a primeira vez que se utiliza o modelo da Gradiva. Há incontáveis trabalhos que versam sobre esse texto freudiano, considerado do campo da estética da psicanálise; e justamente por isso o escolhemos. Contudo, o que sublinhamos desse artigo é o processo alucinatório do analista, ressaltando a importância dessa qualidade como a matriz criativa no processo analítico. A alucinação da Zoe/Gradiva/psicanalista parece, até onde nossa pesquisa conseguiu avançar, não ter ainda sido evidenciada e processada pelos escritores e pesquisadores que se voltam a esse conto.

As considerações finais abarcam um retorno ao início desse projeto de pesquisa, a fim de promover uma discussão sobre a ampliação da escuta analítica a partir da transformação da sensibilidade do psicanalista. A figura clínica com base na qual foi criada a tese que proponho e sustento nesta investigação pode ser considerada do campo das patologias do vazio ou do narcisismo,[1] que exige atualmente os maiores esforços de pesquisa. Alguns fatos clínicos desse atendimento não constituíram o escopo deste livro, para não correr o risco de transformar esta produção em uma grande supervisão clínica, mas são brevemente incluídos nas considerações finais. O retorno aos primórdios desta experiência não é aleatório; faz parte da ressignificação dos conceitos trabalhados no livro e das vivências que constituem a escuta do psicanalista.

---

1 Sobre a questão psicopatológica, entendo que o escopo desta investigação não contempla um exame aprofundado e minucioso, requerendo uma pesquisa ampla. A nomenclatura usada na tese para referir-se ao campo de patologias sobre os quais estamos nos debruçando será a de patologias narcísico-identitárias. Para maior compreensão dessa nomenclatura, consultar René Roussillon (2006).

PARTE I
Por uma nova tópica de trabalho: o psiquismo do analista e sua contratransferência

O problema da contratransferência que você evoca é um dos mais difíceis na técnica psicanalítica. Teoricamente é, eu penso, mais fácil de resolver. O que é dado ao paciente não deve ser jamais afeto espontâneo, mas deve ser sempre conscientemente expressado, em diferentes graus, de acordo com as necessidades. Em certas circunstâncias, é necessário dar muito, mas nunca algo que tenha surgido diretamente do inconsciente do analista. Para mim, esta é a regra. Temos que reconhecer e superar a cada vez a contratransferência, para sermos livres. Mas, ao mesmo tempo, dar muito pouco a alguém porque a ama muito é uma injustiça cometida contra o paciente e uma falta técnica. Isso tudo não é fácil, e talvez seja necessário ter mais experiência.

Carta de Freud a Binswanger, 20 de fevereiro de 1913, Freud & Binswanger, 1995

1. A dimensão histórica da contratransferência e seus limites na técnica de Freud

O debate acerca da contratransferência surge pela primeira vez na literatura psicanalítica em 1909, em uma troca de cartas entre Freud e Jung. É Jung quem comunica os efeitos embaraçosos, e quase impossíveis de serem domados, resultantes da transferência amorosa da paciente Sabina Spielrein,[1] nomeando esses

---

1 O caso Sabina Spielrein ficou bastante conhecido justamente pelas atitudes perniciosas de Jung no manejo desse processo. A paciente, que apresentava severos sintomas histéricos sem obter resultados com as terapias da época, encorajou Jung a experimentar a aplicação do método psicanalítico que Freud estava desenvolvendo. Por um lado, Jung testou e aplicou a técnica, chegando a conseguir avanços com o método, a ponto de Sabina ter tido êxitos e conseguir retomar o curso de sua vida normal. Inclusive, depois de um longo processo, chegou a se casar e trabalhar em uma escola infantil fundada por ela para crianças com graves dificuldades de socialização e aprendizado. Por outro lado, Jung cedeu a seus próprios desejos eróticos, seduzido pelas transferências inerentes aos casos de histeria, envolvendo-se com a paciente muito além do aceitável na psicanálise. Escreve a Freud assustado com o poder da transferência, que fazia a jovem Sabina empreender apelos apaixonados e eróticos. Contudo, essa mesma carta denuncia a dissimulação quanto a suas atitudes na posição de analista, pois, ainda que Freud o tivesse alertado para o perigo, ele mantém um romance com a paciente, valendo-se dessas transferências para

sentimentos pela primeira vez na literatura psicanalítica de "contratransferência". Ao queixar-se das demandas dessa paciente, Jung relatou as concessões que fizera a ela, que seriam de amizade, mas que haviam resultado em grandes dissabores pelo uso que a paciente havia feito disso.

Em 7 de junho de 1909, Freud respondeu ao amigo, demonstrando, de certo modo, uma atitude solidária, ao afirmar que tais experiências são necessárias e difíceis de evitar, e, ainda, que é somente por meio delas que seria possível conhecer realmente com quais aspectos necessitamos lidar. Afirma que ele mesmo já havia se deparado com situações semelhantes, das quais escapara por pouco, e que os danos, além de não perdurarem, "nos ajudam a desenvolver a carapaça de que precisamos e a dominar a 'contratransferência' que é, afinal, para nós, um permanente problema; ensinam-nos a deslocar nossos próprios afetos sob o ângulo mais favorável" (Freud citado por McGuire, 1976, p. 282).

Em 1910, logo após essa troca de cartas com Jung, Freud introduz formalmente o vocábulo "contratransferência" em sua obra, e o faz para afirmar que o tratamento de um paciente só andará até onde a análise do próprio analista permitir. É assim que, em "As perspectivas futuras da psicanálise" (Freud, 1910/1990b), o conceito é definido como um empecilho ao processo terapêutico em andamento, pois, no momento em que a transferência do paciente se liga a sentimentos complexos não analisados e mal resolvidos do analista, cria-se um impasse muito difícil de ser transposto.

Além de ser tão pouco explorada nos primeiros quarenta anos da psicanálise, a contratransferência é vista, então, inicialmente, como o conjunto de sentimentos que contaminariam a neutralidade e a abstinência, necessárias ao bom andamento da técnica

---

a obtenção de gratificações pessoais que em nada correspondiam ao lugar do analista no método.

clássica descrita nos anos seguintes. Ainda que reconheça sua existência e relevância, Freud não a compreende como conceito metapsicológico e nem como instrumento técnico, chegando a negligenciar a presença desse fenômeno em seu próprio psiquismo e não compreendendo a implicação dessa atitude nos problemas clínicos que enfrentou em sua trajetória.

É por meio do caso do Homem dos Lobos, abordado logo mais neste livro, que os difíceis impasses clínicos gerados pela técnica clássica ficam evidenciados, destacando-se a angústia vivida pela abstinência como motor do processo analítico e como elemento que pode desfavorecer alguns tratamentos. De fato, a contratransferência dificulta a aplicação da regra da abstinência e interroga a sustentação da neutralidade; por isso, o autor a restringiu a um fenômeno pontual, que se impõe como obstáculo à cura e que tem, portanto, de ser superado pelo analista.

Autores como Etchegoyen (1987) entendem que Freud, apesar de considerá-la como obstáculo, introduziu o conceito nas perspectivas futuras da disciplina em 1910, porque supunha que o conhecimento da contratransferência se ligava ao futuro da psicanálise. Certo é que abordá-la traz algumas dificuldades ainda hoje, já que é um conceito inexoravelmente ligado à experiência analítica, observável na prática clínica, e que implica o investigador em sua relação com os objetos investigados. Esse fato agrega uma delicada complexidade ao tema e, por isso, justifica a necessidade de os analistas dedicarem-se a ele com afinco.

Ao longo desta pesquisa, constatamos que os debates sobre a contratransferência, em sua maioria, parecem ter se intensificado no final da década de 1940, continuando ao longo de toda a década de 1950. Seus precursores foram autores como Heimann e Hacker, para os quais há um sentido mais amplo do conceito de contratransferência, distinto do proposto por Freud; qual seja: trata-se de uma resposta global do analista ao paciente. Sem dúvida, Heimann e Hacker estão ancorados em outro legado metapsicológico, partindo então da teoria de objeto presente na obra de Melanie Klein, e, sobretudo, do aporte do conceito de identificação projetiva, que redimensiona o tema no cenário psicanalítico. Essa definição de contratransferência remete a uma proposição constante da análise, constituindo-se em um instrumento imprescindível no processo interpretativo (De León & Bernardi, 2000; Bernardi, 2007).

Tendo em mente o pressuposto de que os casos difíceis são, por excelência, os "catapultadores" dos avanços teóricos e técnicos, pois demonstravam os limites da técnica clássica já na era freudiana, não há como não nos dedicarmos à obra de Sándor Ferenczi. Embora a identificação projetiva tenha jogado luz sobre outro viés da contratransferência, as controvérsias a respeito dela não se iniciaram na década de 1940. Já em meados da década de 1920 Ferenczi a apontava como instrumento de trabalho. No texto em que trata das fantasias provocadas identificamos pela primeira vez uma forma de uso dela como intervenção (Dallazen & Kupermann, 2017).

O psicanalista húngaro foi o pioneiro no direcionamento dos holofotes sobre o psiquismo do analista para avançar na ampliação da clínica. Já a partir de seus escritos sobre introjeção e técnica ativa, a contratransferência não pôde mais ser compreendida, apenas, como um fenômeno reacional que marcaria a falta de análise do psicanalista. Entre os anos de 1910 e 1930, ele se dedicou a questões teóricas e técnicas importantes, entre as quais as que se referem à metapsicologia dos processos mentais do analista no interjogo psíquico com seus pacientes como caminho para a cura, ainda na era freudiana. Nesse movimento de evoluir com as ideias freudianas, Ferenczi denunciou o horror de seus colegas frente à contratransferência, vista como tabu, assinalando o quanto o tema ainda precisava ser debatido e repensado. E foi o que fez em seu projeto clínico, que visava dar conta das manifestações do não recalcado que apareciam já na metade da década de 1910.

Cumpre destacar, ainda, que o desenvolvimento do conceito de contratransferência não ficou imune a respingos e influências do movimento político da psicanálise. O menosprezo de que durante décadas a produção de Ferenczi foi vítima pode ser atribuído à sua rivalidade com Jones, que difamou seu colega húngaro em sua biografia de Freud. A carta de Freud a Jones de 29 de maio de 1933 constitui um dos elementos mais decisivos para que a obra de Ferenczi tenha ficado praticamente recalcada por um longo período. Na carta em questão, Freud faz várias interpretações sobre seu amigo e analisando em alguns períodos, afirmando a Jones que é lamentável e doloroso que Ferenczi tenha perdido seu brilhantismo para uma degenerescência psíquica, que define ao longo desse documento como paranoica.

As divergências entre Freud e Ferenczi, que já vinham das cobranças de Ferenczi a Freud por não ter analisado suas transferências hostis, das quais Freud se defendeu em "Análise terminável e interminável" (Freud, 1937/1990g), dizendo que não poderia interpretar o que não estava presente na época das sessões, avançaram para o campo da teoria. Ferenczi retoma a teoria do trauma, e, assim, importantes e relevantes proposições acabam por distanciá-lo mais ainda de Freud. É nesse ponto culminante que este o proíbe de publicar seu artigo *Confusão de língua entre os adultos e a criança* (Ferenczi, 1933/2011c) e escreve a Jones. O tom agressivo e pejorativo com o qual Freud fala a Jones sobre Ferenczi – e o fato de que Jones publica a carta de Freud – afeta diretamente toda a obra de Ferenczi, que entra então em um profundo silêncio, e consequentemente o mesmo acontece com o tema da contratransferência.

Cabe sublinhar que as alterações técnicas testadas e propostas por Ferenczi – nomeado por Green (1975/2008) como o pai da psicanálise contemporânea –, entre elas os processos psíquicos do analista, deviam-se às necessidades clínicas que a ele se apresentavam, a partir de psicopatologias que tinham em sua origem o trauma como ele o concebia. A retomada da obra desse autor acontece a partir da publicação do *Diário clínico* (1969/1990), organizado na década de 1960 e publicado somente em 1985. São de Michael Balint, analisando e discípulo de Ferenczi, os méritos e a responsabilidade pela iniciativa.

Considerando esse contexto histórico, penso que revisitar e fazer trabalhar na teoria psicanalítica o conceito de contratransferência justifica-se na medida em que se tornam cada vez mais reconhecidas as questões clínicas que ressaltam as dimensões do não representado nos adoecimentos e nos processos de cura. Nesse sentido, o conceito de perlaboração, como proposto em 1914 por Freud ao considerar a dimensão do ato, da repetição e da própria ab-reação, alberga a ideia de que perlaborar é trabalhar por meio de alguma coisa/sentimento, o que vale tanto para o analisando como para o analista (Freud, 1914/1990c). Contudo, Freud considerava a contratransferência como uma reação a ser elaborada em silêncio, mas não a ponto de ser transformada em uma ferramenta da análise. Nesse aspecto, o conceito de perlaboração da contratransferência, como proposto ao longo deste livro, ultrapassa a ideia freudiana.

Sustento que o modelo de trabalho não se dá *per via di porre*, nem somente *per via di levare*; há de se agregar a dimensão da via sensível do psicanalista. O narcisismo dos analistas fica, por vezes, encerrado numa falsa abstinência, que promove a interrupção de análises que poderiam beneficiar muitos pacientes. A experiência permite afirmar que, se os analistas não se dispuserem a seguir o campo de investigação que aborda a sua própria metapsicologia, seguirão tropeçando e incorrendo em erros clínicos por conta da negligência do seu envolvimento psíquico no trabalho das construções.

Ainda que a contratransferência não tenha sido desenvolvida e teorizada com profundidade e extensão na obra freudiana, no artigo "As perspectivas futuras da psicanálise", Freud (1910/1990b) convoca então o lado clínico dos médicos, afirmando que é com essa dimensão que deseja dialogar. Ao expor os sentimentos de entusiasmo e depressão que a terapêutica psicanalítica permite experimentar, elenca três fatores que ampliariam as perspectivas do trabalho, quais sejam: o progresso interno da disciplina, advindos do conhecimento da transferência e também da contratransferência; a respeitabilidade que a disciplina alcançaria, pela alteridade e autonomia conferida aos sujeitos; e, por fim, a eficiência geral do nosso trabalho, contribuindo para o esclarecimento da comunidade.

Nessa perspectiva, se no manejo da transferência se encontra a luz no fim do túnel, a contratransferência seria a escuridão, os aspectos inconscientes do analista suscitados pelo paciente, e que imporiam um limite ao avanço terapêutico, marcando o fim dos alcances da tarefa analítica. Ainda em "As perspectivas futuras da psicanálise", Freud defende então, convictamente, que, para usar o método em questão, o analista deve iniciar por sua autoanálise. Se falhar nesse processo, deve abandonar imediatamente a tarefa clínica, pois o limite de sua evolução estaria atrelado ao quanto progrediu no conhecimento de seu próprio inconsciente.

Havia pouco, Freud dialogara com Jung acerca da paciente Sabina Spilrein, como vimos na abertura deste capítulo. Alguns anos antes, assistira a Breuer sair de viagem com sua esposa, apavorado, quando Anna O. referiu estar grávida dele. Vivenciara, ainda, o abandono do tratamento da paciente Dora, três meses depois de iniciá-lo com ele mesmo, Freud. Sem nomear a que caso se referia, em "As perspectivas futuras da psicanálise" Freud cita Jung, quase vítima desses fatores que envolvem a contratransferência. Ao que tudo indica, porém, o artigo trata do caso Dora e, talvez também, do Homem dos Lobos, que em 1910 já havia encerrado seu tratamento.

Os impasses acerca da contratransferência seriam decorrentes, portanto, dos limites da análise pessoal dos psicanalistas, que levariam a interrupções nos tratamentos das pacientes enamoradas. E isso devido à incompreensão dos fatores sexuais envolvidos no jogo inconsciente da dupla, à falta de manejo dos desdobramentos afetivos de certas transferências e, sobretudo, das contratransferências (Freud, 1910/1990b).

No conjunto de textos de técnica psicanalítica que datam de 1912 a 1915, Freud define o enquadre, o objetivo de uma análise e a dinâmica desse modelo de tratamento. Porém, aborda brevemente o tema da contratransferência, que só volta a aparecer pela segunda e última vez em sua obra no texto "Observações sobre o amor transferencial" (Freud, 1915/1990h), na forma de recomendações. Nele, apenas reafirma que, se a transferência passa a ser o motor da análise, a contratransferência sempre indica uma resistência derivada do psicanalista que precisa ser controlada e eliminada com a análise pessoal – recomendada para a aquisição da neutralidade e, consequentemente, aplicação da regra de abstinência, essencial no corpo da teoria da técnica do autor.

Quanto à distinção entre os conceitos de neutralidade e abstinência no *Vocabulário da psicanálise*, Laplanche e Pontalis (1992) destacam que a abstinência é uma regra da prática analítica segundo a qual o tratamento deve ser conduzido de forma que o paciente encontre o menos possível de satisfação substituta para seus sintomas. O analista deve então se recusar a satisfazer as demandas e os papéis que o analisando solicita na transferência, pois entende-se que o sintoma sumiria à medida que encontrasse, rapidamente, substituição pela transferência. A justificativa para tal regra recai sobre o fator econômico da análise, assegurando certo nível de angústia considerada necessária para funcionar como motor do tratamento; ou seja, o método psicanalítico dependeria da aplicação dessa regra. Na prática, esta seria responsável pelo sentimento vivenciado e referido por muitos pacientes de que seus analistas seriam frios, pouco afetivos e distantes.

Enquanto a abstinência passa pela atitude do analista de recusar dar algo ao paciente, a neutralidade, por sua vez, refere-se ao fato de o analista recusar a si mesmo certas gratificações com o processo que conduz, sobretudo as gratificações narcísicas que podem advir desse lugar. Trata-se, certamente, de uma das qualidades que definem a atitude do analista no tratamento, exigindo deste, na técnica clássica, um abandono temporário de seus valores religiosos, morais e sociais, sobretudo de seus desejos amorosos e eróticos pelo paciente. Os conceitos nunca foram propostos como sinônimos, mas entendo que o princípio de abstinência, para Freud, é passível de ser levado a cabo por meio da atitude neutra, que não deixa espaço para a contratransferência. Assim, ambos os conceitos estariam operando juntos, uma vez que estão diretamente interligados.

Como vimos no pequeno trecho da carta que abre esta primeira parte do livro, Freud reconhece o fenômeno da contratransferência e lhe atribui uma importância considerável, já que impede o avanço da própria psicanálise. Nessa perspectiva, na contratransferência estariam os pontos não elaborados dos conteúdos psíquicos do analista, que ficariam em evidência frente a algum material apresentado pelo paciente, seja por meio da fala ou dos atos. Trata-se, pois, de um aspecto indesejado, que deve ser completamente eliminado pela análise pessoal e não pode ser utilizado como recurso técnico – postura que perdurou até a morte do autor.

É preciso, assim, que nos debrucemos sobre o conceito de transferência para retirar dele elementos que, posteriormente, nos permitam afirmar que a contratransferência pode se configurar como uma percepção por parte do analista de aspectos do paciente a ele transferidos durante o processo de trabalho. A transferência foi definida por Freud em 1912, partindo do modelo proposto muito antes, no pós-escrito do caso Dora (Freud, 1905/1990i), de que o indivíduo deve ser compreendido em sua singularidade. Define, então, que cada um cria o seu próprio método específico de se conduzir na vida, na satisfação de suas pulsões e nos objetivos que determinam a si no decurso de sua existência, resultando na definição de protótipos diversos. Esses protótipos dão destinos diferentes às pulsões, que dependem da relação com as circunstâncias externas e da natureza dos objetos amorosos acessíveis ao indivíduo.

Durante esse processo de desenvolvimento do psiquismo, é possível observar então três destinos para a libido: parte fica retida no inconsciente; parte pode permanecer inconsciente nas fantasias, nos sintomas, nos sonhos; e parte aparece na porção consciente de nossa personalidade. Considerando esses três destinos descritos em 1912 como possíveis para a catexia, parece plausível que a libido não satisfeita, ou parcialmente insatisfeita, do analisando, retida nas fantasias, seja dirigida para a figura do psicanalista, formando então a neurose de transferência, na qual é possível intervir. Nesse caso, a libido entrou num curso regressivo e reviveu as imagos infantis do indivíduo: "O tratamento analítico então passa a segui-la; ele procura rastrear a libido, torná-la acessível à consciência e, enfim, útil à realidade" (Freud, 1912/1990j, p. 137).

Tais definições importam na medida em que clareiam o trânsito de uma análise clássica, na qual o trajeto da libido passa pela representação-coisa e pela representação-palavra e chega aos ouvidos do psicanalista pelo relato que o paciente é capaz de fazer de cenas, sentimentos, sonhos e experiências. Ainda que parte da libido esteja retida em pontos de fixação e na fantasia, ela é expressa pela verbalização, por não haver rompimento da cadeia de representações necessária para que uma pulsão entre no processo de simbolização e possa formar um sintoma clássico das neuroses.

A situação selecionada por Freud para discorrer acerca do manejo da transferência, que se ergue como uma poderosa resistência, refere-se ao momento em que o analisando se encontra enamorado do seu analista. Quando ocorre esse tipo de transferência, classificada como transferência erótica, o paciente pode estar utilizando o seu amor a serviço da resistência, como forma de desviar o seu interesse do trabalho, e, também, para colocar à prova a severidade do analista (Freud, 1915/1990h). Um dos desfechos possíveis descritos pelo autor para essa situação clínica, e que seria indesejável, é essa demanda ser atendida de alguma forma. O paciente viveria, então, um grande triunfo, enquanto o tratamento afundaria numa areia movediça. O analista teria perdido a batalha para a neurose, por não controlar a contratransferência que essas situações mobilizam em seu psiquismo.

Discorrendo sobre o amor erótico como uma das expressões da transferência positiva, justamente a que mostra a faceta da transferência como resistência, Freud destaca que este pode ser um fenômeno valioso e uma advertência útil contra qualquer tendência a uma contratransferência que possa estar presente na mente do psicanalista. No artigo "Observações sobre o amor transferencial" (Freud, 1915/1990h), destaca então a importância de reconhecermos que o enamoramento do paciente é induzido pela situação analítica, e que não deve ser atribuído aos encantos da pessoa do analista. Este necessita recusar a gratificação da transferência erótica, de modo a permitir que o paciente aprenda a superar a emergência do princípio do prazer repetida nessa demanda de amor transferencial. "O tratamento deve ser levado a cabo na abstinência", adverte Freud (1915/1990h, p. 214), garantindo que o paciente não triunfe em sua neurose de transferência.

Seria, então, o princípio de neutralidade, adquirido sobre o esbatimento de toda contratransferência, que garantiria ao analista sustentar as recusas necessárias a si próprio para o alcance da posição analítica de ser um espelho que reflete apenas o que o paciente projeta. Assim, consequentemente, zela pela posição de recusar a satisfação das demandas infantis do analisando, garantindo o desvelamento do objeto infantil e as fantasias tecidas em seu entorno, responsáveis por gerar as inibições na vida do sujeito.

Nesse mesmo texto, Freud (1915/1990h) aponta os limites da analisabilidade, ao dizer que há pacientes que, enamorados de seus analistas, não aceitam substitutos analíticos para manter essa situação na esfera psíquica e rompem com eles, acarretando uma enorme inimizade. Esse tipo de situação é ilustrado nas cartas entre Freud e Jung sobre as demandas amorosas de Sabina Spielrein. Para Freud, o alerta recai sobre uma intensidade atuada que não pode ser domada pela palavra. Nessas situações, a opção apresentada é revolver na mente como uma neurose se ligaria a tão obstinada necessidade de amor, aceitando os limites do alcance técnico da psicanálise daquele tempo.

A contratransferência é tratada, desse modo, na obra freudiana não como um problema em si, mas pelos efeitos negativos que pode gerar, em um processo analítico, o fato de o analista não reconhecer esse fenômeno em seu psiquismo. Trata-se de um importante aspecto apontado por Freud e que calça um dos dois argumentos que busco construir ao longo deste livro, qual seja, de que o trabalho de perlaboração da contratransferência é uma condição *sine qua non* em processos analíticos com pacientes narcísico--identitários.

Uma questão intrigante que persiste na obra freudiana sem ser respondida, e que vem ao encontro de minhas investigações, refere-se a como compreender e assimilar, na teoria da técnica, a ideia apresentada pelo próprio Freud (1915/1990k) de que há uma comunicação de inconsciente para inconsciente. Não seria essa comunicação o próprio cerne da contratransferência? O abandono do tratamento por pacientes da época, como Dora, o fim do processo no Homem dos Lobos, os dissabores da relação entre Sabina e Jung não teriam nenhuma relação com essa comunicação inconsciente que pode ter escapado à percepção do analista sobre seus próprios sentimentos? A não aceitação da presença desse fenômeno da contratransferência, durante certos momentos da condução de uma análise, seria derivada de uma ordem superegoica da técnica, segundo a qual a contratransferência não pode existir em forma consciente no psiquismo do analista, necessitando ser eliminada assim que detectada. Os efeitos dessa intolerância com a presença da contratransferência por parte do analista são demonstrados a seguir, quando abordo a estagnação da análise do caso do Homem dos Lobos.

Mas quais teriam sido os motivos de Freud para não se ocupar da contratransferência, além dos que destaquei anteriormente? Fédida (1992) nos auxilia a rastrear algumas dessas várias razões. Sublinha que, de longe, Freud subestimava a importância das reações do analista diante da pessoa do paciente e as transferências feitas por este, colocando-se no nível das condições ético-psicológicas de conhecimento e contenção que fazem falta diante da intensidade dos fenômenos transferenciais.

Apesar de o referencial metapsicológico definir que o conceito de pulsão pressupõe a existência de quatro características – fonte, pressão, finalidade e objeto –, a quarta delas não ocupava a mente de Freud no que diz respeito à intervenção clínica. De fato, como

48 A DIMENSÃO HISTÓRICA DA CONTRATRANSFERÊNCIA...

bem destaca Fédida, Freud estava nitidamente voltado aos efeitos do que se passava intrapsiquicamente nos pacientes neuróticos, enquanto o fator objeto da pulsão, que pautaria o entendimento da relação entre os sujeitos, não indicava a direção da cura. Assim, mesmo apontando para uma comunicação de inconsciente para inconsciente, Freud não se debruçou sobre esse achado, colocando luz, somente, no lado da transferência, mais precisamente sobre os elementos infantis do sujeito que seriam transferidos para a pessoa do médico.

Para Fédida (1992), o ponto de vista freudiano de não elaborar uma metapsicologia da comunicação e da intersubjetividade é coerente com a crítica que adaptou frente a uma posição filosófica do problema do outro. Por isso, não se deveria concluir apressadamente que a questão do outro não tenha sido aberta e plantada pela psicanálise – a sexualidade faria o confronto com essa conclusão superficial porque marca que é uma constituição psíquica. Com esse referencial em mente, é possível compreendermos que a contratransferência é relevante para Freud, entendida, contudo, apenas como transferências de protótipos infantis do psicanalista, portanto limitante do processo, não dizendo respeito também a projeções de clivagens do ego do analisando que devem ser processadas pela dupla.

O que foi dito até agora é que a escuta da transferência segue o caminho de apreender o que está sendo repetido da sexualidade infantil do sujeito, inconscientemente, naquela situação analítica clássica construída para isolar a transferência e evidenciar a intervenção interpretativa – isso quando esta aparecer como resistência. A tarefa consiste em escutar e interpretar a transferência e as resistências, rompendo com a cadeia de repetições, permitindo, assim, um reordenamento do sujeito em relação ao seu desejo. No entanto, a experiência clínica mostra que esse método não dá conta dos padecimentos que apresentam outra configuração psíquica, distinta das neuroses de transferência, fato afirmado, inclusive, por Freud, que dizia que seu procedimento técnico tinha um limite de aplicação a certos tipos de paciente.

A necessidade de ampliar a analisabilidade de pacientes neuróticos para os não neuróticos muda a compreensão do que é psicanalisar. E, nos casos em que a transferência neurótica não alcança a compreensão e a mudança do que se apresenta na análise, a contratransferência deixa de ser inexoravelmente um limite.

2. Impasses clínicos: o problema da falta de perlaboração da contratransferência do analista

Entre os artigos acerca da técnica, um interessa especialmente no desenvolvimento dos argumentos deste estudo, justamente por apresentar o problema da elaboração. "Repetir, recordar e elaborar" (Freud, 1914/1990c) insere dois novos conceitos na obra freudiana, sendo apresentados na mesma sequência do título. Primeiramente, Freud retoma a questão de recordar; depois, postula o que entende por compulsão à repetição; por fim, e somente nos dois últimos parágrafos do artigo, discorre brevemente acerca da importância da elaboração.

Ao retomar esse artigo, buscamos, então, abrir caminho para aproximar o reduzido fenômeno da contratransferência, de 1910, estanque na obra freudiana, ao conceito de perlaboração, de 1914, como trabalho fundamental em um processo analítico.

O primeiro ponto a ser abordado sobre esse material diz respeito ao termo *Durcharbeitung*, que aparece no texto original em alemão e cuja tradução mais próxima é "perlaborar". O prefixo verbal *durch* corresponde à locução prepositiva "através" e indica a direção de um movimento no sentido de entrar e novamente

52 IMPASSES CLÍNICOS

sair, atravessar; enquanto *arbeiten* corresponde ao verbo "trabalhar". A ideia é então "trabalhar-se através de alguma tarefa", ou ainda "percorrer ou atravessar uma tarefa do início ao fim". Os sentidos contidos na palavra são os de examinar profundamente algo, trabalhar sem interrupção, evocando a noção de duração prolongada que demanda dispêndio de esforço para superar dificuldades (Hanns, 1996).

Porém, na edição standard brasileira das obras completas do autor (Imago), o termo foi traduzido simplesmente por "elaboração" – que, em alemão, seria *Bearbeitung* ou ainda *Verarbeitung*. O prefixo *Be*, que significa também "trabalhar" no sentido de ação de um sujeito que empenha o esforço de aplicar o trabalho sobre um objeto, e pode ser também traduzido por "elaborar", dá ênfase ao "sobre", trabalhar sobre um material. Já *Ver*, traduzido por "elaboração" ou "processo de elaboração", possui conotações diversas, como assimilar, digerir, transformar, processar, abarcando uma dimensão de "ir muito adiante", em um trabalho contíguo, mas no sentido de tornar assimilável algo emocional (Hanns, 1996).

O verbo elaborar no dicionário de português Larousse (1980) acaba por introduzir uma dimensão de sentido ausente na palavra *Durcharbeitung*, que se refere a uma qualidade de trabalho que melhora, lapida um material. Para Freud (1914/1990c), a concepção de elaboração apresenta uma dimensão de assimilação de algum material psíquico, sendo muito utilizada quando nos referimos ao trabalho do analisando de processar, digerir e se apossar do que está em jogo em suas transferências e das interpretações recebidas do analista.

No entanto, no texto em questão, ao utilizar o termo *Durcharbeitung*, o sentido pretendido por Freud pode ser, na nossa compreensão, mais bem abarcado na palavra perlaborar. O sentido que depreendemos do texto original corresponde ao trabalho psíquico realizado pelo paciente que é aplicado sobre os conteúdos inconscientes revelados pela interpretação do psicanalista, mas resguarda uma dimensão de processamento de conteúdos e afetos por meio do que vai sendo transferido. Seria o trabalho de elaboração/perlaboração do analisando sobre a resistência o que ganha relevo na tese freudiana.

O segundo ponto que interessa abordar aqui diz respeito, justamente, ao lugar da perlaboração na teoria freudiana. Logo no primeiro parágrafo do artigo em questão, é revelada a principal ideia defendida pelo autor, qual seja, a de mostrar aos analistas que recordar os conteúdos recalcados é apenas uma parte do tratamento, e não o objetivo final da análise.

Freud (1914/1990c) é claro ao afirmar que há uma parte do trabalho psíquico que abarca o material rememorado. Embora não nomeie esse trabalho como elaboração no parágrafo em que o aborda, conforme a definição apresentada há pouco, sabemos que é disso que se trata. Assim, afirma que o objetivo do tratamento é, descritivamente, o preenchimento das lacunas de memória, enquanto, "dinamicamente, é superar resistências devidas à repressão" (Freud, 1914/1990c, p. 193), para, somente depois, ocorrer o processo de rememorar.

Ao longo do texto, podemos apreender que a tarefa analítica passa a ter duas etapas e a seguinte divisão: ao psicanalista, cabe revelar as resistências que identifica, para que o analisando possa tomar consciência das forças em jogo na manutenção do recalque. A segunda etapa consiste em dar tempo ao analisando para que ele realize o trabalho de elaborar e superar a resistência, de modo que, somente depois, "o paciente amiúde relaciona as situações e vinculações" esquecidas sem dificuldades (Freud, 1914/1990c, p. 163). Então, ao analista compete comunicar as resistências que identificou e, pacientemente, dar tempo ao analisando, sem

54 IMPASSES CLÍNICOS

interrompê-lo ou apressá-lo. Nessa concepção, nos caberia elaborar a contratransferência, mas não seria da nossa responsabilidade a tarefa de perlaborar conteúdos psíquicos do paciente, que faria então esse trabalho, além do desafio de superar as resistências, de forma contínua.

Ainda nesse texto, Freud (1914/1990c) faz uma crítica aos jovens analistas que costumam tomar a primeira parte – ou seja, trazer à consciência do paciente as resistências em jogo – como o todo do processo. Apesar de o termo perlaboração só aparecer explicitamente nos últimos dois parágrafos, como já dito, o texto todo foi escrito para elevar esse conceito ao estatuto de tarefa fundamental do trabalho de análise. A questão da compulsão à repetição é também abordada de modo preliminar, mas apenas para explicar que é o material que está escondido por esse fenômeno que coloca em jogo as forças das resistências, impedindo a rememoração e exigindo tempo para ser elaborado; portanto, é possível compreender que a compulsão a repetir assume o lugar da transferência.

A elaboração ganha papel de grande relevância no tratamento, pois dela depende o êxito em promover mudanças efetivas no padecimento do sujeito. Sabemos, por intermédio de Freud e da prática clínica, que elaborar é uma parte árdua e essencial da tarefa, porque diz respeito a um processo que não é somente racional, envolvendo afetos em conflito. Entendo que os efeitos transformadores são os que justamente dependem do processo de elaboração e de perlaboração dos afetos para ter seus destinos remanejados.

Então, segundo o autor, o sentido preciso da análise está na segunda parte da tarefa, que é a elaboração por parte do paciente, nos sentidos apresentados há pouco, de aplicar o trabalho sobre algum material revelado como resistência pela interpretação do psicanalista (Freud, 1910/1990l), bem como perlaborar os afetos liberados pela interpretação. Fica claro então que, na neurose de transferência, é no psiquismo do paciente que se dá o trabalho de perlaboração.

O terceiro ponto diz respeito à noção de compulsão à repetição, importante porque é neste texto de 1914 que Freud insere o conceito pela primeira vez em sua obra, o qual ganhará outros contornos em 1920. Considera, então, que o ato resultante da compulsão a repetir protótipos infantis revela uma resistência de algum material representado e recalcado, na medida em que o analisando revive algo no momento atual para evitar a recordação sob efeito do recalque. Traz como exemplo o fato de o analisando não se lembrar de que desafiou a autoridade dos pais, mas repetir isso desafiando o médico.

Freud (1914/1990c) relaciona, pois, essa compulsão a repetir à transferência e à resistência; trata-se, portanto, de um fenômeno clínico. E questiona o que aconteceria se as pulsões indomadas se firmassem antes de o analista lhes colocar as rédeas da transferência, ou se os laços que ligam o paciente ao tratamento fossem rompidos numa ação repetitiva.

Nesse momento da obra, o autor não atribui esse tipo de resistência ao id, como ocorre na segunda tópica, em "Inibições, sintomas e angústia" (Freud, 1926/1990m). Define então cinco tipos de resistência, sendo três do ego, transferência, recalcamento e o ganho secundário da doença; uma do id, justamente a compulsão à repetição; e uma do superego, a reação terapêutica negativa. Assim, a compulsão à repetição, nesse texto técnico, ganha uma definição distinta da que aparece em "Além do princípio do prazer" (Freud, 1920/1990n), quando é ressignificada pela inclusão da pulsão de morte, passando a ser uma característica da pulsão.

Para sublinhar essa diferença de compreensão da compulsão a repetir, de 1914 e de 1920, Freud afirma: "Resta inexplicado o bastante para justificar a hipótese de uma compulsão à repetição, algo que parece mais primitivo, mais elementar e mais instintual do que o princípio do prazer que ela domina" (Freud, 1920/1990n, p. 37). Ora, se em 1914 a concepção de compulsão a repetir ganhava um estatuto de fenômeno clínico, nas palavras anteriores vemos que se trata mais de uma característica da pulsão de morte, que ainda não foi vinculada à pulsão de vida para ingressar no princípio do prazer. Por esse motivo é que passa a ser compreendida como resistência do id.

Os impasses clínicos que Freud vinha encontrando na época em que postula o termo compulsão à repetição não são fáceis de transpor; novamente, ele afirma que a chave reside somente no manejo da transferência.

Porém, o atendimento do Homem dos Lobos, encerrado na época desse artigo de 1914, evidencia que Freud já havia se deparado com a resistência do paciente de lembrar alguns conteúdos importantes para finalizar o processo; por isso, optou por estabelecer um tempo para o término da análise, lançando mão então da técnica ativa como recurso que visava retirar o paciente da resistência em que tinha se instalado.

No texto "Repetir, recordar e elaborar" (1914/1990c), que vínhamos discutindo, Freud é enfático ao dizer que cabe ao analista esperar pacientemente, dar tempo ao analisando até que ele possa familiarizar-se com as resistências que vão surgindo em ato. Porém, não parece que tenha feito relação entre sua decisão técnica no atendimento do caso do Homem dos Lobos e um eventual sentimento de contratransferência presente no psiquismo de um analista que atenda a uma situação grave de padecimento do paciente. Menos ainda entre sua decisão e a presença de contratransferências em sua mente que o levassem a romper com uma regra que ele mesmo acabava de postular em sua obra – aquela referente ao tempo para a elaboração das resistências.

Na perspectiva freudiana, a atitude imparcial e passiva, de espera, do analista é a garantia do manejo no processo de elaboração da compulsão à repetição. Ela parte do pressuposto de que o ato, nos casos de neuroses de transferência, ainda que momentaneamente tenha impedido uma recordação dolorosa que poderia ser verbalizada, não passa por um movimento de rompimento das cadeias associativas, como no caso do *acting*, em que o que está em jogo é uma descarga da pulsão de morte. Freud parece assumir então a ideia de espera quase como uma resignação do analista, para que ocorra o trabalho de elaboração no psiquismo do sujeito.

Com essa postura, negligencia o conceito de contratransferência, incluído em 1910, e não faz qualquer aproximação entre este e o conceito de perlaboração, apresentado nesse artigo de 1914. Fica evidente que não considerava a contratransferência um conceito da teoria da técnica, o que impossibilitou que avançasse tecnicamente com o trabalho das transferências hostis. No mesmo ano em que propõe espera e tempo por parte do analista, Freud rompe com esses preceitos ao fazer uso da técnica ativa e estabelecer uma data limite a uma análise que conduzia. Ao que tudo indica, a proposta de espera e tempo se choca com a própria contratransferência de Freud.

O autor fala da necessidade de análise pessoal para elaborar e eliminar qualquer contratransferência possível no psiquismo do analista. Com esse raciocínio, extirpa da teoria psicanalítica a possibilidade de o analista aguentar a presença desta em seu psiquismo pelo tempo necessário para um trabalho de perlaboração dos aspectos infantis do analisando.

Entendo que, para o psicanalista conseguir sustentar a paciência necessária com o analisando – parte importante da tarefa clínica, segundo Freud –, deve se dispor a um trabalho de perlaboração, no próprio ego, não só dos seus próprios complexos infantis, mas também dos conteúdos do paciente. Ou seja, o profissional também precisa fazer um trabalho sobre o material apresentado pelo paciente, principalmente no que diz respeito aos aspectos mais provocativos, expressos em atos, como forma de resistência. Isso não significa reduzir a contratransferência apenas ao trabalho de análise dos protótipos infantis do analista, enquanto o paciente elabora sua resistência.

Diferentemente do que é proposto por Freud, em minha concepção, o trabalho de elaboração de certos aspectos transferidos para a pessoa do analista não ocorre só no psiquismo do paciente, mas também no psiquismo do analista, a partir do que é percebido como contratransferência. Há, pois, necessidade de algo da contratransferência que, após ser perlaborado pelo analista, seja transformado em intervenção na transferência, para que, então, seja perlaborado pelo analisando aquilo que foi captado de inconsciente para inconsciente na figura da contratransferência. Pretendo, aqui, valorizar a contratransferência como conceito técnico e, assim, realizar uma aproximação do conceito de perlaboração (*Durcharbeitung*), ultrapassando a noção de perlaboração dada por Freud em 1914.

Retomando a distinção entre os vocábulos *Durcharbeitung* e *Bearbeitung*, entendo que se trata de duas tarefas distintas, sendo ambas necessárias. Assim, quando o psicanalista percebe a presença de um sentimento contratransferencial, inicialmente, há de fazer um trabalho de elaboração (*Bearbeitung*) daquilo que podem ser seus próprios aspectos infantis mobilizados pelas transferências em jogo, lapidando, no sentido de buscar uma qualidade de trabalho que melhore e refine o material nele mobilizado, liberando a contratransferência dessas possíveis contaminações pessoais.

Sem dúvida, esse movimento de autoanálise se refere ao processo de elaboração da contratransferência do analista defendido por Freud, mas, com isso, esta seria esgotada e não mais apareceria na mente do profissional. Defendo, porém, que essa é somente a primeira etapa do trabalho de perlaboração da contratransferência. É consenso entre os autores que abordam esse tema que a contratransferência é espinhosa justamente pela possibilidade de ocorrerem abusos diante da falta de análise do psicanalista, que infringiria a proposição de neutralidade. Um segundo tempo da tarefa consiste em incluir na transferência certos elementos que foram percebidos como contratransferência, de modo que esses sentimentos do psicanalsita sejam então elaborados pela dupla analítica, contribuindo para o paciente integrar o que ele mesmo transferiu.

É claro que um bom trabalho de elaboração da contratransferência pode beneficiar a análise de qualquer paciente. Porém, diante daqueles que apresentam psicopatologias que transcendem as neuroses de transferência, há um processo delicado e difícil, anterior ao de elaboração realizado pelo psiquismo do paciente. Nesses casos, faz-se necessária uma tarefa que antecede as sínteses egoicas, que diz respeito à construção das cadeias representativas que ficaram rompidas por intensidades que não puderam ter seu circuito representação-coisa/representação-palavra bem constituído nas fases iniciais da vida. Trabalhar a contratransferência por meio desses elementos que o analista inclui na análise, pela sua via sensível, seria avançar no processo, e não um trabalho isolado sobre um tema ou momento específico em que surgiu a contratransferência. Assim, se perlaborada, a contratransferência terá material à disposição das construções em análise.

O texto técnico de Freud "Construções em análise" (1937/1990q), que aborda a concepção de construção em análise como outra modalidade de intervenção diferente da interpretação, foi o gatilho para que eu desenvolvesse a ideia de perlaboração da contratransferência. O hiato entre o texto técnico de 1914 ("Repetir,

60 IMPASSES CLÍNICOS

recordar e elaborar") e o próximo texto de teoria da técnica, de 1937, ano em que surge também o texto sobre a cisão do ego, deixa margem para formular várias indagações, entre elas: com base em que material são promovidas as construções em análise? Seria a contratransferência a matéria bruta para esse trabalho? Partindo do pressuposto formulado há pouco, de que a perlaboração dessa matéria bruta coloca à disposição da análise elementos para construções, como realizar este trabalho?

As manifestações clínicas diversas das histéricas do final do século XIX levaram o próprio Freud a afirmar a ineficácia de sua prática diante de certas formas de padecimento. Havia, de fato, dificuldades consideráveis no manejo clínico, bem como interrupções e agravamentos da doença inicial.

A dimensão clínica desses impasses é aqui abordada por meio do desfecho do caso do Homem dos Lobos, relatado extensivamente no texto "História de uma neurose infantil" (Freud, 1918/1990o). Trata-se do russo Serguei Constantinovitch Pankejeff, paciente de Freud de 1910 a 1914 que se tornou um divisor de águas na psicanálise. Embora Freud tenha considerado este um caso bem-sucedido, o relato do retorno do paciente à análise com Ruth Mack Brunswick, no livro *Supplément à l'Extrait de l'histoire d'une névrose infantile de Freud* (Brunswick, 1928/1981), revela questões delicadas e não resolvidas da transferência da análise anterior com Freud. A autora se refere, inclusive, a um agravamento do caso pelas transferências hostis não analisadas, o que a levou a diagnosticar Pankejeff com um quadro paranoico importante.

Não estariam esses problemas relacionados a possíveis contratransferências não reconhecidas pelo analista, as quais não puderam então ser perlaboradas?

Segundo Freud (1918/1990o), foi necessário um longo tempo de educação para induzir Serguei a uma parcela de trabalho independente, que ele realizou até certo ponto, entrando em um movimento de retração diante do alívio do sofrimento após um período do tratamento. O analisando passou a apresentar uma aparente docilidade, que camuflava transferências hostis, acarretando a estagnação do processo. Estava, pois, convicto de que aguardara o tempo necessário até que o analisando tivesse estabelecido uma transferência positiva forte o suficiente para contrabalançar essa retração, jogando um fator contra o outro: "Determinei – mas não antes que houvesse indícios dignos de confiança que me levassem a julgar que chegara o momento certo – que o tratamento seria concluído numa determinada data fixa, não importando o quanto houvesse progredido" (Freud, 1918/1990o, p. 23).

Parece, então, que Freud não estava conseguindo muitos resultados no caso, passando por dificuldades com as interpretações que não levavam o analisando à elaboração das resistências. É possível observar os limites do não reconhecimento da presença de transferências hostis nas palavras de Freud (1918/1990o): "O paciente a que me refiro aqui permaneceu muito tempo inexpugnavelmente entrincheirado por trás de uma atitude de amável apatia. Escutava, compreendia e permanecia inabordável" (p. 23). Certamente, o analista deixou de destacar no trabalho que justamente a "amável apatia" poderia denotar a presença de transferências hostis. Agora, podemos dizer que tais transferências hostis talvez derivassem de outros substratos, como o superego – mas sabemos que, em 1918, ainda não existia a postulação do superego como uma das instâncias psíquicas, bem como o entendimento de que as resistências não são derivadas somente do ego. De toda forma, é curioso que, ao relatar essa passagem do caso clínico, Freud (1918/1990o) use o termo "entrincheirado" para se referir à resistência detectada no psiquismo do Homem dos Lobos. Raramente esse vocábulo aparece na obra: é utilizado somente mais uma vez, muito tempo depois, no Capítulo V do texto "O Ego e o Id" (Freud, 1923/1990p). Nele,

Freud refere-se à presença da pulsão de morte, manifestada como crítica severa do superego ao ego, afirmando que, em psicopatologias como neuroses obsessivas e melancolias, o "componente destrutivo *entrincheirou-se* no superego e voltou-se contra o ego" (Freud, 1923/1990p, p. 69, grifo meu).

É importante lembrar que o diagnóstico freudiano para o caso do Homem dos Lobos era de neurose obsessiva, com uma forte presença de elementos regressivos à fase anal sádica, inversão dos componentes ativos em passivos, o tema do amor e do ódio, a fantasia de ser penetrado analmente pelo pai, entre outros conteúdos. Todavia, é relevante evidenciar aqui a presença de transferências hostis no caso clínico, as quais, ao serem enlaçadas pela transferência, se transformam em indiferença e apatia (Robert, 2015).

Um dos recortes que realizamos no caso é para ressaltar o que Freud descreve como o primeiro "sintoma transitório", o qual surgiu na análise por meio do retorno a um elemento do conto de fadas dos "Sete Cabritinhos". Nessa narrativa infantil, um cabritinho se esconde na caixa de um relógio de parede, enquanto os outros seis eram comidos pelo lobo. A análise de Serguei era realizada, justamente, em uma sala onde havia um relógio e, de vez em quando, o analista estranhava o fato de o paciente olhar fixamente para esse objeto e, depois, voltar-se a ele de uma maneira "bastante amistosa". Freud reconhece então, nessa transferência, um temor do paciente de ser devorado pelo pai/analista, mas deixa de trabalhar o que seria a expressão de uma transferência erótica que justamente mantinha recalcada a hostilidade voltada ao psicanalista. Teria negligenciado a presença dessas transferências pelo efeito delas sentido como contratransferência?

Outro exemplo da dificuldade de Freud em manejar a transferência hostil pode ser encontrado numa das cartas a Ferenczi, em que relata a presença desse fenômeno desde o início do tratamento de Serguei: "Judeu ladrão, gostaria de te pegar por trás e cagar na tua cabeça" (Freud & Ferenczi, 1910/1995, p. 200) – teria dito o paciente em um dos primeiros encontros da dupla. Ao que tudo indica, o intuito de Freud era reconstruir a história da neurose infantil do paciente, mas ele também tinha dificuldade em lidar com a transferência hostil que detectara.

Por intermédio do próprio Serguei Pankejeff, pudemos então conhecer um detalhe, desconhecido até 1950, de sua análise com Freud. Nos casos (como o seu) em que o analisando continuava *embaraçado* com a transferência, Freud sugeria que, ao final do tratamento, este presenteasse seu psicanalista com um objeto, acreditando que esse gesto simbólico contribuiria para a diminuição dos seus "sentimentos de gratidão" e da sua "dependência" do analista (Kupermann, 2014; 2017).

Em artigo de 2014, Kupermann aborda o problema da adesividade libidinal e apresenta o episódio em que Serguei, o Homem dos Lobos, reconhece numa foto do consultório de Freud a "sua" estatueta, o presente que lhe dera ao final da sua análise, por sugestão do próprio Freud, que entendia que, quando um analisando está muito dependente e sente muita gratidão pelo analista, pode resolver uma parte disso o presenteando. O presente era uma estatueta egípcia feminina, que trouxe gozo e júbilo ao Homem dos Lobos quando a viu anos mais tarde na foto. Isso mostra que a tática usada por Freud para resolver as transferências em jogo no final de uma análise não haviam alcançado o êxito esperado. A partir desse episódio, relatado pelo próprio Homem dos Lobos na década de 1950, Kupermann (2014) busca desenvolver as modalidades de intervenção possíveis para esse problema da dívida paterna presente nos finais de análise, por meio de Freud, Ferenczi e Winnicott. Podemos inferir que, se Freud tivesse percebido sua possível contratransferência, em vez de sugerir ao Homem dos

Lobos que o presenteasse com algum objeto para resolver a questão da dívida da suposta gratidão com o analista, teria ampliado sua técnica em direção a outro caminho.

Como se vê, não nos faltam exemplos: o primeiro encontro entre Serguei e Freud; o momento na sala de espera, onde o candidato a paciente hostiliza o analista, explicitado na carta a Ferenczi; o riso encabulado do paciente ao olhar o relógio e o rosto do analista; o tempo para encerrar a análise estabelecido por Freud; a sugestão de receber um presente do analisando para resolver certas transferências. É possível vislumbrar a pertinência da ideia de que contratransferência não perlaborada resulta em prejuízos para as análises, gerando impasses delicados de se resolver. Nenhuma das táticas adotadas por Freud para silenciar ou resolver as transferências hostis foi efetiva, e as contratransferências que esse tipo de situação clínica gera no analista ficaram interceptadas em Freud pelas suas próprias dificuldades com esses conteúdos. Os problemas clínicos evidentes nesse caso foram elencados por Kupermann (2012) da seguinte forma: o primeiro se refere aos movimentos afetivos do analisando, como interceder na sua adesividade transferencial. O segundo problema diz respeito a como prosseguir em uma análise que encontra um obstáculo intransponível ao trabalho da recordação. Nesse aspecto, Kupermann (2012) lembra que a solução imaginada por Freud fora congruente com a sua teoria da clínica da histeria: incrementar a angústia do analisando por meio da exacerbação do princípio de abstinência, acreditando que, assim, a associação livre retomaria seu curso em direção à revelação dos conteúdos recalcados com a ajuda das interpretações do psicanalista. Para Freud, o recurso de marcar um prazo para encerrar a análise, elemento da técnica ativa, garantiria o manejo desses impasses clínicos, já que o paciente produzira, em decorrência dessa intervenção, o famoso sonho dos lobos sobre a nogueira que havia na janela do quarto dos pais.

Penso que alguns dos motivos que cegariam o pai da psicanálise para a presença de tais transferências nesse processo dizem respeito a como lidar com as contratransferências que emergem no psiquismo do analista diante da intensidade das transferências hostis – além da falta de uma teoria da contratransferência que sustentasse outra modalidade de intervenção diferente da interpretação das resistências do paciente.

É necessário reconhecer que houve um longo período de 22 anos, de 1915 a 1937, em que Freud silenciou sobre a técnica psicanalítica. No texto "Construções em análise" (Freud, 1937/1990q), ele admite que há um recurso técnico diferente das interpretações, que são as construções, mas não fala a partir de que material se pode construir. Ainda assim, cabe sublinhar que Freud referia-se ao modelo da pesquisa arqueológica, destacando as construções de fragmentos da história do paciente que estavam recalcados.

Persiste, assim, a questão que foi a grande motivadora desta pesquisa: como reconstruir em análise os conteúdos psíquicos que talvez não tenham sido recalcados por nem terem sido inscritos no circuito representação-coisa, representação-palavra?

Podem ser muitos os elementos envolvidos no psiquismo de um analista para que este fracasse no trabalho de análise das transferências hostis com pacientes graves. Mas há dois fatores em especial que, penso, contribuem para um desfecho desfavorável: o desconhecimento acerca de uma teoria da técnica que abarque a contratransferência como uma modalidade de trabalho do afeto; e, evidentemente, o quanto avançou a análise pessoal do analista para se utilizar desse recurso. Obviamente, não desconsidero, aqui, a interferência de outros fatores, já referidos, como situações pontuais em que o psicanalista esteja envolvido com o desenvolvimento e a pesquisa de alguma teoria específica, prejudicando a escuta. Há também o tempo da construção da própria sensibilidade de escuta clínica – que é consequência do acúmulo da experiência dos anos de vida profissional atrelado à análise do psicanalista e ao seu conhecimento teórico adquirido ao longo desses anos.

No caso de Freud, podemos levantar como hipótese que as dificuldades no manejo do tratamento do Homem dos Lobos se devem a três motivos. O primeiro seria derivado de não ter criado ainda as teorias da pulsão de morte e, consequentemente, a compreensão de todos os desdobramentos desta, como as alterações para uma teoria estrutural, a compreensão das resistências derivadas de instâncias como o id e o superego, as implicações na direção da cura suscitadas pela virada teórica de 1920 e as psicopatologias centradas no campo do narcisismo, com alterações graves na constituição egoica, como os mecanismos de cisão. O segundo motivo diz respeito ao fato de, na ocasião do atendimento desse caso, Freud estar muito ocupado em comprovar a eficácia da solução das neuroses de transferência, via análise dos sonhos, e confirmar as teorias que vinha desenvolvendo a respeito da neurose obsessiva. E, por fim, é necessário ventilar a hipótese de que sua análise pessoal avançara até onde fora possível para quem estava criando a própria psicanálise, deixando margem para a presença de possíveis contratransferências não percebidas.

Como começamos a examinar anteriormente, Fédida (1992) formula algumas hipóteses sobre o fato de Freud não usar a contratransferência como recurso técnico, como forma de um inconsciente escutar o outro inconsciente. Uma delas refere-se à resistência em considerar a contratransferência por motivos ético-psicológicos, como vimos. As outras, abordadas no livro *Crisis y contra-transferencia* (1992), relacionam-se com a Genesis da imago paterna. Para Fédida, outra hipótese é de que as transferências histéricas impedem Freud de reconhecer as possíveis contratransferências presentes em seu psiquismo, porque o quadro de histeria é entendido como culpa do pai pelo desencadeamento produzido por sua imagem na sexualidade da filha. Fédida firma ainda que o mito do pai sedutor é criado sobre esse desmentido conceitual, acarretando também consequências que fazem ampliar a ideia de contratransferência como atitudes terapêuticas maternas que são solicitadas no trabalho com pacientes difíceis. Uma terceira hipótese que segue na mesma linha da imago paterna seria a de que o assassinato do pai em *Totem e tabu* (Freud, 1912-1913/1990r) está assentado em uma base da homossexualidade masculina (Fédida, 1992).

Mesmo não albergando as possíveis contratransferências em jogo no problema da adesividade do caso em questão, Freud explicita a necessidade da mudança de algum paradigma técnico, em uma conferência proferida em Budapeste, no ano de 1918. Para Kupermann (2014), é sobre esse indesejável efeito incômodo de adesividade transferencial do método que recai o argumento freudiano em "Linhas de progresso na terapia psicanalítica" (Freud, 1919/1990s). Trata-se de um texto, resultante dessa conferência, em que abarca a dimensão política no contexto psicanalítico da época. Há que se destacar que, nessa ocasião em Budapeste, Freud defende o que Ferenczi iria propor naquele evento como a técnica ativa.

Em uma espécie de confissão, Freud (1919/1990s) admite então que a análise dos casos graves, mesmo tudo sendo dito e interpretado, pode recair em uma estagnação. Nesse caminho, ele anuncia que "os progressos na nossa terapia, portanto, sem dúvida prosseguirão ao longo de outras linhas, antes de mais nada, ao longo daquela que Ferenczi, em seu artigo 'Technical difficulties in an analysis of hysteria', denominou recentemente 'atividade' por parte do analista" (Freud, 1919/1990s, p. 204). Nesse momento, o campo se abre para a ampliação da técnica analítica, que Freud se limita a anunciar como um princípio fundamental que dominará o trabalho analítico e que consiste em levar o trabalho sob privação – num estado de abstinência. Cabe ressaltar que ele mesmo lembra que se abster não é o mesmo que agir sem satisfação, pois foi justamente uma frustração que fez o sujeito adoecer, fazendo sintomas que são satisfações substitutas.

A passagem por Budapeste, em primeiro lugar, esclarece que há um problema na clínica dos pacientes graves, pois Freud estava às voltas com a publicação do caso do Homem dos Lobos, admitindo então a necessidade de outros caminhos terapêuticos, o que ficou a cargo de Ferenczi. Centra-se no problema de a neurose de transferência ser manejada via transferência e abstinência; com isso, deixa de desbravar o tema da contratransferência, que dava sinais claros na estagnação no processo do paciente russo. Parece que o raciocínio clínico de Freud não avançara até o ponto de conseguir pensar que, se nos casos de histeria as interrupções no tratamento eram geradas pelas transferências não analisadas, quem sabe em casos graves os fracassos poderiam decorrer das contratransferências não percebidas e processadas.

Por meio da afirmação de Freud de que o paciente havia se "entrincheirado" em uma "amável apatia"; do episódio do sintoma transitório assentado no conto de fadas "Os sete cabritinhos"; do trecho da carta de Freud a Ferenczi, relatando a fala agressiva de Serguei na primeira sessão; e do fato de o paciente ter presenteado o analista por ocasião do fim da análise, busco aqui demonstrar que a falta de perlaboração da contratransferência do analista contribui para o surgimento de problemas clínicos, resultando, geralmente, em fracassos analíticos caso estes não sejam detectados e manejados de modo adequado. Justamente o aspecto para o qual Freud havia chamado a atenção em 1915 – os efeitos negativos do não reconhecimento da contratransferência nos processos analíticos, conforme destacamos anteriormente – fica confirmado nesse caso.

Nesse sentido, a contratransferência não é inexoravelmente um entrave, podendo ser tomada então como fenômeno que ultrapassa a ideia que a circunscreve no campo dos pontos não analisados do inconsciente do psicanalista. Sabemos que há desenvolvimentos teóricos diversos, de autores importantes, nesse caminho de alçar a contratransferência ao estatuto de recurso à disposição da técnica. Essas posições são exploradas mais adiante, na Parte II do livro. Por ora, destaco que a modalidade de intervenção proposta por Freud de construções em análise está referida ao episódio do sonho do Homem dos Lobos; e mais, que é pensada somente como construção de fragmentos a partir de elementos que já estão soterrados no inconsciente.

No pensamento do pai da psicanálise, promover construções em análise não significa construir representações para vivências que funcionam como enclaves da personalidade do sujeito, como aqui proponho. Como já dito, não se trata de escavar nos materiais soterrados, e sim de criar algo que favoreça ligar as forças destrutivas atuantes nos psiquismos dos pacientes graves. Dessa forma, ficam evidenciados os limites da técnica clássica, mesmo na proposta de construções, no que diz respeito aos difíceis impasses que Freud enfrentou com seu método de interpretação baseado no modelo dos sonhos por meio da neutralidade e abstinência.

Partindo desses pressupostos, surgem alguns questionamentos, como: será que o próprio Freud pensou esse modelo dos sonhos como uma construção? E principalmente: sobre que material se promove uma construção? Como trabalhar o obstáculo, intransponível para Freud, das transferências hostis? Não há, em Freud, nenhuma teorização sobre a aproximação destes conceitos: a contratransferência, a perlaboração e as construções em análise.

Penso ser necessário um trabalho de perlaboração da contratransferência para depurar os elementos que geram conteúdos a

70 IMPASSES CLÍNICOS

serem colocados no processo analítico, de forma a favorecer as construções em análise como processo de criação de vias simbólicas primárias. A questão mais profunda da interlocução entre esses temas é, então: como o analista realiza esse trabalho?

A sustentação do argumento de que é a perlaboração da contratransferência que vai gerar material para promover as construções em análise aproxima estas duas noções – perlaboração da contratransferência e construções em análise –, elevando-as a um mesmo patamar de importância no que diz respeito à realização da tarefa analítica com pacientes graves. É necessário, no entanto, construir um caminho teórico para responder a outras questões derivadas do que foi elaborado até o presente momento. Quais os processos mentais do analista envolvidos nesse trabalho? Ou seja, o ponto principal é examinar como se dá o trabalho de perlaboração da contratransferência. Certamente, trata-se de uma interrogação profunda e que apresenta as maiores dificuldades para ser respondida.

Considero que há muitas formas de tentar apreender os modos como se efetua esse delicado e complexo processamento das análises difíceis – uma delas é por meio da metapsicologia do analista. Sem dúvida, a interrogação "por meio de quais processos se dá a perlaboração da contratransferência?" pode ser respondida por vias distintas e, certamente, continuará sendo uma questão aberta e infinita. Na trilha desta, há a necessidade de refletirmos acerca das categorias aqui utilizadas para responder a outra pergunta: como se dá o trabalho de depurar a contratransferência bruta, transformando-a em elementos utilizáveis para as construções em análise dos sujeitos? Será a alucinação do analista, que, via empatia, identificação projetiva e *rêverie*, favorece o trabalho de perlaboração da contratransferência? Qual a relação entre a perlaboração da contratransferência, como proposta neste livro, e o trabalho de figurabilidade do psicanalista nas construções em análise?

3. A pulsão de morte e a exigência de outro paradigma de trabalho: a alucinação do psicanalista

Em "Análise terminável e interminável" (Freud, 1937/1990g), Freud reconhece as dificuldades que enfrentou com Serguei, alertando para o perigo do incremento da dependência do analisando, que tornaria o processo de análise interminável. Destaca também a resistência transferencial dos pacientes e admite que há uma dupla face da instauração da neurose de transferência, já que esta pode provocar uma adesividade do paciente ao analista, devido às transferências hostis não analisáveis. Embora assuma esses impasses em função do retorno do Homem dos Lobos a uma segunda análise, este segundo tempo evidenciou a deterioração psíquica do paciente, marcando que o analista não conseguiu ultrapassar certas barreiras para avançar na técnica.

Fato é que não foi possível para Freud evoluir em sua técnica, e, como vimos, isso pode ter ocorrido em razão da reduzida compreensão do fenômeno da contratransferência em seu próprio psiquismo, que pode tê-lo impedido, inclusive, de conduzir a análise de casos graves.

Podemos inferir, então, que a contratransferência resultante de transferências hostis, como as manifestadas pelo paciente Serguei, por exemplo, fica entrincheirada no analista, caso ele não a reconheça como efeito de aspectos do analisando nele projetados. Isso funciona como um campo minado que favorece o surgimento de outros tipos de resistências, como as do superego do psicanalista, diretamente vinculadas às manifestações da reação terapêutica negativa do paciente.

Passo agora a abordar os textos a partir de 1920, de modo a destacar como a técnica de Freud não acompanha a evolução dos avanços teóricos que ele vinha desenvolvendo. Vale observar que ele só retorna ao tema da técnica, fazendo acréscimos acerca das construções e do final da análise, ainda sem considerar a contratransferência, após a morte de Ferenczi. No conceito freudiano de construções em análise, há uma aproximação da ideia de que existe uma comunicação de inconsciente para inconsciente, embora ele não afirme isso. Com a virada de 1920, as construções em análise surgem como a modalidade de intervenção que seria necessária para promover mudanças nos pacientes que não apresentam a clássica neurose de transferência. Como o psicanalista trabalharia para produzir esse efeito almejado?

Com a publicação do texto "Além do princípio do prazer" (Freud, 1920/1990n), que insere o conceito de pulsão de morte na obra freudiana, o autor sublinha que o modelo de tratamento utilizado até então não produziria em todos os pacientes o efeito de convicção necessário para que estes abandonem sua neurose. Até aquele momento, a rememoração de cenas, resultante da interpretação, produziria por si só esse efeito de convicção. Com a pulsão de morte, surge, porém, outra compreensão para a expressão compulsão à repetição – quando o que é repetido pode ser da ordem do que nunca esteve regido sob o princípio do prazer; ou seja, está aquém deste, precisando ser inscrito, representado para ingressar nesse funcionamento.

Novamente, o corpo teórico da psicanálise ronda a questão sobre o que fazer com certos tipos de pacientes que não se enquadrariam nas formas neuróticas de lidar com seus conflitos. Freud (1920/1990n) abre caminho para a remodelação da técnica ao dizer que todo sujeito em tratamento "é obrigado a repetir o material recalcado como se fosse uma experiência contemporânea, em vez de, como o médico preferiria ver, recordá-lo como algo pertencente ao passado" (p. 31). Ainda segundo o autor, se o paciente puder resguardar um pouco de realidade, poderá perceber que essa repetição atualizada é uma encenação de algo que já foi esquecido. Isso resultará num sentimento de convicção que poderá levá-lo a buscar novas formas de satisfação.

Nesse curto espaço de tempo entre "Repetir, recordar e elaborar" (Freud, 1914/1990c) e até perceber e nomear a pulsão de morte (1920), Freud deu-se conta de que as resistências não são somente do inconsciente, mas, sim, "... dos mesmos estratos e sistemas mais elevados da mente que originalmente provocaram a repressão" (Freud, 1920/1990n, p. 32). A novidade sublinhada pelo autor está em pensar a maneira como a compulsão à repetição se relaciona com o princípio do prazer. Agora, a compulsão à repetição é capaz de evocar repetições de fenômenos que nunca causaram nenhum tipo de prazer, nem nos mais remotos tempos de vida.

Sabemos que as investigações sexuais infantis fracassadas levam o sujeito a um prejuízo narcísico e a um dano permanente ao valor próprio. As exigências da educação e dos progenitores levam ao abandono desse amor infantil sob sentimentos de humilhação e desprazer, entendidos como a raiz do sentimento de inferioridade. Assim, os pacientes repetirão na transferência todas as vivências

74 A PULSÃO DE MORTE E A EXIGÊNCIA DE OUTRO PARADIGMA...

indesejadas e penosas que nunca estiveram regidas pelo princípio do prazer (Freud, 1923/1990p).

A questão que se retira desse conteúdo é o que fazer com esse tipo de convocação transferencial, que, segundo o próprio Freud, despertaria no psicanalista sentimentos que podem ser definidos como contratransferenciais, inclusive da ordem da hostilidade, e que, evidentemente, não devem se expressar como ação, mas podem ser criação do paciente. Não se trata mais do campo da interpretação das resistências do ego. Trata-se, sim, dos circuitos de transferências hostis/contratransferência que abarcam a relação entre os sujeitos envolvidos na tarefa analítica. Essas novas postulações teóricas permitem a Freud reconhecer quadros clínicos como a reação terapêutica negativa, os quadros de masoquismo e outros derivados das intensidades não representadas da pulsão de morte, sem, no entanto, se dedicar às modificações técnicas que seriam necessárias nesse novo contexto teórico/clínico.

Sabemos que, em 1923, é inserida no arcabouço teórico da psicanálise a existência da mais poderosa resistência, a reação terapêutica negativa, que se refere a uma transferência que descarrega a pulsão de morte por meio de um *acting*, entrando em cena na compulsão à repetição executada por uma ordem do superego. Esse fenômeno pode ser compreendido pelas relações de dependência que o ego mantém com as outras instâncias e, principalmente, pela desfusão pulsional resultante das identificações que constituem o superego. Essa forma de resistência é considerada um grande impasse na direção da cura e consiste num comportamento peculiar de certos pacientes. Diante de uma expressão satisfatória de progresso do tratamento, de suspensão dos sintomas, de ampliação das condições egoicas, de diminuição do sofrimento e de consideráveis melhorias nas suas vidas, os sujeitos reagem com um agravamento da doença, colocando-se contra seu próprio restabelecimento. Trata-se de uma forma de desafiar a autoridade do analista, mas, principalmente, uma amostra da necessidade de manter-se sofrendo, adotando uma atitude negativa para com a análise e a manutenção de uma posição masoquista na vida.

Nos textos de técnica que foram mencionados, e especialmente em "A dinâmica da transferência", Freud (1912/1990j) claramente defende a proposição de que todas as transferências que surgem na modalidade de resistência são objeto de interpretação do analista: as eróticas, que também são consideradas positivas, embora resistenciais; e as hostis, que seriam as negativas, também resistenciais mas dificilmente acessíveis no processo de análise. Freud, no entanto, não se dedica a pensar como tentar alcançar a transferência negativa. É nesse ponto que a técnica ferencziana começa a ganhar expressão, pois Ferenczi foi o primeiro a fazer essa tentativa de alcançar uma maneira de trabalhar as transferências hostis.

Ferenczi, já no final da década de 1910, encampa a tese de que são necessárias alterações técnicas que passam pela consideração da metapsicologia do analista para avançar com os tratamentos estagnados, justamente pela presença das transferências hostis. Quando o tratamento não está transitando pela palavra, o analista pode provocar o surgimento dessas transferências na relação da dupla, inaugurando um outro paradigma técnico.

Cumpre refletir um pouco mais sobre a noção de um sentimento inconsciente de culpa, mais bem definido como necessidade de punição (Freud, 1924/1990t). Em nota de rodapé, em 1923, Freud escreve que o êxito na luta contra esse sentimento inconsciente de culpa (necessidade de punição) depende, primeiramente, de sua intensidade. Porém, abre a possibilidade para pensarmos que, talvez, dependa também de a personalidade do analista permitir ao paciente colocar o analista no lugar de seu ideal do ego. Isso envolve, para o analista, a tentação de desempenhar o papel de profeta, salvador e redentor do paciente, recolocando em cena, novamente sem nomear ou sem se dar conta, o tema da contratransferência, da neutralidade e do narcisismo do analista. Eis aqui o ponto de maior relevância que merece ser destacado, uma vez que, além da fala que passa pelo circuito representação-coisa/representação- -palavra, há o ato, o não dito, que, como apontamos no início, está posto por meio da contratransferência do analista e é da ordem do desmentido no analisando.

Ocupado, até certo ponto, com os obstáculos que se impõem ao tratamento a partir da virada de 1920, Freud é muito claro ao dizer que fazer uma análise andar já fora bastante debatido – os holofotes precisariam se voltar, então, para o que se torna impe- dimento ao tratamento, ou até o inviabiliza. Elenca, em 1937, três fatores como decisivos no processo de uma análise: a influência do trauma, a força das pulsões e as alterações do ego. Porém, não percebe que os processos psíquicos do analista, mobilizados no trabalho com essas categorias, precisam ser considerados na téc- nica que pretende trabalhar, ao menos os últimos dois fatores. O inquietante é pensar na seguinte questão: como estar ocupado de manejar impasses clínicos derivados das forças das pulsões e das alterações egoicas decorrentes – as quais, em 1938, nomeou como cisão do ego – sem se ocupar das exigências técnicas que isso im- põe ao trabalho do analista?

No processo analítico em que o analista se alia ao ego do pa- ciente para tornar consciente algo que está interpolado pelo mo- vimento defensivo de recalcar alguma ideia que gera desprazer, sabemos com que movimentos e mecanismos de defesa do ego estamos lidando. A dificuldade que Freud acentuava é quando há uma alteração do ego que não é da ordem dos mecanismos de defesa, como o recalcamento, o qual promoverá sintomas que se utilizam de condensação, deslocamento, racionalização, isolamento e formação reativa. Afirma que, em certos casos, o analista reconhece com seus próprios olhos a repetição do sujeito. Aqui, as pulsões estão atuadas, descarregadas em *acting in*, levando à necessidade de o analista presenciar, no sentido de testemunhar, algo que não está verbalizado.

Defender a proposta de que isso não impossibilita o tratamento e que o analista pode interpretar o que está repetido apenas para si mesmo, enquanto o ego do paciente estiver apegado às suas defesas mais primitivas, o que pressupõe tolerar a presença da contratransferência pelo tempo necessário, abre caminho para pensarmos o devir de uma construção no tratamento de pacientes graves por meio da perlaboração da contratransferência. O analista pode, então, conter e postergar a inclusão desse material na pauta até que o analisando tenha recursos de ego para conhecer seus aspectos clivados, por meio das intervenções do analista.

Reter essas interpretações se configura, então, em um trabalho inicial de perlaboração, dentro do psiquismo do analista, de modo que este tolere a existência de certos sentimentos, fantasias, imagens e sensações até que possa ser feita uma intervenção que devolva algo ao paciente daqueles conteúdos. Seria a capacidade de o analista aguentar a presença da contratransferência que lhe ocorrera e ir trabalhando aos poucos, por meio dela. O objetivo seria abrir vias de simbolização desses conteúdos, ainda que primeiramente no psiquismo do analista, como percepção de algo do ego do paciente por meio dos seus próprios afetos, de modo a reter, conter a presença da contratransferência, contrariando a concepção de eliminar, extinguir esses sentimentos que surgem durante o processo.

É importante lembrar que as pessoas que se utilizam de uma alteração no ego apresentam uma característica de maior "adesividade da libido" (Freud, 1937/1990g, p. 274) e, portanto, maior dificuldade de desligar suas catexias de um determinado objeto para outro. Essa alteração, ou cisão, do ego (Freud, 1917/1990u) é derivada do impasse entre satisfazer a exigência da pulsão e reconhecer o perigo apresentado pela realidade. Tal ordem de conflito pulsional não é resolvida por uma conciliação que resulta numa formação de compromisso, mas por um rompimento no ego, que assume as duas exigências ao mesmo tempo – satisfazer a pulsão e reconhecer o perigo –, criando uma dificuldade na sua capacidade de síntese. Dessa forma, nos casos que estamos considerando pacientes graves, que padecem de patologias derivadas do campo do narcisismo, das falhas da constituição egoica, fica uma fenda no ego, na qual a força da pulsão de morte e seu grau de desmescla com a pulsão de vida são evidenciados por manifestações que deixam o sujeito aquém de um funcionamento pelo princípio do prazer.

Assim, de maneira muito engenhosa, uma parte do ego do sujeito tenta satisfazer a pulsão sem considerar o dano que isso lhe causaria, enquanto outra parte tenta livrar-se da angústia gerada pelo reconhecimento da realidade, fazendo falhar a função primordial da angústia sinal, que levaria o ego a recalcar a pulsão e criar um sintoma, conforme o modelo descrito em "Inibições, sintomas e angústia" (1926/1990m). Ocorre então um rompimento nas cadeias associativas, situação em que representação-coisa e representação-palavra sofrem desconexões, aproximando o funcionamento egoico do sujeito ao de um psicótico, promovendo movimentos de desobjetalização da pulsão, conforme propõe Green (1988b).

Volta à cena, então, a necessidade de paciência do analista. No entanto, já podemos agregar a essa proposição alguns novos elementos, como a questão da análise do psicanalista. Entre a interpretação da transferência e a perlaboração da contratransferência, há que se enfrentar o problema do narcisismo do analista.

Embora Freud fuja do reconhecimento do circuito transferência-
-contratransferência, admite que a personalidade do analista entra em xeque quando se trata de pacientes que apresentam resistências que não são da ordem das resistências clássicas do ego.

Cumpre destacar que circuito diz respeito aos caminhos percorridos pela libido no interior do psiquismo, passando pela representação-coisa, representação-palavra, até tornar-se consciente; já
no circuito transferencial/contratransferencial, entram em jogo as
cadeias associativas do analisando e do analista, formando um par.

Há textos que são capitais para enraizar o tema deste livro no
legado freudiano, ainda que nele seja tímido o reconhecimento
da necessidade de alteração na técnica e da possibilidade de outra
modalidade de intervenção, diferente da interpretação da transferência. O objetivo de revisitar esses ensaios é destacar que essa
nova intervenção abarca um trabalho psíquico menos passivo por
parte do analista sobre o material psíquico disponível do paciente,
que não é nem *per via di porre*, a indesejada sugestão, e também
não somente *per via di levare,* como proposto na técnica clássica.

A questão que exige avanços diz respeito, pois, a diferenças
na natureza do trabalho. Se, para as neuroses de transferência, o
trabalho se dá no nível da perlaboração das transferências e das
resistências do ego do paciente, a partir da postulação da pulsão de
morte, que se apresenta com maior força em quadros mais graves,
o trabalho se dá também no nível da perlaboração da contratransferência do psicanalista.

O conceito que estamos esboçando aqui, de perlaboração da
contratransferência, remete ao trabalho por outra via, a via sensível do psicanalista, que pressupõe os seus movimentos alucinatórios para viabilizar o processamento da dimensão estética da

contratransferência.[1] A fim de que sejam disponibilizados recursos técnicos que permitam a intervenção de construção de representações simbólicas, dentro do que buscamos discutir nesta obra, faz-se importante que o analista assuma uma parcela do trabalho mais ativo por meio do circuito transferencial/contratransferencial.

No texto de 1914, Freud propõe uma modificação no conceito de narcisismo, ao retirá-lo do estatuto de perversão e alçá-lo a uma etapa normal do desenvolvimento libidinal do sujeito. Afirma então a necessidade de termos um "egoísmo forte" como proteção contra o adoecimento. Evidentemente, essa proposta não se refere a permanecer em uma posição de fixação ao narcisismo, mas, sim, a uma dose necessária de acento libidinal no ego, de modo a criar recursos psíquicos que permitam ao sujeito atravessar o complexo de Édipo sem tantos prejuízos na imagem e valor de si, como citado no texto de 1923 ("O Ego e o Id").

Em 1921, o tema do narcisismo retorna, já sob o efeito do conceito de pulsão de morte, mas, até certo ponto, ainda corroborando com essa ideia do narcisismo como amor de si em primeiro lugar e condição de preservação do indivíduo. No entanto, a abertura para a questão da hostilidade que pode emergir frente às diferenças narcísicas de um sujeito e outro, as quais, sentidas como crítica a esse narcisismo, exigiriam alguma mudança nos modos de satisfação adotados, torna a questão mais delicada nas relações entre os sujeitos.

Nas palavras de Freud (1921/2006a, p. 129):

---

1 A questão da alucinação é examinada ainda nesta primeira parte do livro, enquanto a via sensível do analista remete ao tema da empatia, conceito desenvolvido por Ferenczi no texto "Elasticidade da técnica psicanalítica" (1928/2011b). Estes conceitos (empatia, via sensível do analista e estética da clínica) são examinados mais adiante, nas Partes II e III do livro.

Não sabemos por que tal sensitividade deva dirigir-se
exatamente a esses pormenores de diferenciação, mas é
inequívoco que, com relação a tudo isso, os homens dão
provas de uma presteza a odiar, de uma agressividade
cuja fonte é desconhecida, e à qual se fica tentado a
atribuir um caráter elementar.

Os temas da pulsão de morte e da identificação como mecanismo de constituição do aparelho psíquico modificam, entre outros conceitos, o entendimento do narcisismo primário e secundário como postulados na primeira tópica. Aqui, não me atenho aos detalhes da alteração teórica no conceito de narcisismo na teoria estrutural, no entanto, trago esse tema para o presente capítulo com o objetivo de destacar de que forma o narcisismo se inter-relaciona com a perlaboração da contratransferência – grande pedra no caminho ou, quem sabe, abertura para outro modelo?

É de extrema relevância para este livro perpassar o campo do narcisismo do analista e a intersecção com a hostilidade. Qualquer um que pense em nomear-se como analista sabe que precisa começar sua formação pelo trabalho da análise pessoal. Trata-se de precondição necessária, recomendada e de elevado valor nesse percurso de formação. Essa recomendação permanece inalterada, seja para trabalhar no campo da interpretação da transferência, seja no da perlaboração da contratransferência. É inquestionável, pois, que até onde a análise de cada psicanalista pôde avançar delimita a capacidade de compreensão dos conteúdos psíquicos dos outros sujeitos e das próprias teorias e técnicas que o psicanalista encontra à sua disposição para manejar na atividade clínica.

Por meio da análise de certos grupos, Freud (1921/2006a) demonstrou que quase toda relação emocional íntima entre duas ou mais pessoas, que perdura por certo tempo, contém elementos de aversão e hostilidade que podem escapar à percepção do sujeito devido ao efeito do recalque. Por que a figura do analista estaria isenta dessa parcela de sentimentos durante o trabalho analítico? O que se coloca como problema é que esses sentimentos não devem sofrer a ação poderosa do recalque, e que o analista tenha recursos de ego suficientes para percebê-los e não os descarregar no circuito transferência/contratransferência em formas de atuações diversas da contratransferência. Penso que a mais grave dessas atuações da contratransferência para um processo seja justamente a de fazer intervenções superegoicas, que chegam a usurpar do paciente o direito de transitar dentro de seu próprio processo por suas transferências hostis e primitivas.

Porém, a proposta freudiana de eliminar a contratransferência o mais breve possível, ainda que mediante trabalho de análise pessoal, é essencialmente oposta ao que buscamos esboçar. Em 1930, Freud descreve três motivos da infelicidade humana: as forças da natureza, a doença do próprio corpo e a que penso ser essencial para o tema aqui em questão – a relação dos homens com os próprios homens, a qual é pautada pelo "narcisismo das pequenas diferenças" (Freud, 1921/2006a, 1930/2006b), como aponta o autor. As diferenças inegáveis, e que o autor defende que precisam ser removíveis para se obter algum êxito nas relações, inclusive da dupla analítica, são muito pertinentes. Freud parte do pressuposto da aceitação da alteridade decorrente da renúncia que o sujeito faz de uma parcela de sua satisfação narcísica. Sabemos que ninguém o faz sem uma grande dose de resistência e dificuldade e alcança essa condição em nome de não perder o amor objetal. A renúncia a certas gratificações está em completo acordo com o lugar do psicanalista, o de alteridade.

Contudo, não podemos andar a passos largos nesse quesito de dar por compreendido e resolvido o problema do narcisismo do analista, respondendo rapidamente que são temas que devem se restringir à análise pessoal. Sem dúvida, a análise pessoal configura a primeira instância dessa tópica, o início do trabalho de perlaboração. É, sim, desse campo que se trata a contratransferência, do exame privado do analista sobre seus conteúdos infantis, eróticos ou hostis. Porém, essa análise não se encerra aí – constituirá uma experiência que pode ser utilizada pelo ego do analista para escutar as dores do narcisismo dos seus pacientes: "O fato é que a percepção dos sinais de um estado emocional é automaticamente talhada para despertar a mesma emoção na pessoa que os percebe" (Freud, 1921/2006a, p. 109). O ego bastante frágil e prejudicado dos analisandos mais regressivos pode precisar provocar no analista, mediante os recursos de identificação descritos por Freud em 1919 e 1921, sentimentos semelhantes aos seus próprios.

Pergunto: seriam esses os momentos que convocam as "representações vivas" (Freud, 1914/1990c) no analista, que podem ser percebidas como pequenas alucinações, em um primeiro momento contratransferencial? Não é incomum, por exemplo, ao longo de uma sessão, ou um período de tempo do tratamento, o analista sentir-se impotente com suas intervenções, humilhado pelas transferências hostis do analisando, e nesses momentos, ocorrerem imagens, recortes de filmes, contos, quadros, que parecem nada ter a ver com o conteúdo da sessão e que poderiam ser interpretados, apressada e reduzidamente, como o analista devaneando fora da sessão por complexos seus não analisados que foram mobilizados pelo paciente. Nesses casos, perlaborar a contratransferência seria pensar que aspecto da sessão fez o analista se sentir impotente, o que da recordação de um filme qualquer pode ter a ver com esse sentimento despertado pelo analisando e, consequentemente, com o que está sendo inoculado no analista por ele.

Ferenczi (1919/2011d) denunciava a questão do narcisismo dos analistas como entrave, quando afirmava que o tema da contratransferência era tabu entre os próprios analistas. Também o fazia quando afirmava a questão da "hipocrisia profissional" (1928/2011l) presente nas submissões transferenciais que se criava nas análises didáticas, ou aos mestres com quem se estudava. Repito, pela importância desse fator, que é consenso em qualquer tempo do movimento psicanalítico a importância da análise do psicanalista como condição para exercer a tarefa empreendida. O ponto reside na qualidade, na extensão em profundidade dessa análise, e, sobretudo, de que forma essa experiência pode servir de estoque narcísico no sentido positivo do termo – "egoísmo forte" –, necessário para enfrentar os tempos difíceis de uma análise de pacientes graves. Nessa medida, torna-se essencial para a tese pensar que o trabalho contínuo e incessante de perlaboração da contratransferência passa pelo narcisismo do analista, que, se bem regulado, poderá tolerar a presença de sentimentos estranhos e hostis que perceba em seu psiquismo, ao longo da condução de um tratamento, bem como perceber os movimentos do narcisismo do outro.

Não se trata de ter uma postura ingênua em relação ao narcisismo do analista e sua própria análise, positivando todos os movimentos derivados desse complexo. Em concordância com Figueiredo (2006; 2008), destacamos que as respostas contratransferenciais participam, de uma forma ou de outra, das atividades defensivas e resistenciais. No entanto, o autor marca que elas são, por outro lado, inevitáveis, e que a questão é dar-lhes um uso terapêutico, apontando para a necessidade de o analista levar muito a sério suas contratransferências.

Sobre o tema do narcisismo do psicanalista, considerando uma série de aportes de outros autores além de Freud, Figueiredo desenvolve (2006; 2008) a proposta de posição implicada e reservada.

Esta seria uma forma de o analista poder se oferecer para o encontro com o outro, e no modo como é afetado pelas vicissitudes desse encontro é que ele pode encontrar algo da contratransferência que sirva como forma de escuta e transformação dos afetos em jogo. A posição necessária para o analista trabalhar na clínica com pacientes graves, considerando-se também as questões éticas envolvidas nesse modelo, seria então de implicação e reserva. Esse modelo catapulta o analista a um lugar mais ativo, menos defensivo e passível de ser afetado na relação pelos conteúdos do analisando.

No que toca o campo da implicação, examino o processo à luz do legado de Ferenczi, Klein e Bion, na Parte II deste livro. No momento, objetivamos destacar as características apontadas como necessárias para que o psicanalista consiga exercer a sustentação do trabalho analítico a partir de suas reservas – sobretudo, aquelas que entendemos serem justamente as reservas narcísicas que poderão garantir o lugar do psicanalista.

Entre as reservas necessárias, Figueiredo (2006; 2008) destaca três tipos. O primeiro se refere à presença côncava do analista, que remete à noção de deixar um espaço potencial no qual o paciente pode vir a ser. O segundo diz respeito às reservas narcísicas do analista, remetendo às qualidades que concernem a uma autolimitação, as quais vêm ao encontro do que busco elucidar. E, por fim, as reservas pulsionais do psicanalista, que, nos momentos de deslize nas posições de implicação e reserva, levariam a momentos de ruptura no trabalho, perturbando a integridade do analista devido aos excessos afetivos traumatizantes.[2]

Para que a dupla analítica possa avançar pelo exame desses conteúdos primitivos que implicam falhas do narcisismo do

---

2 Para aprofundar o tema, cf. *Ética e técnica em psicanálise* (Figueiredo & Coelho Junior, 2008) e *Psicanálise: elementos para a clínica contemporânea* (Figueiredo, 2008).

paciente, o analista deve estar com seu narcisismo suficientemente regulado para não funcionar sob o princípio do prazer ou sob o efeito da pulsão de morte de nenhum dos envolvidos. Para Figueiredo (2008), as reservas narcísicas do analista são necessárias com uma relativa integração, bem como é exigida uma grande mobilidade egoica do analista para se oferecer como aquele que está em uma posição de reserva e implicação no campo de afetação com o outro; contudo, em um lugar de alteridade.

O que podemos depreender então é que se faz necessário ao analista processar seu narcisismo e as várias formas de implicação deste nos desdobramentos da sua constituição psíquica. Isso significa que sua análise precisa ir desde os pontos psicopatológicos do seu próprio narcisismo, examinando e elaborando os conteúdos que abarcam possíveis fixações narcísicas, perpassando conteúdos melancólicos, masoquistas, homossexuais e paranoicos. Isso compreende um processo analítico do psicanalista que vai muito além da exigência requerida na análise da formação psicanalítica.

Em distintos momentos ao longo de sua obra, Freud (1914/ 1990c, 1921/2006a, 1923/1990p, 1940[1938]/2006c) abre a questão da indiscriminação entre o ego e o objeto, e a relação do ego com o ideal do eu e o tema da idealização. Segue no campo das identificações narcísicas, destacando as mais complicadas manifestações clínicas, em que o paciente chega ao extremo de perder o contato com a realidade externa, como no caso das psicoses (Freud, 1924/2006d). Alerta, como destacado anteriormente, que certos tratamentos dependem da possibilidade de o analista tolerar, temporariamente, ser colocado no lugar de ideal, não percebendo, porém, o quanto a contratransferência fica implicada nessas situações de indiscriminação do paciente. O que observamos mais uma vez é que não se faz presente no pensamento freudiano formas de manejar essas transferências hostis, primitivas, indiscriminadas, que podem ser sentidas pelo inconsciente do psicanalista como contratransferências. Este é o limite mais radical da técnica clássica – a não presença da hostilidade primitiva nem como transferência, nem como condição do analista de permanecer com esses sentimentos em seu psiquismo e trabalhar por meio da sua capacidade de perlaborar a contratransferência.

Em uma nota de rodapé do final do texto "Psicologia de grupos e análise do eu" (Freud, 1921/2006a), encontramos uma abertura para o elemento que Ferenczi iria inserir em seu tabuleiro, alguns poucos anos depois: a empatia. Segundo Freud (1921/2006a), o caminho por via da imitação conduz da identificação à empatia; isto é, à compreensão do mecanismo pelo qual ficamos capacitados para assumir qualquer atitude em relação a outra vida mental.

As questões levantadas até aqui permitem pensar que adentrar no campo do narcisismo do analista é o que pode fazer a passagem de uma modalidade de intervenção à outra. Sem examinar a fundo seu próprio narcisismo, não haverá condição de ser odiado pelo paciente e tolerar as transferências provocativas, não será possível ultrapassar o limite da técnica clássica, reduzida à interpretação da transferência, despojando-se, inclusive, dos amores teóricos da formação, o que levará à reprodução dos mesmos fracassos clínicos que observamos desde os tempos do Homem dos Lobos. Sobretudo, o analista não será capaz de reconhecer e tolerar, pelo tempo que for necessário, os próprios sentimentos de ódio, aversão ou descrença em relação aos seus pacientes, nem de se dispor a albergar no trabalho clínico a emergência dos objetos alucinatórios da contratransferência.

A alucinação do analista

Na obra de Freud, a alucinação pode ser relacionada ao registro mnêmico do trauma, da rememoração, ou como caso extremo de rememoração que adota um caráter delirante patológico (Simanke, 1994). Começamos a retomar o conceito de alucinação neste momento e seguiremos com ele na Parte II do livro. Pretendemos, aqui, recuperar a alucinação na via que se refere à constituição psíquica, na qual adquire a função de catexizar certos traços de memória, retendo a catexia em alguns elementos por certo tempo, evitando, dessa forma, a descarga por meio de um ato inapropriado, ao mesmo tempo que promove a rememoração da experiência de satisfação ligada à constituição do desejo e da fantasia.

Quando escreve o "Projeto para uma psicologia científica" (1895/1990e), Freud adentra o campo do desenvolvimento teórico desse fenômeno da alucinação nas origens do aparelho psíquico. Vincula, então, a origem do psiquismo à urgência das necessidades vitais internas, que, frente ao desamparo inicial dos seres humanos para satisfazer por si sós essas necessidades, exige uma ação específica promovida por um sujeito alheio. A vivência de satisfação acontece por intermédio dessa ação específica proporcionada por um adulto responsável pelo bebê, ação que cessa de forma duradoura e eficaz o estímulo interno que provoca o acréscimo de tensão. Essa experiência deixa consequências: uma delas é a criação de vias de facilitação no interior desse psiquismo primitivo que permitirão ao sujeito criar caminhos a serem percorridos nos investimentos posteriores – ou seja, a experiência de satisfação gera uma imagem mnésica que, por repetição e semelhança, se ligará a um traço mnésico da hesitação resultante da necessidade – as vias de facilitação criadas serão capazes de reter a catexia por certo período, adiando a satisfação; a segunda consequência é o surgimento do desejo: assim que essa necessidade aparecer de novo, graças à ligação que foi estabelecida, uma moção psíquica procurará reinvestir a imagem mnésica dessa percepção para restabelecer a situação da primeira satisfação. É importante lembrar que Freud não equivale necessidade nascida de um estado de tensão interna a desejo. O desejo está ligado a traços mnésicos e encontra sua realização na reprodução alucinatória das percepções que se tornaram sinais de satisfação.

A definição, encontrada em "A interpretação dos sonhos" (1900/1990f), de o desejo ser um esforço psíquico para investir novamente o traço mnêmico deixado pela percepção do objeto que proporcionou a primeira experiência de satisfação eleva o desejo ao campo dos movimentos psíquicos. Tomando como modelo a situação do bebê: a ação específica realizada pelo adulto seria o oferecimento do seio; a imagem mnêmica do objeto seria herdeira dos elementos perceptivos que constituem o seio; e o movimento reflexo, o ato de sugar. Freud (1895/1990e) ressalta ainda que, com toda probabilidade, a reativação do desejo há de reproduzir, inicialmente, o mesmo efeito que a percepção, a saber, uma alucinação.

Portanto, nos primórdios da vida psíquica, a alucinação adquire um caráter de estratégia de busca da reprodução da experiência de satisfação. Enquanto forma de rememoração, esse fenômeno tem uma função especial na formação do sonho. O ego, conforme descrito no "Projeto" (Freud, 1895/1990e), é responsável por promover uma descarga de energia acumulada que permite ao psiquismo permanecer em estado de tensão mínima, necessária ao adormecer, desativando temporariamente a função secundária do aparelho psíquico. Entre as características do sonhar, há uma que diz respeito diretamente ao processo alucinatório. Se no sono o que está em vigência é o processo primário do psiquismo, a recordação primária de uma percepção seria sempre uma alucinação, visto que, com a inibição da motilidade feita pelo ego, é possível reinvestir marcas mnêmicas que, de algum modo, retroagem a um investimento da consciência de uma sensação, mesmo com a ausência do estímulo externo correspondente (Freud, 1895/1990e). Dessa forma, o sonho passa a ser sempre um reinvestimento nas representações do desejo com uma realização de caráter alucinatório (Simanke, 1994).

Também em 1920, encontramos a mesma afirmação freudiana de que "a realização de desejo é, como sabemos, ocasionada de maneira alucinatória pelos sonhos e, sob a dominância do princípio do prazer, tornou-se função deles" (Freud, 1920/1990n, p. 48). Compreendo que, ao aproximar a alucinação do princípio do prazer, o autor remete à questão de o psiquismo estar funcionando sob o regime desse princípio, de modo a garantir a função alucinatória que promove o investimento do desejo capaz de ativar a busca de satisfação adequada. No caso de pacientes graves, com atuações, inibições da capacidade de fantasiar e clivagens do ego, estaremos nos referindo a sujeitos que funcionam sob a predominância da compulsão à repetição daquilo que está aquém do princípio do prazer, ou seja, da pulsão de morte, que nem sequer se ligou a uma representação psíquica para ingressar no funcionamento do princípio do prazer, como já foi dito neste capítulo.

O material conservado como marca mnêmica, e que não foi transcrito a ponto de ser uma representação-coisa no psiquismo desses sujeitos, se constitui de conteúdos impossíveis de serem verbalizados, consequentemente, inviáveis de serem analisados no que se compreende classicamente como análise – situação que conduz a técnica clássica ao seu limite. Esse material, muitas vezes, permanece como imagens, cheiros, registros da ordem dos sentidos, que podem ser mostrados ao analista como forma de contar o que está causando sofrimento. A intensidade da pulsão de morte que acaba por ser mostrada, geralmente de maneiras muito regressivas, convoca uma contratransferência mais intensa no psicanalista, justamente por mobilizar conteúdos psíquicos mais primitivos, deixando a dupla analítica cara a cara com o não registro da pulsão.

O ponto recai sobre o analista investir nas marcas mnêmicas que emergem em seu psiquismo e entendê-las como o caminho pelo qual deve seguir seu processo de figurabilidade dos conteúdos do analisando que não puderam ser inscritos e reinvestidos para sofrerem as transcrições necessárias da simbolização primária, refazendo o percurso alucinatório da constituição do desejo. Consequentemente, a capacidade empática do analista é também mais exigida, pois está a serviço de identificar algo da ordem do que sente dentro de si como se fosse seu, e que não foi simbolizado primariamente, que ainda pode ser um traço de memória no aparelho psíquico do analisando, convocando a contratransferência do analista.

A perlaboração da contratransferência depende de o psiquismo do analista não estar sob o efeito da pulsão de morte – nem do seu próprio pulsional, nem diante do pulsional desligado da representação, que é atuado no campo transferencial pelo paciente. Ou seja, o psicanalista precisa estar apto a transitar pelos processos primários, mas funcionando sempre por meio do princípio de realidade, que, como preconiza Freud em 1911, envolve os registros do processo secundário de transitar pela representação- -palavra e o princípio da realidade. É isso que garante a posição de assimetria e a de empatia necessárias ao trabalho clínico com analisandos em situações muito regressivas. É, pois, tarefa do analista, que opera com seus dois princípios de funcionamento mental em sincronia, o princípio do prazer e o princípio da realidade, usar sua capacidade empática para produzir alucinatoriamente a rememoração da experiência que está clivada ou não representada no ego do analisando.

A recordação viva, os sentimentos ou até mesmo a fantasia que a atuação do paciente faz surgir no analista, nos momentos críticos de uma análise, dizem respeito à rememoração – por meio do psiquismo do analista – da experiência traumática não simbolizada do paciente. Entram em jogo nesse processo, além da alucinação, as categorias que vamos ver nas próximas partes do livro como a metapsicologia do analista e a estética da contratransferência: empatia, identificação projetiva, *rêverie* e figurabilidade do analista.

Por ora, busco sustentar o argumento de que pacientes graves, justamente por não estarem funcionando sob o regime do princípio do prazer, apresentam empecilhos ao processo analítico, exigindo um trabalho diferenciado do psicanalista. Há, pois, a necessidade de convocar a contratransferência como recurso de construção, de modo a oferecer a esses sujeitos os elementos que ainda não conseguiram nomear para si, ampliando a possibilidade de analisabilidade desses casos chamados por Green de patologias dos limites (1975/2008) ou do vazio, conforme sua teoria da desobjetalização (Green, 1988b).

Porém, se o analista estiver operando sob o predomínio da pulsão de morte, sua função alucinatória também irá falhar, reproduzindo a condição delirante do paciente, correndo o sério risco de atuar a contratransferência. Nesse caso, o analista inviabilizará a reconstituição dos processos de simbolização primária do analisando que estão em jogo no circuito transferencial/contratransferencial, e perderá a oportunidade de facilitar a esse sujeito o ingresso no regime do princípio do prazer, ampliando sua capacidade simbólica.

Antes de encerrar esta revisitação ao conceito de alucinação, há uma distinção a ser feita entre os conceitos de fantasia, *phantasia* inconsciente e alucinação. Esse caminho é necessário para avançar na construção do raciocínio clínico na segunda e terceira partes do livro e exige uma breve passagem por autores clássicos que abordam esse tema. A importância desta digressão advém do fato de que entendo que as alucinações do psicanalista são convocadas pelas *phantasias* inconscientes dos analisandos.

Existe uma diferença entre o que Freud concebe por fantasia e o que é possível pensar como *phantasia* inconsciente a partir do legado kleiniano. Figueiredo (2006; 2012) dialoga com o texto de Susan Isaacs, que abordarei a seguir, para desenvolver os desdobramentos do que propõe como "*phantasia* inconsciente". A distinção radical para Klein, até onde compreendo suas teorias, parece estar no ponto em que, mesmo antes de haver recalque dos representantes, pode haver uma *phantasia* inconsciente estruturada. Na perspectiva freudiana, a fantasia inconsciente do incesto edipiano que reside no cerne da neurose é sempre recalcada, enquanto a noção de *phantasia* inconsciente pode ser a pulsão em si, ainda sem seus representantes (Figueiredo, 2006; 2012).

Aqui, novamente precisamos recuar no tempo. Rivière (1936/ 1969), ao se aventurar a investigar a gênese do conflito psíquico nos primórdios da infância, retoma os pressupostos do tema da angústia como proposto por Freud, em 1926. Decorre desse percurso a afirmação de que o fato de um bebê não poder expressar sentimentos de um modo que compreendamos não significa que ele não disponha de formas de realizar essas comunicações. Ou seja, o fato de esse sujeito não falar a nossa língua ao chegar no mundo significa que ele vai se comunicar como puder.

O autor dialoga com os textos de Freud para sublinhar que os primeiros meses de vida são regidos pelo narcisismo, em que opera o princípio do prazer – ou seja, é ainda a fase do ego-corporal e da identificação primária. Os estímulos dolorosos, que provocam desconforto e dor, como fome, frio, cólicas, gravam também essa experiência no psiquismo do bebê, a experiência de dor

(Freud, 1895/1990e). Nesse trajeto, Rivière (1936/1969) destaca que "não devemos esquecer que esse mundo narcisista da psique é um mundo de 'alucinação', baseado em sensações e governado por *sentimentos* . . ., inteiramente autístico, não só carente de objetividade, mas, no começo, sem objetos" (p. 52, grifo do autor). Fica evidente o fato de que, nessa época muito primitiva da vida, as *responsabilidades* se assentam no ego e todas as relações causais se desenvolvem a partir do ego. O alicerce para uma objetalização se dá pela disposição que existe para esse movimento, constituído na experiência do princípio do prazer.

A questão se volta para o fato de que, desde o começo da vida, a psique reage à realidade de suas experiências, interpretando-as de um modo subjetivo, o que, inclusive, desvirtua a realidade da cena. Rivière (1936/1969) descreve as reações físicas violentas que são típicas do grito de socorro do bebê frente às ameaças internas que ele ainda é impotente para prover, mas sente em seu ego incipiente. São reações que envolvem todo o corpo, como torcer-se, contorcer-se, dar pontapés, respirar convulsivamente, evacuar, evidências de uma ansiedade esmagadora.

Com base nas considerações desse autor, destaco que essas ansiedades são anteriores ao estado de dependência e desamparo do bebê (Freud, 1926/1990m). Nessa seara, o desamparo, que para Freud é a origem de todas as ansiedades, para Rivière já é decorrente de um segundo momento de fantasia, sendo a impotência que levaria ao desamparo.

Suzan Isaacs (1943/1969) também publica um artigo que visa demonstrar os desdobramentos da constituição psíquica em termos de fantasia. É ela que propõe a palavra *phantasia* para essas reações primitivas descritas por Rivière. A autora refere-se às observações de Freud sobre a brincadeira de seu neto com o carretel, descrita em 1921, quando este destaca que a atividade da criança constituía uma forma de encenar a fantasia de controlar as idas e vindas de sua mãe. Isaacs (1943/1969) sublinha, então, que a fantasia existe muito antes da própria constituição da linguagem, sendo que a compreensão das palavras antecede muito o seu emprego, o que faz com que a situação seja bastante complexa, pois a ação emerge antes da própria palavra. Isaacs (1943/1969) afirma ainda que os pacientes adultos também não conseguem nos verbalizar suas *phantasias*.

O avanço do artigo, para a época, estava em concluir, por meio da análise de crianças muito pequenas, que as fantasias são os conteúdos primários dos processos mentais inconscientes, o que Freud não nomeia como fantasia. Para Isaacs (1943/1969), a fantasia é o representante psíquico da pulsão, e apoia-se na proposição freudiana de que a pulsão tem origem no soma e se faz representar para adquirir expressão mental. A autora sublinha, então, que os representantes psíquicos têm de ser encarados como os primórdios das fantasias e que estas não são só de realização de desejos, mas de reparação, bem como negação, renovação da segurança, controle da onipotência, entre outros aspectos.

O fator para o qual esses autores atentam é que as fantasias resguardam uma relação com o estágio de desenvolvimento atingido pelo ego do sujeito e com a intensidade do afeto mobilizado, reconhecendo que o caráter onipotente dos primeiros desejos e sentimentos se liga às concepções de Freud sobre a satisfação alucinatória do bebê. A questão que Susan Isaacs (1943/1969)[3] formula é o que mais nos importa aqui: considerando que a alucinação é uma criação do bebê, o que é mesmo que o faz alucinar?

Sabemos que o conceito de fantasia para Freud parte do pressuposto de que, no inconsciente, não há diferença entre lembrança e

---

3   É com este texto de Isaacs que Figueiredo dialoga para elaborar sua compreensão de *phantasia* inconsciente.

fantasia, e é justamente por isso que ele abandona a teoria do trauma na "Carta 69" (Freud, 1897/2006h), datada de 21 de setembro de 1897. Contudo, em 1911, formula que a fantasia é uma espécie de atividade de satisfação do desejo que surge quando uma moção pulsional é frustrada. O conceito de fantasia abarcaria a dimensão de ser uma expressão disfarçada da satisfação parcial desse desejo inconsciente, também semelhante ao sonho, como a alucinação, porém resultante de um processo de transformação de um conteúdo primário em conteúdo secundário. Como vimos, em termos freudianos, a alucinação não é, ainda, uma transformação – é um investimento nas marcas que faz a satisfação acontecer temporariamente como se fosse real, favorecendo a simbolização primária. Tal distinção é de especial importância para este livro.

Por ora, destaco, retomando o percurso de Freud, que, para este, no começo da vida mental, tudo o que é pensado é apenas imaginado de forma alucinatória. Isaacs (1943/1969) propõe a tese de que a alucinação não para na imagem da marca mnêmica; ou seja, o impulso oral do bebê, que inicialmente alucina o mamilo, depois o seio e, mais tarde, a mãe como pessoa total, o levaria para outro nível de alucinação, relativa ao que ele vai fazer com o objeto desejado que imagina ter adquirido, e esta seria a fantasia. Essa fantasia de um seio gratificador, segundo a autora, é desfeita à medida que a fome não é saciada, retomando a tensão original com maior intensidade.

A partir dessas compreensões acerca dos primeiros tempos de constituição psíquica, o objeto da alucinação seria a imagem em si, e na sequência, o que o sujeito vai fazer com esse objeto alucinado, a fantasia, que por sua vez não é ainda uma fantasia no sentido freudiano. Se considerarmos as afirmações freudianas de 1915, de que nesse momento do ego, do princípio do prazer, tudo o que é bom é meu e é introjetado, e tudo o que é ruim eu odeio e projeto no mundo externo, conseguimos esboçar o que fica projetado e identificado como se fosse do analista.

As primeiras experiências corporais, que deixariam marcas mnêmicas que mais tarde seriam catexizadas para buscar a satisfação alucinatória do desejo, seriam, na posição de Isaacs (1943/1969), progressivamente integradas às fantasias. Resulta disso que as fantasias da criança podem ser apoiadas em imagens plásticas como sensações – imagens visuais, auditivas, cinestésicas, táteis, olfativas, gustativas –, as quais seriam, progressivamente, articuladas ao mundo externo. Essas *phantasias* mais primitivas pertenceriam ao que Freud nomeia como processos primários, os quais devem ceder espaço ao processo secundário à medida que se instala o princípio de realidade.

Recuperei os aspectos primitivos da relação mãe-bebê por meio dos aportes de Rivière (1936/1969) e Isaacs (1943/1969) para destacar que as formas primitivas de identificação projetiva acontecem em estado de fusão primária. Seguindo essa linha de raciocínio, Rosenfeld (1988) destaca que filhos/analisandos de pais/ analistas que sofrem de perturbações muito primitivas precisam de um estado de espírito especialmente aberto se estes quiserem entender as comunicações nesse nível primitivo. O que o analista faz com isso decorre da compreensão que consegue ter das *phantasias* inconscientes atuadas dentro de uma sessão de análise e das alucinações decorrentes que ele próprio vai ter.

PARTE II

A metapsicologia da contratransferência e a dinâmica do psiquismo do analista na perlaboração da contratransferência

A análise, no que se refere à participação do analista, depende principalmente da qualidade da parte básica e não-variável. Isso, por sua vez, depende do grau de sanidade e cordialidade do mundo em que o analista vive – isto é, até que ponto ele tem sido capaz de lidar com suas próprias ansiedades paranoides e com sua depressão – ansiedades estas inseparáveis do trabalho que ele está desempenhando.

Little, 1950, p. 111

4. A contratransferência elevada ao estatuto de conceito metapsicológico: aportes teóricos

A primeira questão que motivou esta pesquisa, a princípio, parecia simples: seria a contratransferência uma forma de escutar os *actings in/out* dos analisandos? Revisitar a obra de Freud nos levou a confirmar seu reconhecimento da importância da contratransferência como fenômeno clínico e pontual, ainda que ele não tenha conseguido desenvolver o tema.

Não sejamos tão duros com o pai da psicanálise – é preciso considerar que Freud estava ocupado com a criação de seu projeto metapsicológico, de modo a explicar os processos psicopatológicos das neuroses. Há de se reconhecer que percebeu sua raiva, hostilidade, a pulsão de morte, mas não pôde trabalhar suficientemente a destrutividade que habitava em si, já que estava sozinho em sua própria análise. Vez ou outra, contava com colegas como Ferenczi e Pfister para a troca de cartas e diálogos, os quais serviam de algum modo como gatilho para o exame de seus próprios conteúdos.

Mas não precisamos nos ater ao passado para observar as resistências dos analistas em lidar com suas contratransferências. Ainda hoje, em certos debates e determinados institutos de formação psicanalítica, o fenômeno é pouco abordado; e se algum psicanalista ousa levantar questões para avançar no tema, acaba escutando que se trata de assunto privado que precisa ser trabalhado em seu espaço de análise.

Porém, se quisermos adentrar no núcleo enigmático e complexo da contratransferência, precisamos ir além da obra de Freud. De fato, investigar o que favorece e o que impede a perlaboração da contratransferência requer conhecer a história dos aportes conceituais realizados por uma série de estudiosos ao longo dos últimos cem anos. Não sejamos ingênuos: avançar no conhecimento teórico do conceito não é suficiente para responder aos problemas clínicos próprios do processo analítico. A camada mais complexa da questão diz respeito a como o analista realiza o trabalho de escutar por meio da contratransferência e de quais recursos psíquicos dispõe para compreender, conter e processar tais afetos.

Nesta segunda parte do livro, me dedico a delinear aspectos da dinâmica da contratransferência, abordando novamente a dimensão histórica do desenvolvimento conceitual da contratransferência; a dimensão clínica apresentada por duas vinhetas que ilustram as primeiras tentativas de uso e manejo da contratransferência, bem como seus efeitos nos pacientes quando não suficientemente perlaboradas, e a metapsicologia dos processos psíquicos do analista durante o processo de perlaboração da contratransferência. Este percurso possibilitará compreender a extensão e profundidade da perlaboração da contratransferência como instrumento de escuta e fonte de criação simbólica.

Aqui retomo Ferenczi, cuja vasta correspondência que manteve com Freud chega a ser considerada fonte de pesquisa, nos permitindo acompanhar uma história de amizade e férteis discussões teóricas. Encontramos na literatura, até o início da década de 1990, poucos reconhecimentos explícitos de que foi Ferenczi quem inaugurou o debate sobre a contratransferência. Dentre os autores clássicos, Heimann (1949/2002) é uma exceção. Autonomeando--se apreciadora dos esforços do psicanalista húngaro, posiciona-se, porém, de modo diferente dele em alguns pontos, já que se pauta nos pressupostos metapsicológicos de Melanie Klein, e não na teoria freudiana.[1]

Heimann (1949/2002) discorda de Ferenczi sobretudo no que se refere a comunicar ao paciente os sentimentos contratransferenciais. Ambos entendem que todos os sentimentos do analista, positivos e negativos, são instrumentos de investigação fundamentais, ainda que seja Heimann quem consegue formular e explicitar essa proposta com maior clareza. Cabe destacar que foi a partir da publicação das reflexões dessa autora sobre a contratransferência que definitivamente foi reconhecida a relevância desse fenômeno no trabalho clínico.

Fédida (1992; 1996) vai mais longe na sua admiração por Ferenczi e dedica-se a compreender o que o autor visava na época ao abarcar os processos psíquicos do psicanalista para dar conta de certos desafios da clínica. Inspira-se na proposta do húngaro de um estudo da metapsicologia do psicanalista para propor uma teoria própria da contratransferência, embora considere que ele não conseguiu desenvolver esses pontos, mesmo tendo indicado o caminho e preparado o terreno para esses desenvolvimentos.

No *Dicionário do pensamento de Sándor Ferenczi* (Kahtuni & Sanches, 2009), encontra-se a síntese do que ele definia como

---

1 Como vimos na Parte I deste livro, Ferenczi se tornou independente do pai da psicanálise depois de certo tempo, fazendo avançar sua própria metapsicologia, não sem sofrer, contudo, as consequências de seu descolamento das proposições freudianas. As contribuições de Ferenczi foram ouvidas e "empurradas" para um profundo silêncio, e não é incomum encontrar trabalhos complexos sobre a contratransferência que não fazem nenhuma referência a suas ideias.

104 A CONTRATRANSFERÊNCIA ELEVADA AO ESTATUTO...

contratransferência: diferentemente de Freud, considerava os fenômenos contratransferenciais não apenas como pontos cegos ou aspectos não trabalhados na análise do psicanalista. Para o psicanalista húngaro, absolutamente tudo o que se passasse do lado do analista – obstáculo ou instrumento para a análise – poderia ser definido como parte integrante de sua contratransferência, devendo ser examinado e compreendido analiticamente.

Na conferência pronunciada em Budapeste, em 1918, por ocasião da inauguração da Associação Psicanalítica da Hungria, Ferenczi explicita sua definição conceitual, sentindo-se autorizado por Freud a publicar um artigo pouco tempo depois, com o título "A técnica psicanalítica" (Ferenczi, 1919/2011d). Nele, começa a abordar os efeitos, no psicanalista, do que era definido como transferência, e a recolocar o tema da contratransferência em pauta:

> *O psicanalista, por sua parte, não tem mais o direito de ser, à sua moda, afável e compassivo ou rude e grosseiro, na expectativa de que o psiquismo do paciente se adapte ao caráter do médico. Cumpre-lhe saber dosar a sua simpatia e mesmo interiormente jamais deve abandonar-se a seus afetos, pois o fato de estar dominado por afetos, ou mesmo por paixões, constitui um terreno pouco favorável à recepção e assimilação dos dados analíticos. Mas sendo o médico, não obstante, um ser humano e, como tal, suscetível de humores, simpatias, antipatias e também de ímpetos pulsionais – sem tal sensibilidade não poderia mesmo compreender as lutas psíquicas do paciente –, é obrigado, ao longo da análise, a realizar uma dupla tarefa: deve, por um lado, observar o paciente, examinar suas falas, construir seu inconsciente a partir de suas proposições e de seu comportamento; por*

outro lado, deve controlar constantemente sua própria atitude a respeito do paciente e, se necessário, retificá--la, ou seja, dominar a contratransferência. *(Ferenczi, 1919/2011d, p. 416-417, grifos do autor)*

Neste trecho, por um lado, Ferenczi traz uma posição firme, surgida com Freud e que será defendida constantemente, sobre a necessidade da análise pessoal para que a contratransferência não seja atuada. Contudo, aborda os movimentos inconscientes dos desejos do analista pelo paciente que, se não forem bem manejados, têm efeitos drásticos. Por exemplo, ao tomar como seus todos os interesses do analisando, acaba fomentando uma transferência erótica, sempre sobredeterminada, alicerçada nos próprios movimentos pulsionais inconscientes que foram rechaçados pela exigência de extinção da contratransferência. Por outro, diferentemente de Freud, ressalta a importância do elemento sensibilidade do psicanalista para compreender outro ser humano, validando o uso da contratransferência para assegurar "uma liberdade e uma mobilidade dos investimentos psíquicos, isentos de toda inibição" (Ferenczi, 1919/2011d, p. 419). Contudo, não conseguiu relacionar essa sensibilidade ao conceito de introjeção, que ele mesmo postulara, embora seja essa a base da empatia e a abertura para a compreensão das formas de comunicação entre a dupla analítica.

A questão que se coloca a partir do que acabamos de elucidar é destacada por Pick em seu artigo "Elaboração na contratransferência" (1985/1990) – aliás, um dos únicos trabalhos encontrados ao longo desta pesquisa com um título similar ao que propomos neste livro. Como o analista se permite viver esta experiência da contratransferência, e, sobretudo, como faz para elaborá-la/perlaborá-la, e comunicá-la sob a forma de interpretação/construção? A autora avança, questionando ainda o que ocorreria se deixássemos as emoções de fora; não estaríamos correndo o risco de desconsiderar, justamente, o amor que neutraliza o ódio?

Fica evidente, portanto, que a assepsia psíquica do psicanalista o impede de transitar entre o jogo da imaginação, dos movimentos captados de inconsciente para inconsciente, e de realizar o exame crítico imposto pelo trabalho analítico. É evidente que a técnica ativa era, para o autor, uma modalidade de intervenção junto a esse tipo de analisando que carece das mesclas entre a pulsão de morte e a pulsão de vida. O que importa destacar é que Ferenczi propôs alterações na intervenção visando devolver a angústia ao processo. Nesse momento, ainda estava norteado pelo princípio de abstinência de Freud, segundo o qual privar o paciente significava manter a angústia presente no processo como motor da análise. A intervenção pensada por Ferenczi recaía sobre o afeto, pois visava justamente desestabilizar a economia psíquica do analisando para que se restabelecesse a associação livre e, assim, o curso da análise. Caso esse objetivo fosse alcançado, o processo poderia, então, se encaminhar para um fim, por ter perpassado as transferências hostis que se manifestavam por meio das atuações dos analisandos (Dallazen & Kupermann, 2017).

No artigo de Ferenczi (1919/2011d) mencionado há alguns parágrafos, encontramos a primeira abordagem explícita ao conceito de contratransferência na literatura psicanalítica. Para o autor, a contratransferência pode ter três fases: na primeira, o analista estaria muito longe de considerar a contratransferência e mais longe ainda de dominá-la, sucumbindo a todas as emoções geradas na relação analista-paciente e se deixando comover pelas tristes experiências que testemunha. Evidentemente, essa seria uma situação que não favorece o trabalho de perlaboração, equivalendo ao conceito de contratransferência como empecilho, que Racker (1948/1982) nomeia, em 1948, neurose de contratransferência. A segunda fase é denominada por Ferenczi de "resistência da contratransferência", e se caracteriza por uma reação oposta à descrita na fase anterior, mas que levaria igualmente a um fracasso do processo. Entendemos que, nesse caso, o analista aprende a avaliar os sintomas da contratransferência e domina tudo o que podia dar lugar às complicações derivadas desta, tornando-se demasiadamente neutro e, consequentemente, esquivo ao paciente. Por fim, a terceira fase do domínio da contratransferência descrita por Ferenczi, que entendo ser a mais útil, ocorre quando o analista consegue alcançar o estado de "deixar-se levar" durante o tratamento, como exige a cura. É com essa concepção em mente que ele vai, alguns anos depois, desenvolver a categoria de empatia, o princípio de relaxamento e neocatarse, bem como se entregar à experiência de análise mútua.

A imagem da parteira como metáfora para o trabalho analítico é apresentada por Ferenczi nesse trabalho de 1919, substituindo a do cirurgião, de Freud. Na medida do possível, a parteira deve se limitar a ser uma espectadora de um processo natural, mas, em momentos críticos, terá de usar o fórceps para facilitar um nascimento que não evolui espontaneamente, como destaca o autor, aludindo ao analista que deve forçar a emergência de transferências responsáveis por efeitos indesejáveis na técnica clássica. Essa imagem da parteira marca mais o que Ferenczi descobriria com a aplicação rigorosa da técnica ativa associada à sua elaboração teórica quanto a problemas clínicos que ficam evidenciados e que até então eram ignorados, por exemplo, as transferências hostis subtraídas do trabalho analítico por sintomas transitórios, como adesividade do analisando, movimentos compulsivos durante as sessões, para citar alguns dos problemas aos quais Ferenczi deu atenção e que o levaram a formular sua crítica à regra da abstinência.

A intuição de Ferenczi, de que a contratransferência seria de algum modo o fórceps, ou seja, o recurso para ajudar o analisando

108 A CONTRATRANSFERÊNCIA ELEVADA AO ESTATUTO...

a sair de algum lugar onde não poderia mais permanecer, sob pena de morrer, indica o reconhecimento nítido da relevância dos afetos do analista. Apesar de desenvolver, alguns anos mais tarde, uma crítica ao princípio de abstinência, como veremos, cabe marcar que a neutralidade também precisa ser revisada no sentido de o psicanalista entender que sentir afetos na situação clínica não significa não estar sendo neutro. Ser neutro é não obter gratificações narcísicas por meio da contratransferência. No entanto, como enfatiza Pick (1985/1990), também dentro do analista ocorre uma interação emocional espontânea com as projeções do paciente, e, se não formos dominados pela exigência de uma neutralidade implacável, poderemos fazer melhor uso da experiência para formular a interpretação.

Se acrescentarmos aos relevantes conteúdos do artigo de 1919 um outro trabalho publicado por Ferenczi apenas dois anos mais tarde, intitulado "Prolongamentos da 'técnica ativa' em psicanálise" (1921/2011e), podemos avançar ainda mais no tema dos problemas clínicos apresentados pelas condutas dos pacientes em análise e do manejo exigido do analista. Nesse texto, o autor fala dos conteúdos psíquicos dos analisandos que não chegaram a ser verbalizados, os quais, sendo conteúdos pré-verbais que nunca obtiveram a forma de conteúdos conscientes, manifestam-se por outras vias, ou seja, como verdadeiras repetições de comportamento, que seriam conteúdos centrais do trabalho do analista.

A proximidade temporal desses dois textos de Ferenczi nos indica um diálogo direto com Freud em "A dinâmica da transferência" (1912/1990j), já que estamos diante do fator do manejo das resistências. O objetivo de Ferenczi era promover uma intervenção na transferência resistencial ao processo, sobretudo quando esta se referisse a conteúdos que nunca foram conscientes e verbais e que só poderiam ser revividos então por meio de repetições, no sentido freudiano do termo. Essa questão prepara o caminho para o tema, tratado em 1924, das fantasias hostis recalcadas, em relação ao qual Ferenczi defende a tese de que o analista deve utilizar suas próprias fantasias para suscitar reações no paciente que façam retornar a angústia ao processo.

Observemos, no artigo "As fantasias provocadas" (Ferenczi, 1924/2011f), as consequências da atividade do psicanalista, cujo objetivo era interromper a resistência que fazia cessar a associação livre e estagnar o processo. Para esclarecer esse ponto, o autor oferece o exemplo clínico de uma jovem paciente que fazia movimentos compulsivos com as pernas, provocando uma forma de "masturbação larvada" que gerava uma descarga afetiva e alimentava seu amor de transferência e suas resistências. A intervenção proposta consistiu em Ferenczi proibi-la de seguir com esse comportamento, a fim de que essa descarga cessasse e o afeto retornasse ao curso da análise. Dessa forma, a partir da angústia em cena, a dupla poderia reconstruir a fantasia que se encontrava na base da transferência hostil que estagnava o processo analítico e que mantinha o sintoma da paciente.

O que proponho aqui é uma torção no conceito de fantasias provocadas (Ferenczi, 1924/2011f). Penso que o trabalho de Ferenczi surge para responder aos impasses clínicos que Freud não resolveu, de modo que a contratransferência passa a ter um papel relevante no desenvolvimento da teoria da técnica. A técnica ativa pode ser considerada o princípio da ideia de Freud de "construções" em análise, pois se trata de uma proposta que evolui para a ideia de uma construção compartilhada de uma fantasia com o analisando (Dallazen & Kupermann, 2017).

Apesar de a técnica ativa ter sido abandonada por Ferenczi, ela deixa marcas importantes que podem ser reconhecidas no artigo "Elasticidade da técnica psicanalítica" (Ferenczi, 1928/2011b).

110   A CONTRATRANSFERÊNCIA ELEVADA AO ESTATUTO...

Esse texto apresenta um segundo momento da técnica ferencziana e aponta para uma nova tópica, que seria a capacidade empática do analista de "sentir" os afetos com o paciente. O tato do analista passa a ter a responsabilidade de mobilizar os sentimentos do analisando via contratransferência (no sentido ferencziano do termo, como demonstramos anteriormente). O autor propõe, assim, modificações importantes na condução da experiência analítica no tocante à técnica e ao método, visando quebrar o que era silenciado pelos psicanalistas da época (Birman, 2009).

Entendo que, com a publicação de "As fantasias provocadas" (Ferenczi, 1924/2011f), a contratransferência ganha contornos de recurso clínico, por não ser considerada somente como uma catarse de conteúdos inconscientes do analista. O pensamento de Ferenczi, nessa época, nos permite elucidar a concepção de que os sentimentos contratransferenciais são uma forma de experiência de trabalho do psicanalista com seus próprios afetos. O ponto-chave do seu argumento não reside no fato de que o analista provoca algo no analisando ao fazer determinada intervenção, mas no fato de a contratransferência ser uma fantasia provocada no psiquismo do analista por algum conteúdo emitido pelo aparelho psíquico do analisando. São sentimentos contratransferenciais que diferem radicalmente dos conteúdos não analisados do psicanalista. A contratransferência passa a ser compreendida, assim, como uma espécie de trabalho do afeto, a partir do qual o analista pode produzir um acréscimo à análise daquele sujeito.[2]

Dessa forma, podemos começar a vislumbrar mais claramente do que trata a metapsicologia da contratransferência. Penso que, ao convocar a categoria de alucinação do psicanalista, estamos recuperando a dimensão rememorativa e sustentando a ideia de

---

2   Examinamos esse processo mais detalhadamente no último capítulo desta segunda parte do livro.

matriz das construções, ao compreender esse conceito em relação à dinâmica da proposição das fantasias provocadas de Ferenczi. Fica então mais evidente que, ao introjetar elementos do analisando, seja da história, dos gestos, das falas, em um movimento que seria de contratransferência primordial (conceito proposto por Figueiredo, 2008), estaríamos alcançando o retorno aos elementos clivados do analisando, o que é permitido pelo movimento alucinatório da perlaboração da contratransferência. Assim, o analista pode regredir à condição de ser afetado, no encontro analítico, pelas marcas ou conteúdos que dizem respeito também ao paciente.

Pergunto: seria a introjeção que assegura o movimento empático, de sentir dentro do paciente, justamente uma das formas de apresentação do processo alucinatório do psicanalista?

A introjeção em Ferenczi e a contratransferência primordial

A partir do tema da transferência, Ferenczi formula um dos principais aportes de toda sua teoria, que é o conceito de introjeção, e é a este que nos dedicamos agora para compreender seus desdobramentos na transferência/contratransferência.

Recuando ao período anterior a 1918, encontramos o texto "Transferência e introjeção" (1909/2011a). Nele, Ferenczi define o que é introjeção afirmando, em última instância, que a transferência nada mais faz do que repetir a relação infantil erótica com os pais, com a mãe benevolente e o pai severo. Aponta para o fato de que a sensibilidade do paciente, a um ou a outro modo de sugestão e percepção, depende da história constitucional de cada um a partir daquilo que foi introjetado no ego. Com essa concepção, sublinha o desejo dos pacientes de serem tratados como crianças, na esteira dos movimentos de deslocamento de afetos, via transferência, para objetos substitutos, visando explicar os fenômenos da identificação histérica, o processo neurótico de deslocamento dos afetos flutuantes no aparelho psíquico – liberados pelo efeito do recalque. Dessa maneira, o neurótico, ao contrário do paranoico – que projeta os sentimentos não assumidos no mundo interno em objetos do mundo externo –, introjeta os objetos externos para, na fantasia, alojar suas cargas afetivas não satisfeitas e à espreita de alcançarem algum prazer.

O conceito de introjeção permitiu a Ferenczi, poucos anos depois, ampliar a compreensão da transferência ao publicar um segundo artigo intitulado "O conceito de introjeção" (1912/2011h). Aqui, o conceito ganha contornos de processo inerente ao movimento regular do psiquismo, totalmente assimilado como constituinte do aparelho, portanto, responsável pela expansão psíquica. Para Pinheiro (1995), o que Ferenczi postula nesse texto é uma introjeção inaugural, no sentido primordial, por tirar o sujeito do autoerotismo e colocá-lo em um movimento de narcisização. O que buscamos destacar é que Ferenczi desloca o conceito do âmbito da neurose para o da constituição psíquica ao descrever a introjeção como "a extensão ao mundo externo do interesse, auto-erótico na origem, pela introdução dos objetos exteriores na esfera do ego" (p. 209). Observamos esse movimento nas palavras do autor: "É essa união entre os objetos amados e nós mesmos, essa fusão desses objetos com o nosso ego, que designamos por introjeção" (Ferenczi, 1912/2011h, p. 209).

Esse conceito proposto por Ferenczi marca a posição de que não há em sua obra uma primazia da representação sobre o afeto. Destaca então que a transferência evidenciada no *setting* analítico é apenas um caso específico de observação da introjeção (Kupermann, 2003; 2009; Figueiredo, 2008). A introjeção, como postulada por

Ferenczi, permite entender o papel da constituição do ego, inclusive por Freud em "As pulsões e seus destinos" (1915/1990a), quando examina a questão interno-externo/sujeito-objeto, como constituinte de um "ego da realidade original". A noção de ego-realidade original está presente na obra de Freud já no trabalho de alguns anos antes, "Formulações sobre os dois princípios de funcionamento mental" (Freud, 1911/2006f), segundo o qual somente após a instauração do narcisismo primário[3] derivará o ego-prazer e o ego-realidade final.

Alinhado ao conceito de introjeção, no capítulo "Transferência, contratransferência e outras coisinhas mais, ou a chamada pulsão de morte", Figueiredo (2008) desenvolveu a noção de contratransferência primordial, a qual seria uma disposição constituinte de todo sujeito para receber os movimentos psíquicos do outro, justamente pelo aspecto introjetivo da constituição psíquica, como destacado anteriormente. "O termo 'contratransferência' refere-se a uma dimensão fundamental do *modo do analista colocar-se diante* – ou, melhor dizendo, *deixar-se colocar diante* – do analisando e ser por ele afetado" (Figueiredo, 2008, p. 127, grifos do autor).

As palavras de abertura do texto de Figueiredo remetem à questão dinâmica e econômica. Do ponto de vista dinâmico, cabe pensar que a contratransferência é uma resposta emocional do

---

3   Entende-se por narcisismo primário a etapa de desenvolvimento normal e necessária à estruturação do psiquismo em que o sujeito pode experimentar o lugar de ser "sua majestade, o bebê", contribuindo para a constituição de um egoísmo forte, tal qual postula Freud (1914/2006e). O conceito de 1914 sustenta minha tese de que a perlaboração da contratransferência viabiliza uma intervenção no campo dos processos primários de simbolização e de que, entre a interpretação da transferência e a perlaboração da contratransferência, há que se superar o narcisismo do analista. Essa dimensão abarca o pressuposto que Ferenczi (1929/2011i) tem em mente, em 1929, ao falar da experiência de ilusão de onipotência necessária, que insere impulsos de vida capazes de neutralizar a pulsão de morte.

analista às demandas transferenciais do paciente, abarca um ponto essencial do trabalho analítico que é a compreensão do circuito pulsional circulante entre o transferencial/contratransferencial. Porém, é o aspecto de deixar-se tocar pelo sofrimento antes mesmo de se saber do que e de quem se trata que Figueiredo propõe como contratransferência primordial. Esse movimento do analista passa pela abertura para o que ele chama de "outras coisinhas mais", que são também transferidas para o processo – justamente a pulsão de morte.

Nesse sentido, a contratransferência primordial seria uma disponibilidade humana para funcionar como suporte de transferências. Do ponto de vista econômico, o conceito avança propondo que o analista recebe, junto das transferências esperadas, outras modalidades de demandas afetivas e comportamentos primitivos, instalando uma possibilidade do psicanalisar que se configura por meio do "deixar-se afetar e interpelar pelo sofrimento alheio no que tem de desmesurado e mesmo de incomensurável" (Figueiredo, 2008, p. 128). Concordo com Figueiredo: trata-se de um aspecto essencial da formação de um analista e do processo de cura, o qual deve ser desenvolvido e cuidado como uma disposição subjetiva fundamental do ser psicanalista que abarca conter o desejável e o indesejável do ego do paciente.

As considerações quanto à natureza e origem dessa contratransferência primordial começam precisamente pelas proposições de Ferenczi, de 1909. Dessa forma, Figueiredo (2008) entende que também há uma tendência nos seres humanos a servir como destinatários e depositários dos afetos alheios, sendo, dessa maneira, coadjuvantes de suas encenações. O autor vai mais longe ao sugerir que essa disponibilidade de ser suporte para transferências de outros sujeitos está na raiz de todo processo de singularização. Nesse sentido, o recém-nascido também já teria essa disposição, consequência da condição humana de desamparo que o deixa vulnerável a traumatismos, mas também nos constitui psiquicamente.

Nesse raciocínio, reside um ponto crucial para a presente tese: a contratransferência primordial é o elemento que inaugura a clínica psicanalítica. A clínica é o umbigo da psicanálise, e ela nos permite pensar que se o analista, ao receber como depositário os afetos do analisando, passa a fazer parte do cenário e das encenações deste, e mais, é o próprio dispositivo que possibilita a abertura desse jogo, é possível, sim, sustentar a contratransferência como forma de escutar o indizível, o que o paciente ainda não tem palavras para verbalizar. A concepção da análise clássica de que o que está cindido no ego não pode ser verbalizado e, portanto, não há como ser escutado e nem analisado não mais se sustenta. Há de se encontrar formas de escutar o não dizível – e a contratransferência, sem dúvida, é uma delas, sendo a contratransferência primordial o prelúdio da própria transferência.

Na leitura que realizamos da obra de Ferenczi, compreendemos com maior clareza o raciocínio acerca do elemento que balizava a proposta da contratransferência como conceito metapsicológico por meio do aporte de Figueiredo (2008) de contratransferência primordial. Ferenczi, de 1924 a 1933, afirmava ser necessário se debruçar sobre os processos mentais do analista e se atreveu a fazer experimentos nesse caminho, embora não tenha realizado nenhuma aproximação teórica explícita do conceito de introjeção com o conceito de contratransferência. Claro que evidenciou a introjeção como o mecanismo que embasa a identificação freudiana, portanto, implicado no conceito de empatia. Contudo, Pinheiro (1995) aponta para o cuidado de não a confundir com a identificação como um todo.

A introjeção favorece o processo de identificação e permite que o sujeito possa realizar as identificações parciais, como definiu

Freud em "Psicologia de grupos e análise do eu" (1921/2006a), retomando a ideia no texto "O humor" (Freud, 1927/2006g), assim como permite ao sujeito fugir das mortíferas, engolfantes e estáticas identificações narcísicas que pressupõem um "colamento", uma incorporação do outro em si. Ora, não é justamente disso que se trata a patologia melancólica e as estruturas masoquistas? Ou seja, de identificações narcísicas que deixam o ego extensamente debilitado, com contornos borrados, acionando mecanismos de defesa como projeção, mania, *actings* para dar conta do caos pulsional resultante dessa incorporação do outro em si?[4]

No texto "O humor", de Freud (1927/2006g), mencionado há pouco, é possível perceber claramente o raciocínio freudiano do mecanismo da identificação narcísica e depreender que introjeção não é a mesma coisa que identificação, o que fica demonstrado no capítulo dedicado ao ideal do ego. Neste, Freud destaca que há uma questão de indiferenciação entre o ego e o ideal do ego na psicose, que promove uma *"reação total do ego ao objeto externo"* (Freud, 1921/2006a, p. 163, grifos nossos). Afirma então que, em muitos indivíduos, a separação entre o ego e o ideal do ego não se acha muito avançada, e os dois ainda coincidem facilmente, sendo que, nesses casos, o ego preservou sua primitiva autocomplacência

---

4 É importante diferenciar introjeção de incorporação. Para Abraham e Torok (1995), "incorporação" se refere à introjeção do agressor, ou seja, a introjeção que não acontece, o que facilita muito a compreensão das diferenças entre introjeção de 1909 e a mencionada em 1932 (Pinheiro, 1995, p. 52). A incorporação, segundo os autores, seria algo nomeável, mas que fica clivado porque se refere àquilo que não pode ser dito, o que se estabelece como núcleo das identificações narcísicas, estáticas, justamente a identificação com o agressor – é o sujeito que introjeta/incorpora a culpa do outro. A tese é de que a incorporação se diferencia da introjeção pelo fato de não consistir num processo em um fantasma que impede a introjeção de sentidos, a expansão psíquica promovida pela introjeção. Para acompanhar melhor a diferenciação entre esses conceitos, ver *A casca e o núcleo*, de Abraham e Torok (1995), e *Ferenczi: do grito à palavra*, de Pinheiro (1995).

narcisista. Isso remete à possibilidade de uma dupla espécie de vínculo, sendo uma delas a identificação e a outra a colocação do objeto no lugar do ideal do ego, ou seja, o mecanismo da idealização (Freud, 1914/2006e; 1921/2006a).

O que importa é que Freud (1921/2006a, p. 164) destaca que, nesses casos:

> *O ego ingressa agora na relação de um objeto para com o ideal do ego, dele desenvolvido, e que a ação recíproca total entre um objeto externo e o ego como um todo, com que nosso estudo das neuroses nos familiarizou, deve possivelmente repetir-se nessa nova cena de ação dentro do ego.*

Certamente, a incorporação não é o mesmo mecanismo que a introjeção descrita por Ferenczi (1909/2011a; 1912/2011h), embora ambas possam estar na base das identificações. Se a introjeção possibilita identificar-se somente com certos aspectos do ego do outro, a incorporação, como definida por Abraham e Torok (1995), é distinta por não resguardar a condição de parcialidade, e está na base da identificação narcísica. De certo modo, nesse tipo de identificação, ocorre justamente a impossibilidade de introjetar psiquicamente alguns aspectos do ego do objeto. Poderíamos resguardar a introjeção como o mecanismo necessário para a contratransferência primordial, enquanto a incorporação resultaria na indesejável contratransferência narcísica, em que o analista fica confuso dentro do campo dos afetos transferidos e recebidos.

Essa ressalva é de grande relevância, pois não podemos nos identificar totalmente com esses aspectos do ego do sujeito que nos são transferidos, de modo a resguardar a discriminação de que necessitamos para perlaborar o que é de nossa análise privada,

118   A CONTRATRANSFERÊNCIA ELEVADA AO ESTATUTO...

que precisa ser examinado silenciosamente, e o que daquela contratransferência é conteúdo do analisando que pode favorecer o trabalho de escuta do não verbal. Podemos afirmar que a não compreensão do conceito de introjeção é uma das grandes responsáveis pelos núcleos espinhosos do tema da contratransferência. Diante disso, torna-se fundamental poder diferenciar os sentimentos experimentados pelo analista como contratransferência primordial, que seriam então resultantes de um processo de introjeção de alguns aspectos do ego do outro e que permitiriam exercitar a capacidade empática para compreender o que o sujeito quer comunicar, nem sempre por via das palavras. Com esse paradigma, a contratransferência pode ser alçada definitivamente a uma dimensão menos reativa.

Sem dúvida, é possível afirmar categoricamente que Ferenczi foi o precursor do uso da contratransferência de maneira ampla e radical. Observaremos clinicamente esse fator quando apresentarmos o caso que o levou à experiência de análise mútua, que aponta para um terceiro tempo da técnica psicanalítica do autor. É bem verdade que, apesar dos aportes ferenczianos acerca da contratransferência e das tentativas de instigar esse debate entre os pares, ele nunca proferiu uma conferência com enfoque neste tema, sendo Heimann e Racker os revolucionários nesse sentido.

A efervescência da contratransferência como instrumento de investigação à luz da teoria de Melanie Klein

Em 1949, Paula Heimann proferiu uma conferência no Congresso Internacional de Psicanálise de Zurique na qual abordou o belicoso problema da contratransferência, de modo a redefinir o conceito a partir dos pressupostos metapsicológicos da teoria kleiniana. Sua fala no evento tornou-se um consagrado artigo publicado no ano de 1950 no *International Journal of Psycho-Analisis*, intitulado "Sobre a contratransferência". Trata-se de um marco na história da técnica e da teoria, visto como um divisor de águas entre um período no qual o campo psicanalítico considerava o fenômeno contratransferencial como algo a ser evitado e outro em que se começava a aceitar essa experiência emocional como instrumento útil ao trabalho analítico (Oliveira, 2009).

Sabemos que Klein foi analisada por Ferenczi em um período anterior ao que ele fez uso da contratransferência para tentar dar conta de transferências hostis não analisáveis pelo método clássico. Ela chegou a criticar seu primeiro analista por não ter atentado a certos sentimentos agressivos durante o processo de sua análise, como fez Ferenczi em relação à análise com Freud. O certo é que não há como saber se resquícios dessa análise influenciaram espontaneamente a posição contrária de Klein ao uso da contratransferência. Evidentemente, ela reconhece o tema como crucial para o analista, mas não como instrumento, mantendo-se fiel à posição freudiana. É possível que Klein tivesse tido outra posição caso tivesse se tratado com Ferenczi no período em que este já havia feito alterações na técnica analítica, considerando o fenômeno da contratransferência.

O fato é que, na obra de Melanie Klein, encontramos apenas três referências ao termo contratransferência. A primeira em 1957, em "Inveja e gratidão" (Klein, 1957/1991a), bem depois do texto de Heimann, quando Klein aponta os riscos que os sentimentos contratransferenciais representam para a técnica psicanalítica – entre eles, o de ocupar a posição de objeto bom na fantasia do analisando, como forma de reassegurar a idealização, na análise dos processos de cisão do ego que abarcam transferências de ódio e inveja

120   A CONTRATRANSFERÊNCIA ELEVADA AO ESTATUTO...

subjacentes. O analista que fechasse os olhos para a posição de reasseguramento narcísico estaria, na visão de Klein, gratificando as demandas amorosas que todo analisando faz – nesse sentido, alinhada com o alerta também feito por Ferenczi.

Klein (1991a), porém, vai ao encontro da intenção de Freud com a nota de rodapé acrescentada em "O Ego e o Id", de 1923 (Freud, 1923/1990p), no capítulo dedicado ao superego, ao dizer que essa posição do analista implicaria um uso da contratransferência, posicionando-se desfavoravelmente a ela por reconhecer que pode servir ao narcisismo do analista. Assim, apesar de Klein ter uma teoria de relação de objeto que pressupõe uma análise que considere o quarto elemento da pulsão, continua vendo a contratransferência somente como empecilho dos complexos do analista, o que, na opinião dela, não favorece o processo do analisando. Nas palavras de Klein (1957/1991a, p. 266):

> *O analista que se der conta disto analisará as raízes infantis de tais desejos; doutra maneira, em identificação com o paciente, a necessidade primária de reasseguramento pode influenciar intensamente sua contratransferência e, portanto, sua técnica. Esta identificação também pode facilmente tentar o analista a assumir o lugar da mãe e de ceder imediatamente ao impulso, para aliviar as ansiedades do filho.*

A proposta de Heimann (1949/2002), discípula de Klein, de que a contratransferência é um instrumento para investigar transferências primitivas dos analisandos foi combatida duramente por Klein, resultando, inclusive, em dissabores sérios entre ambas. A recusa de sua mentora em relação ao manejo do paciente a partir dessa ferramenta se devia ao fato de que compreendia o fenômeno como Freud, ou seja, achava que aspectos não analisados do psicanalista poderiam ser projetados defensivamente sobre os conteúdos do paciente, inviabilizando a escuta dos complexos apresentados na transferência. Contudo, Klein não condenava a contratransferência, mas, sim, seu uso como recurso técnico, remetendo sempre à necessidade de uma autoanálise esclarecedora a respeito de qualquer sentimento despertado no analista por um de seus pacientes. Ao que parece, Heimann não estava em desacordo nesse ponto.

Compreendo a posição de Klein como mais um alerta para o analista não intervir influenciado por sentimentos contratransferenciais que impeçam a compreensão dos mecanismos psíquicos do paciente em jogo na transferência, o que atrapalharia a análise. Nesse sentido, ela novamente volta ao fenômeno da contratransferência, citando-o duas vezes no texto "Narrativas da análise de uma criança" (Klein, 1961/1991b), no qual dá o exemplo de como percebeu em si sentimentos contratransferenciais durante o processo de análise do paciente infantil Richard. Esses sentimentos poderiam pairar como uma grande solidariedade para com o sofrimento do paciente, o que ela chega a nomear como contratransferência positiva, embora entenda que poderia conduzir a uma espécie de cegueira do analista à análise das transferências hostis.

É importante clarear aqui o fato já mencionado anteriormente de que o conceito de transferência na obra de Melanie Klein está referenciado a um entendimento metapsicológico diferente do freudiano. Em "As origens da transferência", Klein (1952/1991c) afirma que o entendimento que tem de objeto, na psicanálise, é diferente do de Freud, que o vê apenas como um alvo pulsional, como descrito em 1915. Ela, por sua vez, tem em mente uma relação de objeto presente desde o início da vida pós-parto, ainda na fase autoerótica e do narcisismo. Dessa forma, entende que esses

122 A CONTRATRANSFERÊNCIA ELEVADA AO ESTATUTO...

estágios iniciais da vida extrauterina já abarcam o amor pelo objeto bom internalizado e a relação com ele – ainda que, no psiquismo incipiente de fantasias, emoções, ansiedades e defesas do bebê, o seio seja internalizado como objeto.

Essas concepções de Klein divergem da escola freudiana não só no tocante à relação de objeto, mas também na compreensão da teoria do autoerotismo e do narcisismo. Assim, a noção de transferência também é ampliada para a conclusão de que "a transferência se origina dos mesmos processos que, nos estágios mais iniciais, determinam as relações de objeto" (Klein, 1952/1991c, p. 76). A análise da interconexão entre as transferências positivas e negativas entra em destaque como forma de explorar o interjogo inicial entre o amor e o ódio, e o funcionamento psíquico que se estabelece nesse estágio arcaico da vida. Afirma que a análise da transferência negativa, que havia recebido relativamente pouca atenção na técnica psicanalítica, chegando a ser vista como o limite da analisabilidade para Freud, constitui precondição para analisar as camadas mais profundas da mente, ampliando a possibilidade de trabalho psicanalítico com pacientes esquizofrênicos e crianças muito pequenas.

O entendimento metapsicológico de objeto que passa a ser utilizado por Klein recoloca a compreensão do conceito de transferência, como se está vendo, em um fenômeno que é a transferência de "situações totais" do passado para o presente, contemplando emoções, defesas e relações de objeto, e não mais apenas as situações transferenciais em referências diretas ao analista de alguns protótipos infantis. A relação de objeto está posta desde os primórdios vivenciados entre a mãe e o bebê. As defesas e ansiedades com que o sujeito reagirá na vida analítica não serão diferentes das utilizadas na vida cotidiana e que se repetem desde as primeiras vivências. Klein considera impossível investigar analiticamente os padecimentos de um sujeito sem que isso se dê por meio da ligação contínua das experiências mais recentes com as anteriores, e define que sua concepção de transferência está enraizada em camadas profundas do inconsciente, sendo mais ampla e envolvendo uma técnica que compreende os elementos da transferência a partir da totalidade do material apresentado.

Se "transferências de situações totais" englobam as transferências positivas e negativas, Heimann (1949/2002) define, pautada na teoria esquizoparanoide de Klein, sobretudo no conceito de identificação projetiva, o que poderia ser nomeado de a teoria da contratransferência dos sentimentos totais do analista. Esta seria uma resposta às transferências totais do paciente, sejam as eróticas ou hostis. Isso implicaria, antes de tudo, receber as identificações que os pacientes projetam sobre os analistas, sem tomá-las apenas como aspectos da falta de análise do profissional.

Trata-se, de fato, de outro ponto que gera críticas e torna o tema tão delicado. Como discernir o que são as projeções dos aspectos transferenciais totais do analisando, que incluem fragmentos vivenciais não simbolizados, e portanto clivados no psiquismo, de desprazer, ódio, humilhação, inveja, daqueles que são dos complexos psíquicos do analista em jogo no trabalho? Contudo, a assepsia mental do analista também pode ser entendida como uma defesa de sua parte em relação a perceber, conter e trabalhar as contratransferências, discernindo o que é de seu narcisismo e o que é recebido e provocado, alucinatoriamente, no analista, por meio da composição da cena da dupla analítica.

O interesse de Heimann surgiu em um período em que ela discutia os textos de técnica de Freud e, ao mesmo tempo, era supervisora no Instituto de Psicanálise da Sociedade Britânica. Nessa época, observava que seus supervisionandos ficavam amedrontados e culpados quando percebiam e se referiam a sentimentos em relação aos pacientes, o que acarretava a consequência de os analistas se formarem com um estilo clínico que era marcado pelo insensível. Defendia que a postura de ideal de analista frio e isento de sentimentos derivava de más interpretações acerca de metáforas usadas por Freud para descrever a posição do psicanalista durante um tratamento. Para a autora, a frieza do analista se assemelha a um estilo clínico que parece mais fruto de uma ação superegoica do que de reflexão e convicção. No que tange ao uso da contratransferência como oposição às ideias de assepsia e frieza emocional do analista, reconhecia os esforços de Ferenczi, como já mencionado, bem como manifestava sua admiração pela atitude de Balint de tentar contribuir para o tema em 1936, ainda que discordasse de ambos em alguns pontos.

O mencionado posicionamento de Heimann que causou impacto no cenário científico da época, final da década de 1940, e se tornou referência no estudo da contratransferência foi o uso do termo para designar a totalidade dos sentimentos que o analista vivencia em relação ao seu paciente. Heimann (1959) discorre sobre o prefixo "contra", que implicaria fatores adicionais à ideia de a transferência se referir apenas à transferência do analista para o analisando. Sua tese é de que a resposta emocional do analista ao paciente, dentro da situação analítica, constitui um dos mais importantes instrumentos para seu trabalho, sendo a contratransferência uma ferramenta valiosa para pesquisar, investigar o inconsciente do paciente.

Para a psicanalista de origem germânica, a visão da análise como um relacionamento entre duas pessoas havia sido pouco considerada até aquela data, e a assimetria ficaria por conta de o analista ser capaz de aguentar os sentimentos que são suscitados dentro dele pelo processo e subordiná-los ao trabalho da análise, em vez de descarregá-los, como faz o paciente, ou seja, tolerar os sentimentos por um período de tempo. Essa habilidade de tolerar a presença da contratransferência em seu psiquismo seria, para a autora, um dos objetivos da análise do psicanalista. Defende, assim, a ideia de que é o grau de sentimentos experienciados e o uso que deles é feito o que distingue essa relação, em comparação às demais relações de um sujeito, e não o fato de haver presença de sentimentos de um lado e ausência de outro. Dessa maneira, um profissional que trabalhasse sem consultar seus sentimentos contratransferenciais recairia em interpretações pobres.

Já destaquei que a autora reconhece o valor da atitude de Ferenczi em avançar no tema da contratransferência, mas diferencia consideravelmente sua proposta da dele, que chegou a se utilizar desse fenômeno na técnica da análise mútua. Heimann (1949/2002) entende esses níveis de comunicação despertados no analista pelo efeito da transferência do paciente e considera esses sentimentos assuntos privados do psicanalista. Critica a conduta de honestidade com relação a eles, o que se assemelharia, em sua opinião, a uma confissão que se torna um fardo para o paciente. De certo modo, podemos conjecturar que revelar os sentimentos ao analisando pode ter valor semelhante à incorporação da culpa do agressor. Para Heimann, a utilidade das emoções despertadas no analista está em usá-las como fonte de *insight* a respeito dos conflitos e defesas do inconsciente do paciente – o que, evidentemente, levaria a uma maior compreensão sobre o psiquismo do próprio analista no momento em que este interpreta esses conteúdos para si, mas apenas para suas próprias necessidades de compreensão do que se passa com o analisando, sem comunicá-los a ele.

Dessa forma, Heimann (1949/2002; 1959) sugere que, além da escuta flutuante, que permite perceber os conteúdos latentes e manifestos nas associações, sonhos, atos falhos do paciente, o analista precisa ter "uma sensibilidade emocional livremente ativada"

(p. 15) para seguir os movimentos pulsionais do sujeito. Defende que essa afinidade em nível profundo vem à superfície sob a forma de sentimentos que ele noticia em resposta a seu paciente, em sua contratransferência. Aponta, ainda, que a sensibilidade do analista precisa ser extensiva, em lugar de intensiva, diferenciadora e móvel, ou seja, as emoções violentas de amor, ódio, irritação que impelem à ação prejudicam a capacidade de o analista compreender seu objeto. Essa extensão no trabalho analítico seria alcançada quando o psicanalista conseguisse combinar atenção flutuante a respostas emocionais livres, sem registrar seus sentimentos como um problema, e sim como o sentido do que ele compreende.

Há um ponto de grande relevância no que Heimann (1949/2002) destaca, qual seja: as percepções inconscientes do analista sobre o inconsciente do paciente seriam mais agudas e estariam à frente de sua concepção consciente. Trata-se do momento em que o profissional capta movimentos do analisando que ainda não são claros, devendo tolerar esses sentimentos até que novos materiais surjam para elucidar o que ele percebeu, sem, em um primeiro momento, saber o que havia captado.

A resposta encontrada em Heimann (1949/2002) é de suma importância para nosso problema de pesquisa. Trata-se da proposição de que a contratransferência não é apenas parte essencial da relação entre a dupla e instrumento investigativo – ela é, sobretudo, uma *criação* do paciente, uma parte da personalidade deste, afirma a autora em certa altura de seu artigo. Se é uma criação do analisando no analista, estamos diante, pois, daqueles sentimentos não integrados no ego do sujeito e projetados dentro do psicanalista. Sem dúvida, essa ideia significa um avanço na teoria da contratransferência e um desdobramento teórico que Ferenczi não desenvolveu. Talvez esses pontos que a autora postula sejam também, além dos fatores já elencados, responsáveis por Heimann ser vista como uma das pioneiras do estudo da contratransferência.

Temos aqui aportes que trazem outra visão da contratransferência, não a restringindo mais, necessariamente, à manifestação de pontos cegos do analista. Compreender os possíveis significados de determinado sentimento contratransferencial é, sim, uma forma de escutar o material do psiquismo do analisando. E essa outra visão se ancora na ideia de introjeção como responsável pela expansão psíquica, a ponto de pensarmos em uma contratransferência primordial como disponibilidade para receber conteúdos do outro, somada à afirmação de Heimann (1949/2002) de que a contratransferência é também uma criação do paciente no analista.

Apreender essa conceituação teórica leva à necessidade de desenvolver uma atitude mais implicada do analista no processo, para que possa realizar a perlaboração da contratransferência. Coloca no centro do espaço de análise, radicalmente, os afetos circulantes entre a dupla de trabalho, a relação da pulsão com seus objetos internos, além de maiores condições de exame das causas e efeitos dos destinos pulsionais de um sujeito.

Alinho-me às proposições da autora até esse ponto. A ideia de ser uma criação do paciente no analista é forte, mas nos deixa aptos a formular as questões que nos levam ao próximo passo: quais são os processos psíquicos do analista envolvidos no trabalho analítico por meio da contratransferência? O que fazer depois de descondensar o material que seria dos conteúdos privados do analista? E, ainda, como transformar isso em uma intervenção que permita colocar em andamento o processo de figurabilidade e que resulte no início da simbolização primária, portanto, das construções em análise?

A *trama das identificações na transferência/ contratransferência*

Quem nos ajuda a seguir com maior clareza sobre o ponto da criação do paciente no analista é Money-Kyrle (1956/1990). O autor dialoga com o artigo de Heimann (1949/2002), que examinamos até o momento, mas entendemos que também abarca compreensões que passaram pelas investigações de Margaret Little. No Congresso Psicanalítico de Genebra de 1955, Money-Kyrle apresentou algumas reflexões que corroboram com o avanço do conceito de contratransferência como criação do paciente dentro do psicanalista. Dedica-se à demonstração, por meio de exemplos clínicos, de que, muitas vezes, o paciente encontra um modo de se projetar para dentro do analista, contribuindo para a criação do sentimento contratransferencial. Assim, um paciente paranoico, ao final de uma sessão de análise, faz um *acting out* pela ansiedade de separação, deixando o analista preocupado com ele durante todo o final de semana, por exemplo. Contudo, o tema realmente avança quando adentra no exame das identificações em jogo entre a dupla nessa comunicação de inconsciente para inconsciente.

Um dos diferenciais incluídos na teoria da contratransferência por Money-Kyrle atenta para o fato de que, por se tratar de um instrumento investigativo dos movimentos psíquicos do paciente, não significa que esse mesmo fenômeno não vá se tornar um problema durante a análise, o que o faz examinar outros desdobramentos que dizem respeito aos tipos de identificação em jogo. As questões lançadas no artigo que publicou após a apresentação oral em Genebra são: "O que é contratransferência 'normal'? Como e sob quais condições ela é perturbada? E como, no processo, as perturbações podem ser corrigidas, de modo a possivelmente aprofundar uma análise?" (Money-Kyrle, 1956/1990, p. 79).

Por contratransferência normal, o autor entende várias tendências presentes na mente do psicanalista durante a condução de um processo, como a preocupação com o bem-estar do paciente, a curiosidade científica e as identificações parciais em jogo nesse cenário.

Neste capítulo, discutiremos a questão da origem de duas tendências na mente do analista: a reparadora, que contrabalançaria a destrutividade latente nos analistas; e a parental, que aponta para a trama identificatória na contratransferência.

É bom recordar que a neutralidade benevolente que Freud propunha abarca o aspecto da preocupação com o bem-estar do analisando, mas sem o envolvimento de seu próprio narcisismo com o paciente, conforme distinção que fizemos anteriormente e que diz respeito à diferença entre neutralidade e abstinência. Gerber (2017) ressalta que a questão da neutralidade tem sido entendida equivocadamente como rigidez, frieza e distanciamento, a ponto de os psicanalistas perderem a naturalidade dentro das análises.

Apesar de Heimann também se pautar no pressuposto da identificação projetiva postulado por Klein, não avança na questão de clarear como se dá essa dinâmica de usar a contratransferência para investigar o psiquismo do paciente. Money-Kyrle é quem começa a fazer isso.

Esse elemento da trama identificatória do circuito transferência/contratransferência também havia sido esboçado por Little, pouco antes da publicação desse artigo de Money-Kyrle (1956/1990). Contudo, é ele quem explicita essas duas tendências descritas aqui, afirmando que, se forem demasiadamente intensas, apontam para uma culpa excessiva do psicanalista por uma agressividade inadequadamente sublimada. Esclarece, ainda, que se estiver ocupado da criança presente no analisando, isso aciona o complexo paterno do psicanalista, que, em algum grau, trata

130 A CONTRATRANSFERÊNCIA ELEVADA AO ESTATUTO...

o paciente como filho, já que o filho, em certa medida, representa o *self* arcaico do pai. No entanto, isso não é necessariamente ruim, e sim esperado, uma vez que, na visão do autor, a possibilidade de tomar em tratamento determinado sujeito dependeria, justamente, dessa identificação parcial do analista com seu *self* arcaico. Portanto, essas tendências, se bem dosadas, favoreceriam o trabalho por meio da contratransferência.

Compreendo que a contribuição de Money-Kyrle (1956/1990) passa também por afirmar que uma mescla de identificações parciais é necessária, justamente das que passam por movimentos de identificação introjetiva e recepção das projetivas. Não seria esse o movimento responsável pela comunicação de inconsciente para inconsciente e a abertura para o processamento desses afetos no processo analítico? Nas palavras do autor: "À medida que o paciente fala, o analista vai como que ficando introjetivamente identificado com ele e, tendo-o compreendido dentro de si, reprojeta--o e intrepreta". (Money-Kyrle, 1956/1990, p. 37). Algumas linhas mais adiante, afirma que, enquanto isso, o paciente vai recebendo interpretações efetivas que o auxiliam a responder com outras associações, e a análise vai seguindo satisfatoriamente. Tratam-se, em particular, os sentimentos contratransferenciais introjetivos do analista que estariam ligados à empatia com o paciente, sobre a qual está baseado o *insight*. Porém, as identificações projetivas que o analista pode fazer perturbariam a contratransferência normal, como ele a denomina, ou a capacidade de contratransferência primordial de receber conteúdos, como vimos há pouco, conduzindo aos momentos de "perturbação na contratransferência", a contratransferência narcísica.

Ora, poderíamos pensar que, neste momento, estamos nos aproximando do "olho do furacão". Freud sempre dizia que a transferência é um elemento forte e que invoca os piores demônios emergidos do inconsciente. Se assim é, e o analisando pode criar sentimentos demoníacos e destrutivos dentro do analista, fazendo-o vivenciar, contratransferencialmente, seu mundo interno, é certo que a contratransferência pode ser poderosa para o bem ou para o mal.

Heimann (1949/2002; 1959) dizia que o fenômeno precisa ser sentido em extensão, e não em intensidade, ao passo que Money--Kyrle (1956/1990) apontava para o que favorece a contratransferência e o que pode ocorrer como perturbação dentro do analista, que, por sua vez, tem impacto reverberativo no analisando. Cabe ao analista se haver com as transferências e projeções do analisando e com as suas próprias. As metáforas freudianas do analista como um cirurgião asséptico ou como espelho bem polido que só reflete o que o analisando mostra propõem que o analista mande para longe sua contratransferência, afirma Pick (1985/1990), seja esta a contratransferência primordial, normal e positiva, seja a contratransferência conturbada, negativa ou narcísica, como dizia Ferenczi.

Irma Pick, psicanalista contemporânea de Heimann e Money--Kyrle, destaca em artigo intitulado "Elaboração na contratransferência" (1985/1990) que não há possibilidade de um analista viver a experiência da transferência do paciente sem ser afetado por ela, partindo do pressuposto de que todo encontro, analítico ou não, afeta os seres envolvidos. Defende que dar espaço interno para elaborar essas identificações recebidas no analista, e sentidas como contratransferência, transforma nossa possibilidade de interpretar, por estarmos em condições de lidar tanto com o infantil do analisando como com seus conteúdos mais invasivos, destrutivos, os quais recebemos via identificações projetivas. Sublinha, ainda, que o psicanalista que tentar mandar para longe sua contratransferência estará, assim como o paciente, tentando livrar-se dos desconfortos e tensões internas, em vez de assimilar suas próprias emoções envolvidas nas relações analíticas.

Encontramos então, nessa autora, a sustentação de que é somente compreendendo os sentimentos contratransferenciais que as projeções do paciente geram no analista que estaríamos vivendo a experiência profunda com o analisando, sem nos defendermos do que mais nos atemoriza a dar interpretações. Esta seria a experiência profunda e completa da transferência/contratransferência. É a partir dessa posição que estamos capacitados a dar interpretações autênticas, que tenham o estatuto de ato criativo.

É certo que não esperávamos que trabalhar por meio da contratransferência fosse tarefa simples e que lidar com as intensidades dos conteúdos não simbolizados de um paciente nos permitiria permanecer confortáveis na poltrona de analista. É fato também que só estando no calor dessas experiências, dentro de uma sala de análise com esse tipo de paciente com patologias do narcisismo, que podemos compreender toda a relevância e, sobretudo, a dimensão clínica desses conceitos teóricos que estamos examinando no presente ponto.

Money-Kyrle (1956/1990), ao discorrer sobre o fator de perturbação no circuito transferencial/contratransferencial, que teria relação com as resistências do analista, dá exemplos de momentos de rupturas da compreensão do que se passa com o paciente e com nós mesmos, momentos em que o material fica obscuro e perdemos o "fio da meada". Para ele, esses momentos correspondem às situações em que o paciente responde de forma demasiado próxima a algum aspecto do próprio analista que este ainda não aprendeu a compreender em si, causando desvios na contratransferência primordial, ou normal. Contudo, esses duros momentos analíticos também são férteis e, nas palavras do autor, "se, de fato, o analista está perturbado, é também provável que o paciente tenha inconscientemente contribuído para este resultado e está, por sua vez, perturbado também" (Money-Kyrle, 1956/1990, p. 38).

Esses conteúdos que podem obscurecer a sessão e atordoar temporariamente o analista em sua disponibilidade contratransferencial, como vimos, passam, sobretudo, por temores de ser invadido e confundido com os conteúdos primitivos do paciente (Pick, 1985/1990), e que causariam a contratransferência como resistência, gerando os períodos de não compreensão do que está em jogo em um processo analítico (Money-Kyrle, 1956/1990). Evidentemente, não se trata de o paciente ter poder suficiente para ser capaz de confundir o analista com suas projeções, pois assim estaríamos delirantes, acreditando na onipotência narcísica infantil, sem operar a partir do princípio de realidade que o analista deve ter preservado. Entendemos que esses momentos de aproximação de conteúdos obscuros resguardam a dimensão inesgotável do inconsciente, e por mais bem analisado que seja o psicanalista, precisa reconhecer sua análise como interminável. Contudo, é certo que, nesses momentos de ruptura no circuito de identificações da transferência/contratransferência, as coisas ficam mais conturbadas entre a dupla, já que costumam gerar ansiedade, sentimento de impotência também no analista, ou até mesmo de incompreensão, formando um círculo vicioso e improdutivo.

A questão principal é: que ponto da perturbação da compreensão da contratransferência recai justamente sobre a perlaboração das identificações introjetivas e projetivas e remete, como destaca, Money-Kyrle (1956/1990), novamente à questão do superego do analista e sua análise? O autor afirma, ainda, que a forma como se estruturou o superego do psicanalista, a partir de identificações mais benevolentes ou severas, o que aponta para a dupla face do superego,[5] pode contribuir ou dificultar o trabalho de compreen-

---

5 Sobre este viés da dupla face do superego, uma benevolente e protetiva e uma severa e cruel, cf. minha dissertação de mestrado, *O superego e o ideal do ego: um destino ao romance familiar* (Dallazen, 2010).

134 A CONTRATRANSFERÊNCIA ELEVADA AO ESTATUTO...

são da contratransferência, podendo fomentar ainda mais as cisões do analisando, por exemplo.

O que queremos destacar aqui é que mesmo os momentos de incompreensão da contratransferência são férteis, se tivermos em mente uma teoria e uma técnica que nos permitam lançar mão desse recurso para processar o que está em jogo. Trata-se de momentos que, mesmo remetendo aos aspectos psicopatológicos do analista, e por isso da sua análise privada, podem servir como sinal de angústia, como desenvolve Fédida (1988, 1992), na esteira do que propõe Freud em 1926 – da angústia como sinal de alerta.

Sem exceções, todos os teóricos que visam contribuir para o tema da contratransferência sabem dos perigos dos abusos analíticos e dos riscos de atuar contratransferências violentas. O aspecto extremamente relevante sublinhado é, sem dúvida, a análise do psicanalista, a qual assegura a não descarga dos sentimentos contratransferenciais sem um processo de perlaboração. O psicanalista que tiver levado sua análise a cabo seria capaz de alcançar "um equilíbrio digno de confiança que o capacitaria a levar os papéis do id, do ego e do superego do paciente e de objetos externos que o paciente reparte com ele, ou seja, projeta nele, quando dramatiza seus conflitos na relação psicanalítica" (Heimann, 1949/ 2002, p. 18). A autora afirma, assim, que o uso da contratransferência não é uma pantalha para as insuficiências do analista, mas que é na compreensão repetida de si mesmo que reside a chave para a resposta emocional ao inconsciente do paciente.

A neurose de contratransferência, a contrarresistência e o sinal de angústia na contratransferência

Heinrich Racker, psicanalista de origem polonesa, criado em Viena e radicado na Argentina, também se dedicou ao tema, fazendo distinções entre os tipos de contratransferência, postulando uma positiva e outra que ele denomina "neurose de contratransferência". As contribuições do autor são de grande complexidade e abordam o ponto de vista dinâmico. Publicou vários artigos sobre contratransferência quase ao mesmo tempo que Heimann, porém, segundo Etchegoyen (1987), quando iniciou suas reflexões, ainda não tinha tido contato com a publicação dela. Hoje, podemos pensar que seus aportes possuem maior destaque e relevância do que postulou Heimann, por colocarem mais luz sobre a identificação projetiva na contratransferência.

Para Racker (1948/1982), o significado atribuído à contratransferência, bem como os problemas correspondentes a ela, depende da função exercida pelo analista dentro do processo de transformação interna das identificações projetivas. Apoiado na concepção de transferência de Strachey (1948), acentua como decisivo em uma análise o fato de que o analisando, repetindo sua infância na transferência, poderá se haver com seus objetos arcaicos, porém introjetados no superego como um objeto mais tolerante e compreensivo, se o psicanalista exercer esse papel. Desta ótica, o analista passa a ter duas possibilidades, a partir do lugar que a contratransferência ocupa nele: "ela pode intervir [via interpretação do inconsciente, tal qual propõe Freud] ou interferir enquanto for objeto dos impulsos" (Racker, 1948/1982, p. 101). Não basta, pois, centrar-se na interpretação, até porque esta pode estar profundamente perturbada pelas identificações projetivas maciças

136 A CONTRATRANSFERÊNCIA ELEVADA AO ESTATUTO...

que o paciente faz no analista, contribuindo para a criação destas contratransferências. Há toda uma atmosfera que envolve a fala do psicanalista, que passa pelo tom de voz, pela atitude e até por seu estado psicológico – esses fatores causam efeito no analisando, como destacam Racker (1948/1982) e Pick (1985/1990).

Das contribuições de Racker, consideramos de relevada importância a que tange ao processamento do afeto no ego do paciente para que ocorra uma efetiva mudança, e não uma análise racional e pouco efetiva. Assim, Racker (1948/1982) delineia uma compreensão da contratransferência em que a parte afetiva desse fenômeno que provém do afeto do paciente é vivenciada como afeto pelo analista, de modo que a intervenção deve mobilizar, então, outro afeto. Com esse raciocínio, confirma e esclarece o percurso da contratransferência como instrumento de escuta, pois destaca que é por meio dela que o analista sente e compreende o que o paciente sente e faz na relação com ele, mediante suas pulsões e sentimentos. Nessa perspectiva, é a perlaboração da contratransferência que possibilita o surgimento de intervenções com poder transformativo.

Contudo, viemos acompanhando os apontamentos de Money--Kyrle sobre o que pode perturbar a contratransferência do psicanalista, desfavorecendo esse circuito de trabalho. A questão recai sobre o que destacamos anteriormente – o ponto em que o conteúdo percebido enquanto contratransferência define em que lugar o analista está sendo colocado, de identificação com o sujeito ou com os objetos da transferência. Ambos podem vibrar nele de forma perturbadora, pois são decorrentes do uso maciço de identificação projetiva.

Em sua teoria da contratransferência, é Racker (1948/1982) quem dá maior destaque ao aspecto de ser ela uma criação do paciente no analista, tendo o poder de acionar o fator neurótico do profissional, o que dificultaria o processo. Seria essa perturbação intensa e profunda instalada no analista, e que o autor nomeia de "neurose de contratransferência", o que o levaria a fazer contrai-dentificações. Nesse caminho, faz uma distinção entre duas formas de contratransferência existentes. Uma delas, que chama de contratransferência concordante e tem ligação direta com as variações no nível de empatia do analista, diz respeito à situação em que o analista se identifica com o ego e o id do paciente e é afetado em representação e afetos semelhantes ou idênticos aos dele.

Quem nos auxilia a elucidar a compreensão desse tipo de contratransferência é Figueiredo (2008), marcando como relevante o aspecto de crueldade e brutalidade dessa contrarresistência que põe em risco a condição de *rêverie* do analista. Destaca ainda que se trata de um tipo de contratransferência estranha, muito presente no atendimento dos pacientes psicóticos e *borderline*, que conseguem, por vezes, deixar o analista capturado nas fantasias projetadas com as quais se identificou, além de poder ser totalmente repudiada pelo paciente, que não tem nenhum interesse em perceber sua contribuição para a criação de tal experiência no analista. A contratransferência concordante seria completamente dominada pelas identificações projetivas, que levam o analista a sentir e pensar no lugar do paciente, o qual opera no desmentido, recusando-se a pensar e sentir.

O segundo tipo definido por Racker (1948/1982) é a contratransferência complementar. Ela consiste em o analista se identificar com os objetos internos do ego do paciente, o que apresenta maior risco de o analista ser acionado em suas resistências e atender à demanda que esse tipo de transferência traz. O efeito deste segundo tipo de contratransferência é o analista entrar no círculo vicioso para aí encerrá-lo, e é nesse aspecto que reside o risco de estabelecimento da perturbação neurótica da contratransferência.

Nessas condições, a relação da dupla seria dominada pelos *enactments*, que, na compreensão de Figueiredo (2008), são encenações das partes dissociadas que induzem contraencenações no analista. Assim como na contratransferência concordante, na complementar o paciente também está sob o efeito da *Verleugnung* – a sensação do analista é de estar ficando louco –, o que é inevitável até certo ponto a fim de se reconhecer e nomear as partes dissociadas do paciente. O sério risco é de o analista contracenar com o paciente a sua fantasia, a ponto de perder todas as suas reservas de pensamento e simbolização.

Nesse sentido, compreendemos que a contratransferência ressalta não só o conflito central do paciente como também as complicações com suas relações de objeto transferenciais. Acentua as reações de seus objetos internos, dentro e fora dele, em especial as da imago colocadas no analista, que o paciente logo introjeta. De certo modo, Racker (1948/1982) dialoga com conceitos de Ferenczi, como introjeção e empatia, ainda que sem referenciá-lo. Afirma que, para o movimento necessário de compreensão do analisando, é fundamental que esteja presente a contratransferência, e que é via empatia que o fenômeno pode nos ser útil. O autor sublinha a importância de o psicanalista ser introjetado pelo analisando como objeto bom, o superego benevolente, o que só é possível se:

> *o analista reconhecer, dominar e utilizar a contratransferência para a compreensão da transferência, superando sua contratransferência negativa e sexual, inevitável, na medida em que o analista se identifica realmente – como deve – com o objeto transferido. (Racker, 1948/1982, p. 57)*

Essas proposições sublinham o trajeto e a relevância da atitude interna do analista no trabalho de perlaborar a contratransferência.

Para o autor, há um momento em que o psicanalista deve se abrir sensivelmente para que seu corpo consciente sirva como um "corpo de ressonância" (Racker, 1948/1982, p. 103) para o inconsciente daquele que nos comunica algo. Segue-se uma fase em que esses conteúdos captados devem ser elaborados no psiquismo do analista, descondensando seus complexos infantis dos complexos transferidos do analisando, para então poder trabalhar, por intermédio da contratransferência, com seu intelecto, incluindo esses afetos mobilizados para gerar a intervenção.

Nessa perspectiva, Racker (1948/1982) aborda a delicada trama do complexo edípico positivo e negativo do psicanalista na contratransferência, asseverando que existem tendências e disposições inconscientes que são contínuas, e que podem levá-lo a tomar os objetos amorosos e eróticos do seu paciente como rivais, objetos temíveis, capturando o analisando em sua relação de dependência por desejá-lo, genitalmente, como se fosse a mãe ou pai da própria triangulação edípica do analista. Ressalta, ainda, o desejo do analista de ser amado pelo paciente como uma captura do Édipo invertido do analista. Aqui, o analisando pode ficar assujeitado às tendências passivas e ativas de natureza homossexual do psicanalista, por meio da obediência a que o submete sua regra fundamental. Nesse caso, se o paciente não contribuir para tal desfecho, o analista, por sua vez, ficará frustrado, e pode sentir ódio e atuar sua contratransferência.

Eis o núcleo do que é entendido por Racker (1948/1982; 1953/1985) como contrarresistência. Trata-se então das reações contratransferenciais frente às resistências do paciente, as quais podem provocar sentimentos de cansaço e ódio que são, na realidade, os mecanismos defensivos paranoicos provindos do Édipo invertido do próprio analista. As resistências principais, geralmente, são expressões de conflitos com objetos incorporados que são

140 A CONTRATRANSFERÊNCIA ELEVADA AO ESTATUTO...

frustradores, e, portanto, rejeitados e odiados. Essas frustrações serão projetadas na transferência para o analista, que, por sua vez, reage frente a essas resistências. Às vezes, os objetos frustradores introjetados no paciente na infância encontram alojamento na neurose do analista, que também introjetou objetos frustradores e, por isso, reage com ódio, acreditando que o analisando é tão mau quanto os objetos maus por ele introjetados.

Racker (1948/1982) examina tais reações de contrarresistência com profundidade, como tentamos demonstrar, indicando que são formas de o analista tentar se proteger de sua contratransferência paranoica, evitando receber as resistências do paciente. Para se proteger do próprio superego, por vezes o analista projeta esses objetos maus introjetados no ego e acaba por ficar odioso e desgostoso com o processo.

Nesse mesmo caminho, o autor passa ainda pelas defesas maníacas e masoquistas do analista como contrarresistência às resistências do paciente – todas, sem dúvida, de alto grau de prejuízo para a contratransferência como recurso. A diferença das contrarresistências paranoicas e masoquistas é que, nestas últimas, fica evidenciada a presença da angústia tal qual na transferência e na neurose, tendo um papel importante de guia para o analista sobre o que se passa consigo.

Para finalizar este tópico, trago um breve apontamento acerca do aporte de um autor que, embora se baseie na obra de Ferenczi, certamente avança por todas as referências elencadas até o momento. Trata-se de Pierre Fédida, psicanalista francês de destacada relevância no cenário contemporâneo que propôs à comunidade psicanalíltica o tema da angústia na contratransferência. Apesar de todos os aportes que examinamos neste extenso capítulo, Fédida (1992) marca a distância que ainda hoje nos separa de uma teoria psicanalítica justa sobre as modalidades de atividade psíquica do analista envolvidas na cura, bem como dos processos complexos designados como contratransferência.

A crítica tecida por Fédida (1992) à técnica clássica de Freud, e que o faz adentrar no raciocínio de Ferenczi, passa pelo entendimento de que o pai da psicanálise tinha em vista mais os afetos da transferência do que ela mesma, que já é uma passagem ao ato por definição. Do outro lado dessa equação, estaria o segundo fator complicador do manejo da transferência pelo analista, que é a ênfase posta sobre a pessoa do analista como destinatário, "por erro", das manifestações libidinais do paciente. Partindo da constatação de que o analista é uma pessoa encarnada, presente e falante, não há como negar a influência que exerce para as resistências do ego do paciente, sem que nada em si se preste para isso. Na visão de Fédida, faz-se necessário, ainda, toda uma elaboração sobre a presença do analista com resto diurno. Afirma que uma ideia semelhante, que entende tomar o paciente como resto diurno para compreender os movimentos psíquicos do analista, é indispensável para a conceitualização metapsicológica da contratransferência.

De fato, o sonho é o paradigma teórico de Fédida (1992) no caminho de desenvolver a metapsicologia da contratransferência. Para o autor, a hipnose, responsável pelo descobrimento da função imaginária da pessoa do analista, não deveria ser rechaçada tão violentamente, pois é a precursora do modelo do sonho. O analista, que é quem tem de se encarregar dessa transferência, mediante sua contratransferência, deve então pensar esse modelo como necessário para si, como forma de retirar o interesse do mundo externo e voltar-se para os processos inconscientes próprios, de modo a examinar a influência da figura do analisando em seu imaginário.

Segundo as ideias de Fédida (1992), a metapsicologia da contratransferência abarca um conceito referido ao campo da relação interpessoal, mas também um trabalho na dimensão do campo

142 A CONTRATRANSFERÊNCIA ELEVADA AO ESTATUTO...

intrapsíquico do analista. Para ele, o importante é perceber que o endereçamento da transferência é para um objeto interno alucinatório, de maneira que a interpretação do psicanalista deve emergir desse lugar. O conceito de introjeção de Ferenczi, acerca do qual discorremos no início do capítulo, aliado a todos os aportes metapsicológicos que aqui também examinamos, como a recuperação da alucinação como investimento nas marcas mnêmicas, permite avançar na proposta da tese e da proposta de Fédida – de que são, portanto, os elementos alucinatórios da contratransferência do psicanalista a parte essencial de onde deve emergir as construções, e sobre a qual devemos nos debruçar.

Nesse sentido, Fédida (1992) apresenta o modelo do sonho como exemplo da potência psicótica encontrada na alucinação. A questão decorrente, nas palavras do próprio autor, é esta: "é possível que não se estabeleça a metapsicologia das modalidades em que funciona o pensamento do analista, e portanto, da contratransferência?". A ênfase recai sobre a questão epistemológica do problema técnico e sobre como compreender a proposta de "recordar, pensar e falar" (Fédida, 1992, p. 93).

O autor assume que a contratransferência não pode ocupar um lugar de familiaridade que a interpretação desta como uma questão interpessoal imporia, recolocando o acento no processo intrapsíquico, só que do lado do analista. Para ele, seria antes a manutenção do lugar de contratransferência como algo desconhecido no processo analítico que poderia validá-la como instrumento. Nesse âmbito, pensa que a metapsicologia da contratransferência é, justamente, a psicopatologia do psicanalista que é reativada pela análise do paciente. No entanto, por esta ser compreendida como algo do não familiar, do estranho, na concepção freudiana de 1919 sobre o tema do estranho, é que pode ser um indicador dos caminhos que o psicanalista deve seguir. Ou seja, mesmo sendo os aspectos obscuros da psique do analista, como o próprio ódio, estaria longe de ser algo indesejado e abolido do processo.

Luis Menezes, psicanalista gaúcho radicado em São Paulo e que fez parte de sua formação na França com Fédida, em prefácio do primeiro livro do psicanalista francês publicado em língua portuguesa, no ano de 1988, destaca que, entre as contribuições que Ferenczi deixou como legado para a formação dos psicanalistas, ganha importância a condição de se permitirem ser mais inventivos em sua técnica. Aponta, assim, para a possibilidade de ampliarem sua clinicidade, deixando-se levar por algumas circunstâncias não usuais que acabam por exigir que o psicanalista afine os conceitos implícitos em sua prática. Nesse caminho, ressalta que as elaborações da técnica de Fédida, que acabam por recair na contratransferência, são tecidas nas hipóteses sobre esse campo de alquimia da feiticeira, a metapsicologia, e o que se poderia denominar mais ou menos adequadamente de contratransferência tocaria, então, na obra de uma subjetivação exatamente psicopatológica da recepção prática e da transformação (metáfora e metábole) da crise que representa.

A concepção de contratransferência desse autor se sustenta em Ferenczi, Klein, Bion e Harold Searles para destacar que a metapsicologia da técnica não é estanque, justamente por passar pelos processos psíquicos do psicanalista. É este ponto que queremos sublinhar dos vários textos que ele escreve sobre contratransferência: sua afirmação de que é o psicopatológico que rege o que nos é analiticamente conhecível de nós mesmos e dos outros, servindo de instrumento investigativo do ego do analisando. Segundo esse raciocínio, o psicopatológico do paciente ativaria o psicopatológico do psicanalista, estabelecendo que o analista ocupa o sítio constitutivo e fundante dos lugares de uma fala cujo destinatário é, alucinatoriamente, o objeto interno da transferência (Fédida, 1989; 1996).

Encontro, pois, em Fédida apoio para nossas proposições que lanço aqui, ao tratar da questão alucinatória da transferência. Penso que, de fato, é esse objeto que o analista precisa buscar dentro de si, porém, que ao ser inoculado no analista será sentido estranhamente como o objeto alucinatório da contratransferência, como forma de reverberação do captado pelo que transfere o inconsciente do analisando. Se tivermos essas teorias da contratransferência presentes em nosso psiquismo e essa compreensão dinâmica do processo, podemos nos permitir confundir, entrar e sair das contratransferências complementares e das concordantes.

Sem dúvida, as elaborações de Fédida são mais amplas e profundas do que foi aqui apresentado, e voltarei a elas futuramente. No momento, destaco esse recorte para indicar o quanto Freud, Ferenczi, Heimann, Racker, Money-Kyrle e Fédida, entre outros autores aqui citados, bem como Little e Winnicott, que aparecerão no próximo tópico, vão fomentando o pensar sobre certas transferências, inclusive psicóticas, a partir do manejo da contratransferência como recurso da escuta.

5. Tentativas clínicas: o manejo da contratransferência em situações radicais

Percorrendo a literatura psicanalítica que versa sobre a contratransferência, escolhi duas histórias clínicas para realizar alguns recortes que ilustrem as primeiras tentativas de usá-la e manejá-la.

Trata-se de materiais de dois psicanalistas que estão interligados por pensarem a questão dos objetos externos e do ambiente na constituição psíquica do sujeito, resguardando uma semelhança no estilo de clinicar: Sándor Ferenczi e Donald Winnicott. Ambos enfrentaram dificuldades consideráveis e não tiveram êxito em suas tentativas de perlaborar a contratransferência, mas conseguiram teorizar sobre o tema a partir dessas experiências. Assim, viso ilustrar como os aportes mencionados anteriormente foram desenvolvidos com base na experiência analítica, e não o inverso, influenciando os principais autores que perpassamos e que inseriram suas contribuições acerca do tema no campo científico. Esses materiais servirão também de base clínica para adentrarmos no próximo tópico, sobre o exame da dinâmica dos processos psíquicos do analista durante a perlaboração da contratransferência.

146   TENTATIVAS CLÍNICAS

Recuando muito no tempo, encontramos o caso da paciente Elizabeth Severn, a primeira a que as notas do diário clínico de Ferenczi fazem referência, nomeando-a com as iniciais R.N. Seus atendimentos datam da época de 1924 a 1932. Foi Severn quem inaugurou a experiência psicanalítica mais radical no uso da contratransferência, que foi a análise mútua. O resultado desta foi justamente a necessidade de ser agregada ao escopo científico da psicanálise a dimensão sensível do psicanalista, abrindo o campo da estética da clínica.

Os fatos clínicos do caso e a experiência radical da contratransferência antecipam a vivência de ódio do analista. Porém, Ferenczi não pode perceber o dissabor deste sentimento em sua própria sujeição a R.N., cujo nome verdadeiro era Leota Brown. Americana, nascida e crescida no interior do país, desde criança padecia de sintomas físicos e emocionais, frequentemente apresentando-se assustada. Eram comuns o cansaço crônico, questões digestivas e violentas dores de cabeça. Na adolescência, manifestou mais claramente os sintomas depressivos que perturbaram ainda mais sua vida, fazendo com que precisasse ser internada em instituições de saúde mental. Casou aos 22 anos de idade e teve uma única filha, Margarete. No fim desse casamento, conseguiu trocar legalmente seu nome para Elizabeth Severn, e, aos 27 anos, resolveu se mudar para o Texas, em razão de dificuldades financeiras. Lá recomeçou a vida como prestadora de serviços, vendendo enciclopédias de porta em porta. Por causa dessa atividade, que possibilitava seu sustento financeiro, começou a entrar nas casas e escutar as histórias dos interessados nos livros e a dar aconselhamentos aos clientes. Depois disso, instalou seu consultório em um quarto de hotel e passou a receber pessoas que tratava como pacientes. Transitou entre a América e a Europa, onde, entre idas e vindas, dava conferências, realizava seus estudos de forma exitosa, mas não sem deixar de sofrer de seus sintomas incapacitantes, como alucinações psicóticas, pesadelos, grandes confusões, depressão severa e ideias suicidas. Procurou Otto Rank, que havia acabado de se instalar nos Estados Unidos e que a enviou para Ferenczi, de quem era próximo na época.

No outono de 1924, iniciou então sua análise com Ferenczi (Menezes, 1993; Oliveira, 2014) que, nas notas do *Diário clínico* redigido ao longo do ano de 1932, registrou que se tratava de um caso de "esquizofrenia progressiva", resultante de uma história de repetidos traumas de várias ordens. Logo no primeiro encontro, Ferenczi reconheceu seus sentimentos contratransferenciais, que não eram de simpatia por aquela mulher, que, inclusive, o intimidava e angustiava, descrevendo-a como dotada de uma "força de vontade extraordinariamente poderosa", que denotava "algo de soberano, algo da superioridade de uma rainha" (Ferenczi, 1969/1990, p. 135). Esforçava-se, então, para manter sua posição de superioridade, que ainda acreditava ser necessária a um médico, e relegar a segundo plano os sentimentos de aversão que Severn lhe gerava.

Mais tarde, porém, em uma sessão, Elizabeth relembrou que, nos primeiros quatro encontros, Ferenczi a tratara com uma voz mais doce e insinuante do que nunca. Foi essa interpretação da paciente a respeito do tom de voz do analista, que, nas fantasias dela, confirmava que ele estaria apaixonado e lhe declarara seu amor dessa forma, que o levou a tomar consciência de camadas mais profundas de sua contratransferência, justamente seu ódio em resposta à arrogância da paciente. Assim, a manifestação de Elizabeth para Ferenczi encontra ancoragem em algo do inconsciente dele que o teria motivado a uma artificialidade em seu comportamento, um exagero no sentido de tentar agradá-la, forjando uma aparente docilidade, tal qual o Homem dos Lobos em seu processo com Freud. Elizabeth afirmava que, se ele não confessasse seu amor a ela, a análise não prosseguiria.

148 TENTATIVAS CLÍNICAS

Diante da percepção da gravidade da enfermidade de Severn e de vários fracassos anteriores em suas tentativas de cura dessa paciente, Ferenczi (1969/1990) concluiu então que precisava examinar sua contratransferência. Inicialmente, reconheceu esses sentimentos apenas para si mesmo, dando-se conta de que sempre gostara das mulheres que o admiravam e que Elizabeth exigia ser amada por ele, tal qual sua mãe durante a infância. Admitiu que a percebera como uma jovem antipática e, em uma espécie de supercompensação, esforçara-se para atender a todos os desejos dela. Identificou, dessa forma, uma formação reativa em seu comportamento, que servia para se defender de sentimentos de ódio e inferioridade em relação a Elizabeth, bem como se proteger da angústia, dos sentimentos de incômodo, cansaço, desprazer, vontade de "enviar tudo isto ao diabo" que aquele tipo de paciente lhe provocava/evocava. Reconheceu, ainda, a existência de fantasias libidinosas e lúdicas durante os atendimentos de casos graves como esse, tentando todas as intervenções para dar conta desse padecimento.

O sentimento de culpa pelas contratransferências, o que denota os resíduos das suas próprias raízes infantis inconscientes, levou Ferenczi a tentar compensar a paciente aumentando a duração e o número das sessões, inclusive se dirigindo ao hotel onde ela residia para atendê-la por várias horas seguidas, o que, de certo modo, demonstra a tentativa de instalação autoritária, exclusiva e incondicional da paciente na vida de Ferenczi.

No final do ano de 1924, Elizabeth voltou a Nova York, instalou-se em um hotel na quinta avenida, onde continuou seu trabalho como psicoterapeuta, retornando a Budapeste por um período de dois meses em fevereiro de 1925; as sessões se tornaram então mais numerosas, e ela agudiza seu estado novamente pensando em suicídio, considerando a ideia de jogar-se no Danúbio. Em 1926, e nos anos subsequentes, apesar da análise intensiva, o estado de Elizabeth não melhorou. Ferenczi reagiu a essa situação multiplicando ainda mais seus esforços e atendendo às exigências dela. O processo analítico teve uma mudança significativa em maio de 1928, quando, por meio das técnicas empreendidas e entendidas, na época, como de relaxamento e regressão, conseguiram reconstruir o quadro dos abusos sexuais.

Em uma de suas primeiras notas sobre o caso, em 12 de janeiro de 1932, Ferenczi relatou cenas terríveis que originaram os traumas, sendo a primeira com 1 ano e meio de idade, quando um adulto lhe prometeu "uma coisa muito boa" (Ferenczi, 1990, p. 39). Desde esse momento, a menina começou a apresentar desmaios, sentimentos de ineficácia e semiembrutecimento. O segundo episódio foi aos 5 anos, quando os órgãos genitais foram artificialmente dilatados e tóxicos lhe foram administrados, gerando impulsos de suicídio. Para Ferenczi, os traços de loucura que emergiram depois dessa data foram tentativas desesperadas da menina de viver. Leota passou pelo último grande trauma aos 11 anos, idade em que foi submetida à hipnose e ao abuso sexual constante. O quadro foi agravado quando, no momento da separação dos pais, ao despedir-se, o pai a amaldiçoou, verbalizando todo seu desprezo pela filha e a culpabilizando pelos ocorridos. Ela passou a viver em estado constante de atomização psíquica, sendo o estupor catatônico e as alucinações tentativas de evitar o suicídio.

Nesse momento da análise, também surgiram lembranças de outros materiais assustadores para Elizabeth, como ter sido obrigada a participar da morte de um negro, disparando uma arma, o que fazia com que se reconhecesse como uma assassina. Ambos, paciente e analista, ficaram incrédulos com as lembranças de agressões físicas, envenenamentos sofridos e por ela ter sido obrigada a se prostituir. Conseguiram juntos reconstruir essa história

150 TENTATIVAS CLÍNICAS

de repetidos traumas na infância da paciente e, na medida em que foi conhecendo esses fatos, Ferenczi (1969/1990) percebeu que as consecutivas agressões sexuais sofridas tinham deixado efeitos devastadores que geraram os mecanismos de defesa violentos, como as cisões no ego. Em mais de uma passagem, utiliza a noção de "*orpha*" – como designou o puro intelecto, vazio de "alma" – para contar os fragmentos de seu psiquismo devido à sequência de traumatismos. Esperava que a paciente pudesse vencer essa clivagem, de maneira a poder integrar a "parte destruída", recuperando parte de si, de sua história, por mais horrível que fosse. Contudo, os efeitos da clivagem resultavam em uma organização defensiva, de maneira que uma parte de si se reconstituiu numa soberana distância em relação ao ocorrido, enquanto outra permanecera como uma criança desmaiada no inconsciente (Menezes, 1993).

O estado da paciente, após uma breve trégua com a tomada de consciência desses eventos, se agravou. Ferenczi (1969/1990) passou a se questionar sobre o que deveria fazer: "devo chamá-la de louca de hospício e confrontá-la com sua dura realidade?" (p. 71). O drama se instalou entre a dupla de trabalho. Elizabeth ordenava: "Menos palavreado, algumas perguntas simples que solicitem o meu pensamento", e ainda: "de que me serve que você saiba tudo se eu nada sei?" (Ferenczi, 1969/1990, p. 71). Nesse contexto, a paciente passou a exigir então que seu analista se entregasse ao processo de análise, supondo que os complexos e os pontos cegos dele os impediam de avançar. Assim, é Elizabeth quem propõe o dispositivo da análise mútua como forma de caminharem no tratamento – a paciente seria a analista de Ferenczi em um primeiro momento, e, no seguinte, ele se levantaria do divã para que ela o ocupasse.

É evidente, lendo as notas do *Diário clínico de 1932* (Ferenczi, 1969/1990), que existia um analista preocupado com a gravidade da paciente e que se percebera em uma situação em que muitos de nós nos encontramos em determinados momentos, quando nos indagamos sobre o que fazer diante da ineficácia de nossas tentativas de tratamento. Hoje, sabemos que Ferenczi fez a psicanálise avançar ao levar aos extremos sua experiência analítica, buscando confirmar suas proposições de hospitalidade, empatia e saúde do analista, bem como ao propor as noções de relaxamento e neocatarse.

Assim, por meio da prática clínica, Ferenczi realizou uma revisão e remodelação de conceitos cruciais acerca do trauma no campo do narcisismo e da técnica a ser utilizada nesse tipo de configuração psíquica. Essas questões levantadas pelo autor sobre seus próprios excessos e em que condições ocorreram as experiências da técnica de análise mútua são descritas em seu *Diário clínico de 1932* não como uma resposta, ou modelo rígido de tratamento. Demonstram o caminho por onde lhe foi possível entender sua contratransferência e a ampliação da analisabilidade, a partir da forma como agiu nesse caso.

Tecendo algumas considerações acerca da mutualidade nas análises e a dimensão estética da clínica, podemos afirmar que Ferenczi deu demonstrações de sua saúde mental ao realizar autocríticas a respeito dessa experiência radical de análise mútua no final do diário clínico, abandonando a prática. Afirmou que os analistas que viessem depois dele não mais precisariam fazer o mesmo percurso, ou seja, estender o elástico da técnica a ponto de quase rompê-lo, porque poderiam se utilizar de seu legado para avançar no tema da clínica do trauma. Evidentemente, a questão da análise mútua traz problemas éticos; não nos esqueçamos, porém, de que as notas de Ferenczi eram para uso próprio, e ele não tinha a intenção de publicá-las.

Contudo, há considerações que precisamos circunscrever. A primeira delas passa pela crítica à proposta da análise mútua de que a paciente poderia tirar proveito dos complexos do analista

152 TENTATIVAS CLÍNICAS

para manter-se entrincheirada em seu próprio núcleo patogênico, invertendo as posições defensivamente. Não nos parece, porém, que essa tenha sido a intenção de Elizabeth, que sofria violentamente do efeito dos excessos do outro e cunhou o termo "terapia do cuidado" muito antes do ano de 1928; e nem que essa experiência tenha ocorrido por resistência do analista. O que observamos no historial de ambos pode ser muito bem delineado nas palavras da paciente, registradas por Ferenczi (1969/1990):

> *O teu trauma mais importante foi a destruição da genitalidade; o meu trauma era pior; via a minha vida destruída por um louco criminoso, o meu espírito destruído por venenos e um embrutecimento sugerido, meu corpo enxovalhado pela horrível mutilação, no pior momento; exclusão de uma sociedade onde ninguém acreditaria na minha inocência, e enfim, o horror dos eventos do último assassinato sofrido. (p. 26)*

Já sabemos o intuito desta experiência para Ferenczi. Reconhecemos que Ferenczi avançou além da posição de analista implicado e empático, extrapolando os limites de experimentar alucinatoriamente as vivências do outro. Penso então que, de algum modo, ao abandonar a mutualidade e voltar à posição analítica anterior, Ferenczi alerta para a necessidade de o psicanalista manter uma posição de implicação, sem abrir mão da reserva (Figueiredo, 2008). Seria uma forma de confirmar que podemos modificar a técnica no ponto que recai sobre a abstinência, mas não é possível ser analista se abdicarmos da neutralidade.

A segunda consideração diz respeito, justamente, às sensações derivadas dos efeitos que vivenciamos nas nossas salas de análise, das descargas de afetos não simbolizados dos analisandos, ou seja, as catarses, de modo que esses afetos sofram transformação, o que é possível justamente pela presença sensível do analista (Kupermann, 2008). Trata-se de um ponto de suma importância, pois é o que respalda e sustenta o primeiro dos argumentos de minha tese, o da perlaboração da contratransferência como o movimento psíquico do analista que reinstaura o afeto entre a dupla de trabalho. Trata-se justamente de o psicanalista perceber sensações, imagens e sentimentos e aguentar a presença destes em seu psiquismo para realizar o trabalho por meio desses afetos. Lembremos que isso implica um duplo movimento, uma autoanálise dos conteúdos dos complexos infantis do analista e um descondensamento do que possa ser dos complexos infantis do analisando que afetaram o analista para, somente depois, fazer uma intervenção a partir do objeto alucinatório da contratransferência. O trabalho de perlaboração da contratransferência é percorrer do início ao fim os sentimentos contratransferenciais, possibilitando que o sensível do analista seja transformado em sentido para a dupla de trabalho.

A questão incide, pois, sobre a dimensão estética da clínica psicanalítica. De fato, a noção de sensibilidade é oriunda do campo da estética, e é empregada por Ferenczi no sentido rigoroso de a *capacidade de afetar e de ser afetado pelo outro*, e não no sentido que poderia nos remeter às ideias de plácida benevolência ou de compreensão ilimitada e passiva, que foram associadas à sua figura (Kupermann, 2003). Com essa concepção, conseguimos dissolver qualquer possível confusão relativa ao que seria uma clínica materna em Ferenczi. O materno não remete à suposta passividade do amor maternal, mas à condição de ser afetado pelo bebê/paciente e fazer algo positivo com isso, promovendo a facilitação de uma transformação no psiquismo do outro, o que nos leva a convocar a pensar na função da *rêverie* para abarcar a complexidade desse trabalho estético. A minha proposta é de que a empatia ativa em análise a contratransferência que convoca a *rêverie*. Operando juntas,

154 TENTATIVAS CLÍNICAS

poderão exercer uma função especular dos conteúdos de identificações projetivas recebidas e contemplar uma mudança psíquica no analisando a partir da sensibilidade do analista.[1]

O caminho exige ter claro o aporte de Ferenczi, desenvolvido pouco antes de suas anotações em seu diário clínico privado, acerca da recuperação do conceito de catarse, que, segundo ele, não deveria ser abandonado tão rapidamente. O psicanalista húngaro alça esse conceito ao patamar de "mola da intervenção", criando então a neocatarse, que precisaria ser compreendida à luz da sensibilidade do psicanalista (Ferenczi, 1930/2011m).

A crítica sobre a desconsideração da catarse como foi utilizada por Freud, após o abandono da hipnose e antes da interpretação da transferência, é feita com base na noção de que sua ineficácia como recurso reside não na descarga do analisando, mas na falta de algo do psicanalista. Embora essa reflexão já estivesse postulada, entendemos que é no *Diário clínico de 1932* (1969/1990) que ganha ênfase a ideia de ser por meio dos princípios de relaxamento para a dupla que pode ser minimizada a questão das diferenças de línguas, possibilitando então a neocatarse.

Ressaltamos que Ferenczi, em 1933, aponta para a necessidade de uma sintonia de linguagens entre analista e paciente, de modo que a dupla analítica consiga realizar o trabalho de acordo com o modelo usado com crianças, na esteira do que aportou com a análise pelo jogo (Ferenczi, 1931/2011j). Assim, tendo aberto mão da sua própria linguagem da paixão, o analista pode decifrar

---

1 Sobre o conceito de *rêverie*, discorro mais adiante. Sobre a dimensão estética da clínica, estou acompanhando neste tópico as proposições de Ferenczi e Kupermann. Ao ligar a empatia ao conceito de *rêverie*, para processar as identificações projetivas do analisando, pretendo me destacar das ideias de Kupermann (2008; 2017) e avançar no tema da dimensão estética da clínica, ao propor a estética da contratransferência. Faremos este percurso na última parte do livro.

a criança que irrompe durante as sessões, para ouvir esse corpo que fala por intermédio de sensações físicas, um corpo que, em última instância, aprisiona o que foi expulso da inscrição psíquica do trauma. "Isso permitiria que o analisando pudesse sair da condição de grito do horror para a possibilidade de uma palavra" (Pinheiro, 1995, p. 111).

Podemos avançar no exercício clínico neste sentido, pensando que a falta de simpatia de Ferenczi por Elizabeth não passava de uma transformação, no contrário, de outros sentimentos evocados, quais sejam, de impotência e humilhação diante da postura de onipotência da paciente, como ele mesmo admitiu. E é exatamente o fato de identificar, admitir e aguentar esses sentimentos que tanto afetaram Ferenczi que traz a oportunidade autêntica de trabalhar por meio da contratransferência, sustentando o trauma da paciente de modo a abrir um campo de simbolização da experiência de hóspede não bem-vindo, cravada no psiquismo dela e, quem sabe, também no dele.

A sensibilidade do analista, como legado do *Diário clínico de 1932* (1969/1990), nos aproxima do tema da estética da clínica. A ética do cuidado permite, pois, uma sensibilidade ao analista, a partir da qual deve emergir sua intervenção, de modo a acrescentar algo à catarse do paciente capaz de produzir uma neocatarse, ou seja, uma retranscrição da marca.

Fragmentos da análise de Little com Winnicott

Avançando um pouco além da década de 1930, em 1949, Heimann, inspirada também por Ferenczi, publicava suas reflexões sobre o efeito das transferências no analista, e avançava no conceito de contratransferência como os sentimentos totais deste. Em resposta

156   TENTATIVAS CLÍNICAS

a isso, Racker (1948/1982) elucidava os usos desse fenômeno e os riscos da neurose de contratransferência, como acabamos de ver. Por sua vez, a analista britânica Margaret Little, amiga de infância de Heimann, e analisanda de Winnicott, dedicou-se a estudar o efeito da contratransferência no paciente. É a partir de seus estudos, e à luz de fragmentos do tratamento de Little com Donald Winnicott, que examinaremos os efeitos da contratransferência entre a dupla, demonstrando a gravidade das pertubações mútuas causadas no circuito da transferência/contratransferência quando não perlaborada. Se Ferenczi procurou dar conta da contratransferência aceitando ser analisando de sua própria paciente, Winnicott tenta processar intrapsiquicamente seus afetos de forma a minimizar seus efeitos entre a dupla.

No artigo "A resposta total do analista às necessidades do seu paciente" (Little, 1950/2002a), que consiste em uma versão da comunicação realizada em 1950, e na publicação no *International Journal of Psycho-Analisis* de "Contratransferência e a resposta do paciente a isso" (Little, 1951/2002b), Little busca contribuir com as discussões acerca da contratransferência. Talvez sua curiosidade a respeito de como o analisando seria afetado pelos sentimentos do analista possa ter sido despertada por sua experiência de análise com Donald Winnicott. Juntos, viveram cenas dramáticas e momentos muito tensos, que podem ilustrar a força das transferências/contratransferências presentes em uma sessão de análise.

As reflexões de Little (1950/2002a; 1951/2002b) passam precisamente pelo caminho que esboçamos no início desta segunda parte do livro, qual seja, pela relação do conceito de introjeção com a contratransferência, como definida por Heimann (1949/2002). Contudo, assim como Racker, ela diferencia o que seria uma contratransferência paranoica, portanto, projetiva, e indesejada, de uma contratransferência introjetiva, portanto, empática, desejável e positiva.

Little (1950/2002a; 1951/2002b) levanta a questão das possíveis resistências inconscientes compartilhadas entre analista e analisando, e, por não citar as publicações de Racker sobre contrarresistência, podemos especular que ainda não tivera acesso a esses conteúdos, já que Racker apresentava seus trabalhos em Buenos Aires e, em certa ocasião, inclusive em São Paulo. A autora destaca um aspecto que indicamos na primeira parte do livro sobre a necessidade de o ego da realidade estar funcionando adequadamente no analista, de modo que este possa prezar pelos fatores tempo e distância na transferência, apontando para a necessidade de saber distinguir, por exemplo, a empatia da simpatia por seu paciente. Aportes que são consideráveis, principalmente se examinados a partir da dimensão clínica da psicanálise.

Margaret Little passou por três experiências analíticas ao longo de sua vida. Uma de 1936 a 1938, com um psicanalista junguiano que, no livro em que relata suas análises, nomeia como Dr. X; a segunda de 1940 a 1947, com a dra. Ella Freeman Sharpe, que se considerava uma analista freudiana clássica; e um último processo com Donald Winnicott, que abordava o tratamento a partir das relações de objeto.

Segundo Grotstein (1992), o campo psicanalítico teria uma dívida com Little pelo relato de suas análises, que demonstra uma nítida experiência de psicose de transferência, a qual, diferentemente da neurose de transferência, apresenta regressão cataclísmica e desorganizadora. São relatos de momentos de transferências psicóticas e as reações contratransferenciais que podem gerar no analista, as quais reverberam novamente no analisando. Decidimos incluir alguns fragmentos dessa análise no presente livro

158 TENTATIVAS CLÍNICAS

justamente para examinar, por intermédio da dimensão clínica, como pode se dar a contratransferência como criação do paciente.

Observando a ausência de relatos de transferências de níveis narcísicos, entendidos como limite para a técnica psicanalítica clássica, Little (1992) decidiu então relatar suas análises, com o intuito de contribuir para o avanço da psicanálise. Embora reconhecendo não ser essa uma tarefa fácil, por conta dos mecanismos inconscientes envolvidos em um livro desse teor, ocupou-se em se desapegar ao máximo de interpretações errôneas, do seu narcisismo e exibicionismo, decidindo enfrentar os riscos. Sua história foi escrita justamente no momento em que autores do final da década de 1940 começavam a se debruçar sobre materiais que apresentavam dificuldades clínicas, em função das ansiedades psicóticas. Sobretudo, enfatizou sua análise com Winnicott, que, segundo ela mesma, foi uma experiência que trouxe em sua marca terapêutica o reconhecimento da importância não só do próprio ser humano individual, mas também do seu ambiente inicial.

Examinando os artigos sobre o efeito da contratransferência do analista no paciente, bem como o livro em que Little (1992) conta sua análise, é evidente sua ancoragem em conceitos como empatia e experiência de mutualidade, de Ferenczi, e a consistência sem severidade que permitia a "regressão à dependência", o *holding* e o brincar de seu analista. Nesse sentido, compreendo que suas reflexões têm maior amplitude que as de Heimann, justamente pelos aportes teóricos em que está ancorada, os quais não se restringem, unicamente, ao conceito de identificação projetiva.

O fim da segunda análise de Little foi decorrente do falecimento de sua analista, que, por sua vez, foi analisanda de Ferenczi. O fato aconteceu quando Ella Sharpe estava prestes a dar alta à paciente. Little (1992) procurou então outro psicanalista, Donald Winnicott. No período anterior à análise com Winnicott, conta que tivera pela primeira vez um relacionamento sexual com um homem, o que até então lhe parecia impossível. Atribuía essa dificuldade de relacionar-se com homens ao trauma de ter perdido uma babá a quem era profundamente apegada e que havia ido embora de sua casa.

De 1949 a 1955, teve então sua análise conduzida por D. Winnicott. Ambos haviam se conhecido em atividades científicas, com breves contatos nesse meio. Em certa ocasião, em 1945, ele assistira Little apresentar um trabalho e dirigira-se a ela perguntando se aceitaria tratar um paciente infantil. Little recusou o caso com certo pesar, porque, naquele momento, não se sentia disponível devido a uma experiência recente de atendimento infantil que havia ficado marcada como desastrosa e geradora de muita ansiedade, além de ela não ter conseguido concluir o trabalho. Mas sentiu apreço pela atitude de Winnicott, a ponto de escutar uma de suas apresentações orais e pensar que ele poderia ajudá-la.

Ao chegar ao consultório de Winnicott, alguns anos mais tarde, contou que a primeira sessão trouxe uma vivência de pavor, em que ela se percebeu rígida, imóvel e sem condições de falar. Apenas uma intervenção do analista, ao final do tempo da sessão, em que ele disse "Eu não sei, mas tenho a impressão de que, por alguma razão, você está me excluindo", trouxe alívio a Little, pela revelação da condição de não saber do analista. Por um período inicial do tratamento, de fato, a paciente ficava imóvel, escondida em um cobertor, sem falar com Winnicott por quase todo o tempo da sessão. Certo dia, sentindo-se desesperançada, pensando que ele não poderia ajudá-la, caminhava ao redor da sala procurando um caminho, até que lhe veio a ideia de que se jogar pela janela seria a solução, mas não o fez, porque seus pensamentos diziam que ele a impediria. Depois, pensou em jogar fora todos os livros dele, mas finalmente se decidiu por investir em um vaso cheio de lilases brancos, lançando-o no chão, quebrando-o e pisando nele.

160 TENTATIVAS CLÍNICAS

Podemos imaginar, nos colocando no lugar de Winnicott, que o clima já era de tensão enquanto a paciente caminhava pela sala e permanecia em silêncio grande parte do tempo. Contudo, seria praticamente impossível um analista não se assustar, lamentar, ou até mesmo sentir frustração e ódio ao ver um objeto seu ser destruído de modo tão violento e abrupto. Surpreendido por esse *acting in* de Little, Winnicott saiu às pressas da sala de análise, retornando somente um momento antes do final do horário. Ao encontrar Little limpando a sujeira, disse-lhe: "Eu poderia ter esperado que você fizesse isso, mas mais tarde".

Claramente, a intensidade da transferência de Little e seus impulsos destrutivos, que foram atuados e projetados para dentro de Winnicott, em um momento em que ela não conseguia falar sobre o que se passava consigo, gerou uma contratransferência que o perturbou a ponto de fazê-lo sair da sessão. É possível imaginarmos que, diante desse fato, o que foi inoculado no analista foram os sentimentos de ficar rígido e imóvel, só que psiquicamente, a ponto de não conseguir falar e preferir retirar-se.

Se considerarmos o conceito de contrarresistência de Racker (1948/1982), poderíamos arriscar a seguinte conjectura: sair da sala teria sido uma manifestação de contrarresistência do analista, ou seja, uma resistência a usar seu corpo como ressonância para a transferência hostil atuada de Little, que, por sua vez, também era uma resistência a se deparar com objetos violentos internos, sem conseguir se comunicar pela representação-palavra. Contudo, talvez seja mais benevolente pensarmos que, diante da impossibilidade de perlaborar a intensidade dessa contratransferência, sabiamente Winnicott permitiu-se sair do consultório para não atuar seus sentimentos como fez Ferenczi.

No dia seguinte, no mesmo lugar, de acordo com Little (1992), estava uma réplica exata do vaso com os lilases. Pouco tempo depois, Winnicott apenas lhe disse que ela havia destruído algo de que ele gostava muito; e nunca mais tocaram no assunto. A paciente estranhou o silêncio, criticou a atitude de Winnicott, que, ao restituir o vaso, encerrara a possibilidade de conversarem a respeito, repetindo as atitudes da dra. Sharpe (sua segunda analista) e de sua mãe, que não reconheciam os sentimentos desorganizados em Little.

O que nos importa nesse fragmento é ilustrar a dinâmica do circuito transferência/contratransferência, a disposição do analista para receber os afetos do analisando e tolerá-los, não os relegando para o reduzido lugar de conteúdos pertencentes à análise do analista. Está claro que as reações de Winnicott são também criação de Little. O silêncio derivado de uma hostilidade contida, que fazia a paciente permanecer imóvel nos primeiros tempos de análise, por meio de um *acting in*, foi inoculado no psicanalista, criando um enorme ponto de tensão e contrarresistência para ele e entre ambos. Podemos conjecturar que o efeito dessa transferência psicótica, que comunica em ato a intensidade de sua hostilidade, criou dentro do analista o sentimento de ódio e rigidez para falar sobre o episódio, fazendo o analista sentir exatamente o que estava sentindo Little nas sessões iniciais, a ponto de Winnicott precisar se retirar para não reagir do mesmo modo que a paciente, como forma de proteger ambos de sua própria hostilidade.

Sem dúvida, essa contratransferência perturbadora e negativa também tem um efeito de rebote no analisando, e é esse aspecto que Little (1992) aborda na teoria da contratransferência. Como paciente, relata que, ainda que o analista tenha fornecido uma breve explicação de sua atitude de repor o vaso, pensou que, se fosse outro momento, talvez Winnicott reagisse de outra forma. Anos depois (1954-1955), Winnicott afirmou que não tratava diretamente do tema da contratransferência, mas dos aspectos metapsicológicos da

162 TENTATIVAS CLÍNICAS

regressão dos pacientes com falso *self* dentro de um processo de análise, destacando que a tensão que recai sobre o analista nesses momentos regressivos de um analisando é considerável, principalmente se uma falta de compreensão do processo gerar uma contratransferência negativa inconsciente. Não encontro indícios de que Winnicott estivesse fazendo uma "confissão" sobre o que se passara no caso de Little, porém, a frase mostra seu conhecimento da fúria da transferência e, sobretudo, da contratransferência.

Uma das questões que Little (1950/2002a; 1951/2002b) sublinha em seus artigos, citados no início deste tópico, além da confusão que existia na época em relação ao conceito de contratransferência, é o fato de este conceito passar a ser investido de uma carga emocional que tornava a discussão mais difícil. Little apontava então a necessidade de encontrar os meios de apresentar a realidade a esses sujeitos psicóticos, na linha do que tentou desenvolver Ferenczi em análise mútua. O ponto considerável dessa questão recai justamente sobre os elementos que são essenciais para a resposta total do analista às necessidades do paciente; são eles: a capacidade do analista de ser ele mesmo uma pessoa – ou seja, ter um perfil, limites, fazer identificações, enfrentar suas resistências, reconhecer seus equívocos, perlaborar a contratransferência e permanecer afetado, mas não envolvido; e a capacidade de tolerar momentos de fusão, o que implica fatores como responsabilidade, compromisso e empatia, e, ainda assim, manter-se neutro e implicado no trabalho clínico.

Ora, até certo ponto, não poderíamos supor que foi o que nos mostrou Winnicott? Raivoso a ponto de não ter suportado suficientemente bem sua contratransferência e permanecer na sala de análise para tentar conversar com a paciente sobre o ocorrido, optou por se afastar e se calar, reconhecendo seus limites. Embora, com essa atitude, tenha manifestado sua hostilidade, tal qual comunicou Little com seu comportamento de quebrar o vaso, preservou o andamento daquela análise. Ambos, analista e analisando, comunicaram suas resistências hostis com atitudes, demonstrando a dificuldade de suportar esses momentos de violentas transferências e resistências. Talvez apresentar a realidade de seus sentimentos à paciente tenha sido uma tentativa inicial de dar outro destino ao fato.

Na primeira parte do livro, demonstramos que, para Freud, os fatores tempo e distância afetiva colidiram frontalmente com a contratransferência no caso do Homem dos Lobos. Em Ferenczi, o excesso de implicação afetiva recíproca lhe valeu as mais severas críticas, mas permitiu algum avanço com a paciente. Já Little (1992) aponta que se identificar com o paciente é um caminho necessário, perigoso, mas assinala que, para o analista, deve existir um intervalo de tempo entre ele e a experiência, enquanto, para o paciente, a experiência retém ainda o caráter de imediatismo. Isso é de suma importância, pois permite ao analista reconhecer o caráter alucinatório da sua contratransferência. Nas palavras de Little (1951/2002b): "Quando uma experiência é do paciente e não do analista, um intervalo de distância é introduzido também automaticamente e é da preservação desses intervalos de tempo e distâncias que vai depender o sucesso do emprego da contratransferência" (p. 60).

A questão de as interpretações contratransferenciais serem positivadas não significa serem "despejadas" sem ponderação. No entanto, para Little (1992), não são apenas sentimentos contratransferenciais justificados e objetivos, como aqueles de que Winnicott fala em seu artigo "O ódio na contratransferência" (Winnicott, 1947/1978a). Para ela, é necessário que, em algum momento da análise, o paciente também reconheça os sentimentos subjetivos do analista (Little, 1951/2002b).

164   TENTATIVAS CLÍNICAS

A partir dos fragmentos clínicos que acabamos de citar, fica evidente a inclusão do tema do ódio na contratransferência, estudo realizado por Winnicott (1947/1978a) e que se tornou um texto célebre para quem se dedica ao tema. A tese do autor é de que, quanto mais se soubesse a respeito do ódio do paciente grave e do temor que esse ódio desperta no próprio paciente, menos esse sentimento determinaria as ações do analista. Em sua concepção, somente quando reconhecemos as nossas modulações afetivas é possível viabilizar a análise de um sujeito psicótico, sobretudo no que diz respeito ao possível ódio sentido pelo paciente.

Dentre as três classificações que Winnicott (1947/1978a) faz da contratransferência baseada na observação objetiva, destaca que a verdadeira e objetiva contratransferência são o amor e o ódio do analista como reação à personalidade e aos comportamentos reais do paciente. Essa conceituação muda a posição do papel da contratransferência na condução da análise de pacientes graves. Nas palavras do autor, "gostaria de sugerir que o paciente só pode apreciar no analista o que ele mesmo é capaz de sentir" (Winnicott, 1947/1978a, p. 343). Aborda, ainda, o amor e o ódio do paciente psicótico, em especial, que pensa que o analista sente da mesma forma que ele, não conseguindo distinguir ambos os sentimentos, que ficam fusionados. Nesse contexto, o psicanalista não deveria negar o ódio que realmente existe dentro de si, que se justifica na situação presente e tem de ser isolado e guardado, ficando disponível para uma eventual interpretação.

O tema do ódio como abordado por Winnicott (1947/1978a) dialoga, de certo modo, com a questão metapsicológica do amor e do ódio no texto freudiano "As pulsões e seus destinos" (Freud, 1915/1990a). Acerca desse artigo, Winnicott destaca que, segundo a ideia de Freud, a pulsão ama o objeto pelo qual luta com o propósito de obter satisfação, mas critica o pai da psicanálise ao dizer que uma pulsão odeia um objeto. Afirma que as atitudes de amor e ódio não podem ser utilizadas para a relação entre as pulsões e seus objetos, mas estão reservadas para as relações entre o ego total e os objetos. A questão recai sobre a personalidade estar integrada para que um sujeito odeie o objeto, e Winnicott propõe então um estado anterior ao de odiar, descrito como "amor cruel".

Caso se aceite que o paciente psicótico só poderá reconhecer seu ódio pelo analista se conseguir que este o odeie, é necessário refletir sobre a questão da interpretação do ódio do analista a ser dada ao paciente. Esta é, obviamente, algo que implica grande perigo, e exige um grande senso de oportunidade, de modo a não entornarmos o caldo analítico. O ponto incide justamente sobre como o psicanalista trabalha esse ódio em si, para que, de algum modo, faça uma intervenção no sentido de mostrá-lo ao analisando, mas não como um ataque a este, nem como uma mera confissão, e sim de maneira que possa começar a fazer uma diferenciação entre seu ego e o do analista, iniciando um movimento de integração do seu ódio em seu próprio ego, sobretudo o reconhecendo como um sentimento seu.

Trabalhar por meio da contratransferência como forma de fundar algo incide diretamente na aquisição crescente da confiança do analisando no psicanalista, adquirida com o abandono da hipocrisia. Como já ressaltei anteriormente, trata-se do início do trabalho por meio da contratransferência primordial, qual seja: o psicanalista precisa examinar o narcisismo em um espaço privado e silencioso, sem ainda compartilhar com o paciente. Apenas no momento seguinte é possível então transformar esse exame em intervenção, que seria, justamente, o trabalho de perlaborar a contratransferência – é nesse ponto que o analista ativamente emprestaria não o seu ego bruto, o que seria um equívoco, mas, sim, acrescentaria à catarse do paciente sua função egoica. Nesse

166 TENTATIVAS CLÍNICAS

raciocínio, avançamos examinando, agora, o papel da empatia, da identificação projetiva e da *rêverie* para retornarmos depois ao lugar da contratransferência nos processos de figurabilidade do analista e simbolização primária do paciente.

6. O trabalho da perlaboração da contratransferência: empatia, identificação projetiva e *rêverie*

Busco examinar, neste tópico, os processos psíquicos do analista convocados na perlaboração da contratransferência. São elas: a empatia, a identificação projetiva e a *rêverie*, que, operando juntas, permitem descrever a metapsicologia do psicanalista, fundamental para o argumento de que se trata de etapa *sine qua non* para as construções em análise. Percorrer este trajeto significa elucidar como se dá o trabalho de perlaboração da contratransferência do início ao fim.

Começo o capítulo examinando, então, a ética do cuidado, destacando inicialmente a empatia como um dos elementos que sustentam a perlaboração na clínica que preconiza o uso da contratransferência como caminho para o processo de análise. A empatia é o primeiro conceito que coloca luz na metapsicologia do psicanalista e é um dos elementos que sustentam a proposição deste livro, que é a alucinação do psicanalista a via régia da perlaboração da contratransferência.

Em seguida, abordo a identificação projetiva e a *rêverie*. Lisondo (2010) aponta para a amplitude de ambos os conceitos,

168 O TRABALHO DA PERLABORAÇÃO DA CONTRATRANSFERÊNCIA

sobretudo de *rêverie* materna, primeiramente usado por Bion para se referir à capacidade materna de funcionar como fonte de elaboração sensória e psíquica para o bebê. Entendo o conceito de identificação projetiva como recurso de comunicação do analisando, o que permite retirá-la do caráter defensivo a ser interpretado como resistência. É por meio das fantasias inoculadas no analista pela identificação projetiva que este terá condições de convocar sua função de *rêverie* como possibilidade de significar algo dos conteúdos primitivos do paciente.

A empatia: novo elemento no tabuleiro do psicanalista a partir de Ferenczi

O ano de 1928 é de destacada importância na obra de Sándor Ferenczi pela publicação de três artigos, "A adaptação da família à criança", "Elasticidade da técnica psicanalítica" e "O problema do fim da análise", os quais, juntos, formam o primeiro movimento de crítica à regra técnica de abstinência e frustração, além de constituírem a trilogia ferencziana acerca da ética do cuidado, a saber: hospitalidade, empatia e saúde do analista (Kupermann, 2008; 2009; 2017). Ao longo desses textos, a empatia é então sublinhada.

No *Dicionário do pensamento de Sándor Ferenczi*, Kahtuni e Sanches (2009) abordam o significado do termo *Einfühlung*,[1] utilizado pelo psicanalista húngaro, que é "sentir o outro dentro de si". Ferenczi tinha, portanto, a intenção de remeter a empatia ao campo da aptidão para "sentir com" o outro, mais precisamente, "sentir dentro", sem, entretanto, perder a dimensão da diferença

---

1 Da língua alemã, por meio do dicionário *Langenscheidt, Eurodicionário Português* (2001), apreende-se que o vocábulo *Einfühlen* significa procurar compreender, penetrar, ou, ainda, "saber ver com os olhos de alguém".

em relação a esse mesmo outro, ou seja, da alteridade. Nessa perspectiva, a empatia deve ser considerada um elemento crucial da clínica, uma peça a mais no "tabuleiro do xadrez psicanalítico", como destacam os autores.

Cumpre lembrar que as noções de tato e empatia são interligadas no texto ferencziano, mas resguardam especificidades que abarcam movimentos distintos no psiquismo do analista. Sobre o significado de *Einfühlung,* afirma Ferenczi (1933/2011c):

> *Se, com a ajuda do nosso saber, inferido da dissecação de numerosos psiquismos humanos, mas sobretudo da dissecação do nosso próprio eu, conseguirmos tornar presentes as associações possíveis ou prováveis do paciente, que ele ainda não percebe, poderemos – não tendo, como ele, de lutar com resistências – adivinhar não só seus pensamentos retidos, mas também as tendências que lhe são inconscientes. (pp. 31-32)*

Este trecho permite acompanhar as diferenças que são trabalhadas com sutileza no aporte dos novos elementos da teoria da técnica. Segundo o autor, há um momento clínico em que o analista se encontra com os erros técnicos de colegas analistas ou com os seus próprios, e isso o levou à convicção de que se trata, antes de tudo, de uma questão de tato psicológico, ou seja, de saber quando e como se comunica alguma coisa ao analisando; quando se pode declarar que o material fornecido é suficiente para extrair dele certas conclusões; de que forma a comunicação deve ser feita em cada caso; como se pode responder a uma reação inesperada ou desconcertante do paciente; quando se deve calar e aguardar outras associações e em que momento o silêncio é uma tortura inútil para o paciente. Aqui o tato equivaleria ao manejo técnico.

Depois do tato,[2] que se refere então à forma da intervenção, a empatia torna-se o segundo dos princípios da ética do cuidado (Kupermann, 2008; 2009; 2017) e ganha contornos metapsicológicos, deixando de ser relegada aos aspectos sentimentalistas do psicanalista.[3] Ferenczi confere à empatia o estatuto de condição técnica que atuaria como um diapasão, com sua função de ressonância no primeiro plano da clínica, captando as comunicações de inconsciente para inconsciente. Nesse sentido, Vieira (2017) aponta que a base da empatia pode ser ressaltada como uma espécie de espontaneidade de contato entre inconscientes, em detrimento de qualquer processo de ajuste perseguido objetivamente.

Assim, a empatia viabiliza que o analista seja capaz de ir ao encontro do inconsciente do analisando, ser afetado por seus conteúdos, o que vai promover rememorações e produções imaginárias que convocam a função de *rêverie* – é esse processo que aqui nomeamos de alucinação do psicanalista. Em seguida, este faz uso de seu eixo de princípio da realidade, a partir do qual pode fazer alguma interpretação por meio da contratransferência experimentada. Falhas no *timing*, no tato do analista, ou na empatia são falhas da

---

2 Em relação ao tato, cabe destacar que, desde 1910, Freud enunciou a questão ao falar da falta de perícia do analista que realiza interpretações selvagens. Em outros textos, como *Psicologia de grupos e análise do eu* (1921/2006a), volta a essa categoria e também à empatia, referenciando-a como base da identificação. Nas palavras de Freud (1921/2006a, p. 136), "um determinado ego percebeu uma analogia significante com outro sobre certo ponto, . . . , sobre a receptividade de uma emoção semelhante". Em "Construções em análise" (1937/1990q), novamente recorre ao tato do analista para criar o sentimento de convicção no analisando, que substituiria o efeito de uma interpretação. Contudo, o que observo é que, até o ano de 1928, não houve uma distinção clara dessas duas categorias e nem uma teorização acerca de em que consistia a empatia e de sua efetiva implicação na clínica. Coube a Ferenczi esse trabalho.

3 O leitor que se interessar em examinar mais esse aspecto pode consultar Kohut (1959), que formula essa concepção de empatia como um recurso de observação e compreensão do psiquismo do analisando.

função egoica, de reconhecimento de tempo e distância em relação à experiência do sujeito. Como vimos, esses fatores são destacados por Little (1951/2002b), indicando que as identificações narcísicas do analista impedem ou dificultam a manutenção desses elementos de tempo e distância, os quais asseguram o tato e a empatia como o início do processo de perlaboração da contratransferência.

Na concepção ferencziana, a abstinência, preconizada na técnica clássica, tornaria o psicanalista frio e inacessível, aumentando por vezes as resistências dos pacientes e inviabilizando a análise das transferências hostis, que reproduziriam a vivência traumática, agora também com o analista. As ideias de Kupermann (2008) sobre a presença sensível do analista encontram ancoragem nesse terreno em que Ferenczi teceu suas críticas à psicanálise vigente, defendendo a aquisição da desejável atitude benevolente que permite a elasticidade da técnica advinda da aceitação dos limites do saber do analista e a consequente instauração da ética do cuidado. Esses desdobramentos recolocam o psicanalista na cena, de forma a adquirir uma posição implicada na transformação dos afetos, o que por vezes leva a clínica de Ferenczi a ser compreendida como mais maternal.

Mas por que pensar a empatia como um aspecto maternal na proposta ferencziana? Mais precisamente, o que do maternal refere--se à empatia e, portanto, à contratransferência? Destaco a definição de empatia como "sentir com" e o quanto o analista é jogado para dentro da experiência, precisando realizar um trabalho que o ego do paciente, em certos casos, não está capacitado para realizar, assim como se passa na relação mãe-bebê. Ferenczi, em "Transferência e introjeção" (1909/2011a), fala sobre a regressão do analisando às figuras maternas e paternas, solicitada pelo cuidado do analista.

O ponto recai sobre a possibilidade de o analista poder funcionar como uma mãe a seu bebê, ao propiciar simbolizações

172 O TRABALHO DA PERLABORAÇÃO DA CONTRATRANSFERÊNCIA

primárias, sem, no entanto, sê-lo. Essa sensibilidade clínica que estamos buscando compreender e desenvolver nos leva a concordar com Fédida (1992) quando ele diz que se trata de um modelo pautado na relação fictícia mãe-bebê e que admite uma conotação crítica, não só porque é capaz de discernir as variações da vida psíquica do paciente e decidir sobre as modificações adaptativas nas disposições internas do psicanalista, mas também porque assume a condição de uma capacidade para a intravisão dos elementos do outro em si próprio; substrato que define, na análise, uma clínica.

É certo que cada analista desenvolve os seus modos de manejar sua atividade terapêutica a partir da mobilidade da atenção flutuante, receptiva aos movimentos de comunicação inter e intrapsíquica. A neutralidade consistiria em uma postura adquirida pela análise do psicanalista – segunda regra fundamental, proposta por Ferenczi (1928/2011b), que, junto com a atenção flutuante, remete ao tato e à empatia como as modalidades de percepção do aparelho psíquico. O analista sensível, por meio de sua própria experiência analítica, pode se oferecer para ser afetado pelas desestabilizações dos movimentos transferenciais suscitados no paciente ao longo do tratamento. A partir dessas condições, pode produzir então um modo de psicanalisar.

É importante sublinhar que o projeto clínico de Ferenczi visava dar conta dos padecimentos que tinham uma gênese diferente das que originavam as neuroses de transferência. Ele foi articulando suas experiências clínicas a uma retomada do conceito de trauma, recuando o trauma da fantasia edípica da teoria de Freud ao trauma na fase narcísica de desenvolvimento, o que culminou na teoria da traumatogênese.

É na famosa "Carta 69" que Freud (1897/2006h) abandona a teoria do trauma, deslizando a origem das neuroses para o campo da fantasia. Se para Freud a origem dos problemas trazidos pelos pacientes reside no fator da introversão da libido à fantasia, sendo esta a causa do trauma e o ponto em que a interpretação tenta promover uma mudança – clínica em que a abstinência foi pensada –, faz sentido manter o sujeito em certo nível de privação. Trata-se de evitar que este consiga gratificações substitutivas que vinha angariando via sintoma, transferência e outros, com o intuito de manter a situação edípica na fantasia. Desse modo, é o próprio ego do paciente o responsável por fazer o trabalho de ligações das catexias livres resultantes das intervenções que foram desligadas das representações patogênicas. No entanto, não é sobre esses sujeitos que estamos nos debruçando.

Ferenczi (1924/2011f) apontava que justamente uma parcela de sua clínica não apresentava conflito, demandando um tratamento que considerasse a base traumática de qualquer configuração subjetiva, o que envolvia uma revisão do estatuto dos afetos na experiência analítica. Refere-se, pois, a um trauma real, que nem permitiu ao sujeito formar um sintoma no sentido estrito da psicanálise. É nesse ponto que reside o valor da crítica à abstinência, a qual faz uma torção no entendimento do lugar do analista, propondo que aquele que é capaz de "sentir com" adotará uma atitude clínica benevolente, em contrapartida ao que confronta o sujeito, tornando-se onisciente.

As metáforas de "João teimoso" e do "elástico" são compatíveis com a proposta de movimentar na análise aspectos traumáticos que não são necessariamente expressados pela linguagem verbal, dentro de sua concepção de trauma, reproduzindo uma vivência sensorial da experiência (Kupermann, 2008; Maia, 2009). A movimentação psíquica do analista, de acordo com essas metáforas, seria uma forma de não reproduzir uma vivência traumática infantil por usar uma linguagem inadequada, como postulado em *Confusão de língua entre os adultos e a criança* (Ferenczi, 1933/2011c).

Nesse texto, Ferenczi recoloca o trauma no arcabouço teórico da psicanálise, reafirmando que se trata, sim, da ordem do real, cujo efeito no psiquismo do sujeito tem a força de congelar as experiências sofridas na infância, causando fragmentação psíquica ou cisões do ego.

No artigo de 1933, Ferenczi examina a confusão que se estabelece entre a linguagem da ternura, em que a criança está situada, e a linguagem da paixão, a partir da qual o adulto opera, tomado pelas questões do amor, do ódio e dos sexos. O autor destaca que o adulto não atenta e não entende a real intenção da criança de investir eroticamente seu corpo no encontro com os objetos edípicos para se desenvolver; porém, o faz a partir da linguagem da ternura, e não de um convite apaixonado no sentido do encontro sexual adulto, pois ainda desconhece esse campo da linguagem.[4]

Ferenczi (1933/2011c) descreve duas situações em que o adulto rompe violentamente a assimetria, sentindo-se autorizado a cometê-las: de abusos sexuais e de castigos passionais. Quando a criança sofre esse tipo de violência, ocorre uma vivência traumática da sexualidade pelo excesso do outro, que causa um impacto violento na sua constituição egoica, e o que assistimos é uma identificação com o agressor, que, nas palavras de Ferenczi (1933/2011c), promove um "enxerto prematuro de formas de amor passional e recheadas de sentimentos de culpa" (p. 117). Esse tipo de identificação visa negar a realidade vivida, tentando restituir o aparente bem-estar

---

4 Laplanche (1992) denomina *intromissão* a sexualidade aportada na criança dessa maneira violenta como descreve Ferenczi, em que são negligenciadas as diferenças do adulto e da criança e suas necessidades reais. Recorre ao texto de 1933 de Ferenczi para sustentar a tese de que a sexualidade em seu curso de evolução saudável será "implantada" pelo outro na criança, o que é um modo distinto da "intromissão". Para saber mais, cf. *La prioridad del otro* (Laplanche, 1996).

que existia antes do trauma e levando a repetidas cisões de ego que dividem o intelecto e a afetividade.

Essa constatação é indiscutivelmente relevante, principalmente por demonstrar que a incorporação do agressor ocorre mediante essa confusão de línguas entre adultos e crianças. É assim que a parcela de sentimentos em relação a esses eventos permanece congelada, promovendo uma identificação narcísica e estática com o objeto, que apaga os contornos do ego do próprio sujeito. O tema avança em "Análise de crianças com adultos" (1931/2011j), no qual Ferenczi examina o papel da desautorização na constituição psíquica, abrindo campo para a afirmação de que o efetivo fator traumático não é tanto a vivência da experiência violenta mencionada há pouco, mas, sim, a desautorização da percepção da criança. A desautorização é realizada, geralmente, por um terceiro sujeito, adulto também, que deixa a criança completamente exposta aos excessos violentos do outro, obrigando-a a também negar a situação, mediante a identificação com agressor. A criança tenta lidar e suportar a vivência, e constitui um superego severo que abarca o agressor incorporado, sendo a própria criança merecedora de castigos cruéis.[5]

---

5 O termo desmentido refere-se ao verbete alemão *Verleugnung*. Freud o utiliza em várias passagens, em especial no artigo "Fetichismo" (1927/2006i), para marcar um tipo de mecanismo de defesa do ego presente nas psicoses. O verbete pode ser traduzido também por recusa, repúdio da realidade; no *Dicionário comentado do alemão de Freud* (Hanns, 1996), encontramos a referência de que se trata de um tipo específico de "negação" que se aproxima de "desmentir" e "renegar". No comentário de Hanns (1996), a palavra permanece ambígua entre verdade e mentira, e sempre se refere a uma tentativa de negar algo afirmado ou admitido antes. Neste sentido de negar algo percebido, Figueiredo (2008) entende o mecanismo como uma defesa básica na constituição normal do psiquismo em todas as crianças, que precisa ser entendido como "desautorização". Esclarece que considera desautorização a melhor tradução por destacar certo aspecto desse mecanismo, o da interrupção de um processo pela eliminação da eficácia transitiva de um dos seus elos. Contudo, marca

176 O TRABALHO DA PERLABORAÇÃO DA CONTRATRANSFERÊNCIA

A teoria do trauma de Ferenczi nos convida a pensar que, por ação da desautorização, a criança e, no mesmo modelo, o paciente necessita restabelecer algo do ego drasticamente ferido para poder transformar a severidade superegoica em superego benevolente (Dallazen, 2010). Compreendo que, por esse fator, analisando e analista irão funcionar como se fossem a díade mãe-bebê, pois, mediante a sensibilidade do analista, pode se dar a autorização do reconhecimento do trauma. É na experiência do aqui e agora do tratamento que o paciente pode ser compreendido na sua linguagem da ternura, de modo que o analista favorecerá que ele viva a experiência de ser bem-vindo, restituindo impulsos de pulsão de vida ao sujeito que neutralizam o *quantum* de pulsão de morte ao qual está exposto, aumentando o sentimento de confiança em si e no outro.

A dimensão referida à teoria do trauma derivada desse acolhimento falho das necessidades infantis dialoga com o tema da angústia, como proposto por Freud em "Inibições, sintomas e angústia" (1926/1990m). Freud desenvolve, nesse ensaio, uma teoria sobre a angústia como sinal de alerta, que desencadeia a produção de defesas por meio de inibições e sintomas. Propõe a ideia de uma angústia primordial em função do desamparo do bebê em relação ao outro primordial, e não como tendo origem no nascimento. Esse momento inicial da vida, de desamparo, é a experiência precursora de todas as demais vivências de angústia que o sujeito sofre até chegar ao Édipo, que resulta em um superego herdeiro desse complexo. Assim, se o encontro com esse outro primordial

---

que a tradução nos remete mais diretamente à teoria do trauma elaborada por Ferenczi. Esclarece que, para Freud, o termo *Verleugnung* não significa que a imagem não vá se formar e permanecer com seu sentido, mas, sim, que ocorre um desfalque da autoridade para ensejar outras percepções, desautorizando que o psiquismo possa inferir as consequências daquilo que percebeu (Figueiredo, 2008). Por esse motivo, vamos optar, a partir deste momento, por usar o termo desautorização quando nos referirmos ao vocábulo *Verleugnung*.

for catastrófico, o superego incorporará a figura dos pais, que perpetuará as vivências de angústia na vida adulta.[6]

Acompanhando a evolução das ideias de Kupermann (2008; 2009; 2017), compreendo que é nesse preceito da angústia que Freud sustenta a técnica clássica, assentada na regra de abstinência, que visa remeter o sujeito ao enfrentamento da sua angústia para redimensionar as ligações de sua cadeia representativa, elaborando seu desamparo e castração para viver de modos mais sincrônicos. Kupermann sublinha que a verdadeira mudança operada por Ferenczi, no diálogo de seu artigo de 1928 com o texto de Freud de 1926, consiste em voltar o seu olhar não mais para a experiência individual do sujeito pulsional, mas para a percepção de uma indiscernibilidade entre o bebê e a família que o acolhe. Aponta então para a necessidade de o ambiente se adaptar àquele que chega, acolhendo-o de maneira ativa, destacando que o sentido do termo adaptação na teoria psicanalítica muda de enfoque, pois até esse momento acreditava-se que o bebê era quem precisava criar modos de adaptação à família, e agora a própria psicanálise tem elementos para entender que o ambiente precisa se adaptar àquele que chega.

Entendemos que a hospitalidade a que Ferenczi se refere, em essência, está relacionada à disponibilidade de abertura de espaço no imaginário e no afeto do analista para bem acolher o paciente,

---

6 A proposição de Balint sobre a falha básica é derivada desta concepção de Freud sobre a angústia do desamparo frente ao outro primordial, sobretudo no tocante às falhas deste encontro do bebê dependente com o adulto hostil. Não seria só o superego que sofreria alterações decorrentes da hostilidade das figuras paternas: Balint afirma que também recai sobre o ego graves consequências. A questão incide também no sentimento de desconfiança gerada no sujeito pela falha na condição do objeto primário de suportar as necessidades psíquicas do bebê. O leitor que quiser examinar detidamente a teoria de Balint pode consultar *A falha básica: aspectos terapêuticos da regressão* (Balint, 1968/2014).

178   O TRABALHO DA PERLABORAÇÃO DA CONTRATRANSFERÊNCIA

o que lembra a postura esperada e ideal de uma maternagem – por isso, a clínica de Ferenczi remeteria a essa figura. O que nos importa é como o fator da hospitalidade, que na nossa compreensão é possível mediante uma empatia com as angústias do recém-chegado, relaciona-se diretamente com o tema da contratransferência.

Foi no ano de 1939 que o casal Balint, depois da morte de Ferenczi, saiu em defesa dele. No *International Journal*, foi então publicado um artigo que pretendia investigar a questão de a transferência ser colocada em prática pelo paciente, independente do analista, ou se o comportamento deste influiria para tanto. Para os Balint, a situação é irremediavelmente inextricável, dado o fato de o analista não ser um objeto inanimado e que, portanto, reage às emoções que lhe são transferidas. Contudo, consideramos que as principais alterações necessárias no *setting* para que o sujeito se sinta um hóspede bem-vindo dizem respeito ao segundo princípio da ética do cuidado, a empatia do analista, que recai na questão de quanto ele é capaz de tolerar confortavelmente a presença do estrangeiro e assim acolher esse hóspede desconhecido[7] em seu psiquismo. Partindo do pressuposto de que o paciente é um estrangeiro radical, inserem-se aqui os sentimentos contratransferenciais como uma experiência do estranho (Fédida, 1988), pois referem-se também ao que o paciente/estrangeiro radical deposita projetivamente, via transferência ou *acting in*, no analista. Essa reflexão nos permite lançar uma questão: seria o efeito dessa identificação projetiva que provocaria a alucinação no psicanalista?

Essa proposição coloca a exigência de o analista ter uma formação suficientemente consistente para pensar metapsicologicamente o processo de cada analisando, sendo as alterações necessárias

---

7   O conceito de estrangeiro evocado é o proposto por Freud, de *Unheimlich* (1919/2006j). Refere-se ao desconhecido, que é conhecido pelo inconsciente, e que emerge como estranho/desconhecido, inquietante e sinistro.

referentes à frequência e ao uso do divã efetivadas com o intuito de produzir sentido na singularidade de cada análise. Nesse caminho, a posição dos Balint no artigo mencionado, de 1939, corrobora as ideias esboçadas, pois aponta para o valor econômico da técnica ao destacar que esta deve ser usada em conformidade com as demandas objetivas do trabalho, e não como escapatória para as emoções do analista. Ressalto, assim, que cada uma dessas mudanças no *setting* não pode ser generalizada, devendo resultar da própria perlaboração das alucinações convocadas no analista. Penso que o importante é como o psicanalista chega às formulações sobre as necessidades de alteração, mais do que as próprias mudanças em si.

As proposições aqui examinadas que promoveram uma crítica ao princípio da abstinência nos levaram novamente a voltar as atenções para a questão da saúde psíquica do analista. Ferenczi (1928/2011b) já havia advertido, de maneira taxativa, que a análise do analista consistia na segunda regra fundamental da psicanálise e complementaria a primeira, a regra da associação livre. Porém, ele não estava ocupado da questão que pode residir em um fator político-institucional de duração e frequência da análise do analista, mas, sim, em refletir acerca do que ele chama de "higiene particular do psicanalista". A atualidade dessa análise é que lhe permitiria ser benevolente, implicado e pouco hipócrita na condução de um tratamento, sem que isso, no entanto, fosse confundido com uma postura de ingenuidade ou de condescendência em relação aos complexos infantis transferidos no processo analítico.

De acordo com Kupermann (2008; 2009; 2017), a questão da dissimetria radical ou assimetria entre a dupla analítica, imposta pela regra da abstinência, não é a abstinência que se coloca no estilo clínico da ética do cuidado. Entendo que o que está em jogo no tabuleiro de Ferenczi é o deslizamento da proposta de falar da criança que habita cada analisando para falar com a criança que existe no psíquico do paciente, e isso depende de o analista convocar a criança que habita em si sem perder as suas reservas de consciência, neutralidade e análise. Afirmo também que é a contratransferência o estrangeiro que habita o analista e o leva de volta, por meio de sua própria regressão, ao encontro de sua própria linguagem da ternura capaz de reverberar as atuações do analisando.

Sem dúvida, a análise do analista como motor remete ao tema da análise mútua, desenvolvida com Severn – uma técnica nascida com a proposição da paciente e abarcada entre as inventividades técnicas de Ferenczi. Em comentário sobre o tema, sublinhamos o de Menezes (1993), que destaca que os problemas da técnica proposta por Ferenczi merecem toda a nossa atenção, no que comportam da expectativa de fazer a economia da elaboração analítica de uma configuração transferencial/contratransferencial determinada. Compreendo que esse raciocínio apontado pelo autor corresponde ao analista se dispor a superar as próprias resistências ao desconhecido, que consiste em um encontro afetivo, bem como ao que de desconhecido emergirá por meio do trabalho realizado pela dupla, permitindo uma transformação econômica resultante deste campo de afetação mútua. O que se anuncia para mim nesse comentário de Menezes é a dimensão estética da clínica e, mais, o estatuto estético da contratransferência.

O ponto que nos parece essencial para apreender a dinâmica e atravessar a economia do circuito transferência/contratransferência é que entre a interpretação da transferência e a perlaboração da contratransferência, como afirmei anteriormente, há que se levar a análise do psicanalista até o ponto de perlaborar os temas psicopatológicos do seu próprio narcisismo. Dado o fato de que os adultos também mentem, efeito da hipocrisia adquirida sobre uma falsa moral, a partir de uma não verdade, de acordo com Ferenczi (1928/2011b), também na transferência o paciente vai mentir, colocando o analista em teste muitas vezes para verificar se ele será alguém que remete a uma relação de confiança. Esse preceito exige que o analista tenha abandonado sua hipocrisia por ter assimilado os aspectos referentes a sua própria sexualidade, tolerando o jogo econômico dos afetos envolvidos neste circuito de ser testado. O analista que não abandonou sua hipocrisia moral não conseguirá se oferecer para ser afetado pelas projeções do analisando que lhe são transferidas, por não ser capaz nem de reconhecer sua própria contratransferência como parte desse enlace.

Kupermann (2017) faz uso das ideias de Derrida para afirmar o quanto a saúde do psicanalista é a condição fundamental para operar o princípio de hospitalidade e empatia. "Se ele já falasse a nossa língua, com tudo o que isso implica, se nós já compartilhássemos tudo o que se compartilha com uma língua, o estrangeiro continuaria sendo um estrangeiro e dir-se-ia, a propósito dele, em asilo e em hospitalidade?" (Derrida, 2003, p. 15). Dessa forma, Kupermann resgata o paradoxo da estraneidade no encontro analítico, sublinhando que a hospitalidade começa no acolhimento da língua do estrangeiro, já que, se o estrangeiro dominasse a língua do psicanalista, deixaria de ser um estranho.

Nessa dimensão, penso que a contratransferência é exatamente o processo que produz os sinais da presença desse estrangeiro/estranho a ser acolhido. A perlaboração da contratransferência exige examinar profundamente o estranho que é nosso, mas que é também do paciente, e que por ora nos habita. Entendo que essa dimensão do trabalho abarca uma suspensão temporária da linguagem da paixão, como mencionado anteriormente, que justamente prezaria pela regra da abstinência, tentando dissolver a confusão das línguas que, evidentemente, sempre estará presente em uma análise.

A identificação projetiva como constitutiva do sujeito e da contratransferência

Penso ser de importância considerável investigar qual a implicação da identificação projetiva em seu aspecto comunicativo e, consequentemente, relacionar com seu papel no processo alucinatório da perlaboração da contratransferência. Sublinhamos também que os conteúdos clivados do ego do analisando são recebidos pela identificação projetiva, em sua dimensão comunicativa, e compreendidos pela via empática do analista, e também, por meio da função de *rêverie*, como processo de perlaboração capaz de conter e significar os conteúdos recebidos. Assim, estes resultarão em material figurável, passível de ser oferecido para a dupla que, a partir daí, poderá realizar uma etapa importante do trabalho clínico, que são as construções em análise.

O conceito de identificação projetiva foi usado por Melanie Klein pela primeira vez em 1946, como uma defesa usada por pacientes para expelir afetos intensos e cindidos, como amor e ódio, e reintrojetá-los em forma de fantasias inconscientes que representam relações objetais (Segal, 1975). Somente mais tarde, Bion, Segal, Rosenfeld, Ogden, entre outros, perceberam que se trata de um conceito mais amplo e que poderia ser muito importante como comunicação inconsciente, retirando o conceito do estatuto de defesa.

A identificação projetiva é um conceito que, na obra de Klein, encontra-se em uma conexão direta não só com o conceito de posição esquizoparanoide, mas com o mecanismo de cisão do ego e dos objetos na fantasia. É na posição esquizoparanoide que o bebê, em suas ansiedades e frustrações arcaicas, ataca o objeto seio pelas duas vias possíveis: a via da introjeção dos aspectos bons e gratificantes do seio, que passam a integrar o objeto bom na fantasia do bebê, resultantes dos ataques sádico-orais; e os ataques derivados dos impulsos sádico-anais ao objeto seio frustrador, que é projetado na mãe. A projeção dos aspectos de ódio é uma tentativa de controlar e possuir o objeto e, portanto, não se dá apenas sobre o seio mau, mas para *dentro* da mãe. Esta não é sentida, então, como um indivíduo separado, mas como uma parte do *self* mau.

Klein afirma que a mãe passa a ser alvo do ódio que seria originalmente destinado ao *self*, o que conduz a uma identificação que estabelece o protótipo de uma relação de objeto agressiva. Postula, no texto "Notas sobre alguns mecanismos esquizoides" (Klein, 1946/1991d), o termo "identificação projetiva" para esses mecanismos de defesa que, nos primeiros meses de vida do bebê, são constitutivos desta primeira posição psíquica do sujeito, a esquizoparanoide. Nesse momento da sua obra, a autora está aportando um mecanismo que faz parte de uma etapa de constituição original, anterior ao próprio recalque.

Cabe assinalar que há, nesse artigo, afirmações de que, em processos psicóticos, essa identificação toma proporções que debilitam consideravelmente o ego, porque o componente agressivo está intimamente ligado à potência, à força e a outras qualidades de que o sujeito abdicaria ao projetar sua agressividade, o que nos casos graves será transferido para a situação analítica, principalmente, por meio das atuações. Também é relevante na tese de Klein sua afirmação de que não só sentimentos maus que fazem parte do sujeito são expelidos pela identificação projetiva – partes boas do *self* também são projetadas para dentro da mãe, sendo a identificação com esta vital para as relações de objeto, pois permitem ao sujeito uma introjeção desses conteúdos que favorecem a integração posterior do ego.

De fato, na teoria kleiniana, o bom desenvolvimento do ego e das relações posteriores de objeto depende do equilíbrio entre estes dois mecanismos psíquicos, o introjetivo e o projetivo, fazendo uma transição da posição esquizoparanoide à depressiva, para, assim, elaborar e introjetar as partes boas da mãe, inclusive seu ódio anteriormente projetado. Mesmo quando esse equilíbrio é perturbado, existe uma interação entre projeção e introjeção, e mesmo quando é possível a passagem para a posição depressiva, isso não significa que a esquizoparanoide foi totalmente superada e o uso da identificação projetiva cessado, como bem destacam Figueiredo (2008) e Cintra e Figueiredo (2010).

Se avançamos um pouco na obra de Klein, no texto "Sobre a identificação" (Klein, 1955/1991e), novamente aparece a questão de não serem apenas os aspectos destrutivos projetados para o interior da mãe, mas também as partes sentidas como boas e valiosas. A psicanalista marca que o primeiro objeto, o seio da mãe, é investido libidinalmente, advertindo que isso influencia todas as relações com os objetos internos e externos, ou seja, a forma como o objeto mãe é investido libidinalmente, que está ligada ao mecanismo de projetar, para dentro dela, sentimentos bons e partes boas do *self*. Esse ponto do investimento libidinal na mãe, que resulta na projeção de aspectos bons do *self*, é importante porque está subjacente a todo o processo de identificação de investimento amoroso, levando a autora a referenciar a empatia como resultante desse movimento de receber as projeções realizadas pelo outro.

A ideia de que a identificação por projeção implica uma combinação de excisão de partes do *self*, tanto boas como más, e projeção destas em outra pessoa (para dentro) incide diretamente nos processos psíquicos do analista envolvidos na perlaboração da contratransferência em uma análise. Em outro artigo, "Nosso mundo adulto e suas raízes na infância" (Klein, 1959/1991f), há uma nova referência à identificação projetiva libidinosa como base da empatia. A autora afirma que quando a ansiedade persecutória é menos intensa e a projeção atribui bons sentimentos aos outros, a resposta do mundo externo é diferente. Decorrem desse mecanismo sentimentos amistosos e de confiança nas pessoas aptas a esse tipo de identificação projetiva, as quais, segundo Klein, são, no geral, pessoas genuínas e corajosas em assumir suas convicções sem tentar agradar insinceramente. Esses são os raros momentos da obra em que o aspecto positivo da identificação projetiva é apontado, dialogando de forma tênue com as postulações ferenczianas.

Sustento que caberá ao analista a função de receber e perceber empaticamente as identificações projetivas dos aspectos bons do *self* do sujeito, sem com isso se sentir gratificado em seu narcisismo e nem se colocar superegoicamente em uma postura de ideal para o analisando, ao mesmo tempo que poderá também receber as identificações projetivas dos aspectos maus do *self* do sujeito. Os ataques sádico-orais da identificação projetiva são retomados em "Inveja e gratidão" (Klein, 1957/1991a), para afirmar que aparecem por meio de um sentimento de inveja que visa depositar maldade dentro do seio da mãe, a fim de destruí-lo. Essa projeção que deposita dentro do outro os aspectos maus do *self* busca destruir a criatividade do objeto, sendo o outro (mãe/analista) o aspecto mais destrutivo da identificação projetiva.

Esse ponto levou alguns autores a estudar o aspecto problemático das identificações projetivas que pode acionar uma contraidentificação projetiva no analista. Como exemplo desse entendimento citamos Grinberg (1973/1981): "A contra-identificação projetiva se produz especificamente como resultado de uma excessiva identificação projetiva do paciente que não é percebida conscientemente pelo analista, e que como conseqüência se vê 'levado' a desempenhar o papel, que em forma ativa – ainda que inconsciente o paciente 'forçou dentro dele'" (p. 13). Mais tarde, Grinberg (1982) amplia seu entendimento sobre o conceito, marcando que o analista não é objeto passivo da identificação projetiva do paciente – tem recursos para conter e sublimar esses conteúdos, se tornando instrumento técnico que permite contato com os níveis profundos das projeções de seus analisandos.

Contudo, compartilho minha hipótese: são esses aspectos maus projetados no analista, que o perturbam e, ao mesmo tempo, criam confusão no paciente, que podem convocar a alucinação do psicanalista. É nesse sentido, da posição privilegiada da contraidentificação projetiva, que precisaríamos nos indagar se a identificação projetiva é a responsável pela alucinação do psicanalista. Questão necessária para que se dê o trabalho estético da contratransferência, bem como as mudanças no destino dos afetos na inter-relação e, em decorrência dessa experiência, mude algo intrapsiquicamente no paciente. São momentos em que o analista se vê posto à prova em toda sua capacidade imaginativa, precisando conter, sustentar e trabalhar por meio dessa contratransferência sem atuá-la, sendo sua alucinação a qualidade que assegura a condição de perlaborar essas identificações projetivas recebidas que o afetaram, sem incorrer em equívocos analíticos.

A excessividade do uso da identificação projetiva que leva à confusão entre o sujeito e o objeto interfere no reconhecimento da realidade psíquica do sujeito, dificultando a compreensão e a percepção da realidade externa; é um risco muito grande para a dupla envolvida no trabalho, porém, são tempos necessários e que precisam ser tolerados pelo analista (Figueiredo, 2008). O resultante dessa confusão é a desconfiança e o receio de internalizar o objeto estragado. Nesses momentos, de algum modo, o paciente coloca dentro do analista o que podemos entender como um corpo estranho, sentido como contratransferência. Como destaca Grinberg (1973/1981), a questão principal é que, justamente nessas ocasiões, o analista se sente impregnado de algo que não é seu – e que, acrescentamos, precisa ser acolhido, tolerado, contido e perlaborado por ele e, posteriormente, pela dupla. O tema da confiança foi abordado na primeira parte deste livro.

Certamente, a clínica com pacientes que operam com maior frequência sob o domínio das identificações projetivas é extremamente difícil e convoca o tempo todo a contratransferência do psicanalista. O entendimento de Klein sobre a contratransferência é claramente diferente da noção freudiana de eliminar a contratransferência como empecilho ao entendimento dos conteúdos do analisando, mas também está em discordância com a postulação de Heimann, que vê nesse fenômeno um recurso técnico do psicanalista. Grosskurth (1992), biógrafo de Klein, relata que ela se preocupava com a "moda" da contratransferência. Quando um supervisionando fala em excesso de seus sentimentos sobre um paciente, ela retruca: "Escute, diga isso a seu analista. O que eu quero é saber alguma coisa a respeito de seu paciente" (Klein citada por Grosskurth, 1992, p. 475).

A questão que se coloca é como falar algo ao paciente que não pode ser sentido e elaborado pelo analista? A própria Melanie Klein, em uma nota de rodapé ao texto de 1957, nos diz: "Quando estas emoções e fantasias pré-verbais são revividas na situação transferencial, aparecem como 'lembranças em sentimento', como eu as chamaria, e são construídas e postas em palavras com o auxílio do analista" (Klein, 1957/1991a, p. 211). Uma referência que consideramos importante é de que todas as vivências iniciais com o seio materno são sentidas pelo bebê de um modo mais primitivo do que a linguagem pode expressar. Contudo, não poder ser verbalizado não significa que não faça eco dentro do sujeito, que não possa ser transferido para o analista e que não possa ser escutado.

Eis uma afirmação que me parece esclarecer o que proponho como a perlaboração da contratransferência. A colocação de Klein que acabamos de destacar contempla, de algum modo, a ideia de que o analista não pode traduzir a linguagem inconsciente para a consciência sem emprestar-lhe palavras do domínio consciente. Lembrar em sentimentos, durante uma sessão de análise, requer do psicanalista um trabalho de empatia, para acolher estes conteúdos não representados e decodificar, compreendendo o que lhe está sendo inoculado pelas identificações projetivas, escutá-las por meio daquilo que nele reverbera e transformá-las, pela *rêverie*, em algo que produza um sentido. Assim, o paciente pode se apropriar desses afetos primitivos mediante as funções que o analista vai convocando para processar o que lhe foi transmitido. Proponho, então, que todo esse processo seja pensado como a dimensão estética da contratransferência.

Cabe ainda fazer algumas considerações. Melanie Klein aportou o conceito de identificação projetiva como um processo no qual um sujeito atribui suas qualidades psíquicas ou suas atitudes a outros. Assim, ela não se ocupa tanto das relações de objeto no sentido concreto e objetivo, mesmo que o tema aponte para esse caminho. Apesar de conferir outro estatuto metapsicológico ao objeto da pulsão, Klein está mais voltada aos processos intrapsíquicos de desenvolvimento do bebê, e o que este faz para dar conta de sua hostilidade, aproximando-se mais de Freud que de Ferenczi. No final de sua obra, observando como as mães recebem as identificações projetivas de seus bebês, pôde abrir as portas, em sua teoria, para o desenvolvimento da ideia de contato emocional do bebê com a mãe, estendendo esse aspecto para a dupla analítica – na qual se insere o conceito de contratransferência de Paula Heimann (1949/2002).

Eis a relevância de o analista usar esses sentimentos contratransferenciais trabalhando a perlaboração, ou seja, trabalhando por meio deles, de forma que o paciente se reconheça naquilo que ele cria no analista. Em razão da complexidade do processo e da dinâmica da identificação projetiva naquilo que ela inocula de fantasia no analista, compreendemos que há uma dimensão da contratransferência criada pelo paciente, nos encaminhando para o ponto em que esse mecanismo abarca um estatuto de comunicação. A identificação deixaria de ser, assim, um mecanismo exclusivo dos primórdios da constituição psíquica ou de caráter patológico de defesa. As indagações seguintes parecem simples, mas se fazem necessárias: o que a identificação projetiva comunica? E sobre o que incide essa comunicação? Qual o papel da *revêrie*?

Entender a identificação projetiva como comunicação e sua implicação na alucinação do analista nos leva à corrente de pensamento que a postula também como uma fantasia por meio da qual o psiquismo do paciente expele partes de si e as coloca sobre e dentro dos objetos, embora o conceito não se esgote nisso (Segal, 1975; Cintra & Figueiredo, 2010). A identificação projetiva é um conceito complexo porque foi se modificando com o uso na clínica. Primeiro foi descrito como um mecanismo de defesa primitivo, seja para colocar para fora as partes más e insuportáveis do sujeito, seja para preservar as partes boas ameaçadas de destruição no interior do psiquismo. Averiguamos que, em ambos os casos, forma-se uma confusão entre o sujeito e seus objetos de identificação projetiva, com os quais estabelece relações narcisistas muito primitivas e resistentes à análise. Figueiredo (2008) aponta para essa mudança: "Nesses casos, dá-se uma comunicação afetiva e inconsciente muito intensa e imediata entre o sujeito e o objeto que, a rigor, se mantêm narcisicamente entrelaçados" (pp. 140-141).

Deparamos então com um aspecto de considerável importância para a tese que sustento, o da identificação projetiva como forma de comunicar conteúdos. Essa vertente foi sendo desenvolvida por autores como Bion (1962/1994a), Rosenfeld (1971), Segal

190 O TRABALHO DA PERLABORAÇÃO DA CONTRATRANSFERÊNCIA

(1975). Sobre esse ponto, sabemos que foi se tornando consensual o reconhecimento da função comunicativa que muda consideravelmente a compreensão da identificação projetiva como impasse na transferência para o estatuto de ser a forma de transferência dos sujeitos mais regressivos. Essa proposição incide na questão do que se comunica via identificação projetiva, e, nesse caminho, entendemos que o conteúdo comunicado tem o caráter de uma *"phantasia* inconsciente". Essa ampliação do conceito de identificação projetiva de defesa para a dimensão de comunicação mostra uma evolução para uma ênfase intrapsíquica sobre o que ocorre entre os psiquismos, incluindo mais o que ocorre na afetação do analista e sua resposta empática.

Retomo o que vimos no final da primeira parte do livro para reafirmar que entendo por projeção um mecanismo de defesa do ego que diz respeito a um ego constituído, na teoria freudiana;, enquanto identificação projetiva é outro mecanismo que se refere aos primórdios da constituição egoica e pode acarretar grande debilidade para este se persistir na vida adulta, na teoria kleiniana. A distinção desses dois mecanismos incide na seguinte questão: a partir de que lugar o analista situa-se dentro da situação clínica, ou seja, qual é sua compreensão da transferência, e, consequentemente, como apreende o lugar da contratransferência em que está colocado para manejar-se?

É preciso ter clara a proposição freudiana que destacamos no início da primeira parte, segundo a qual o recalcamento dos protótipos infantis é condição para o estabelecimento da transferência, enquanto para Klein a noção de transferência pode abarcar o ponto de vista da subjetividade precária do paciente, que vê no outro uma extensão e parte de si mesmo. Se estamos pensando nos processos em que o sujeito não tem uma linguagem simbólica constituída, fantasias recalcadas e sintomas neuróticos, e que comunica sentimentos não representados via identificação projetiva, o psicanalista não está ocupando o lugar de objeto alucinatório da transferência, o que resulta em outro tipo de intervenção a partir da contratransferência, ou seja, uma construção. A interpretação da transferência recairia em um equívoco porque nem há ainda um objeto do desejo – o analista está situado como extensão do próprio ego do sujeito. A consequência é o analista ser afetado por esta transferência primitiva de forma que sua própria alucinação é convocada, sendo indicador do caminho que deve seguir no processo de figurabilidade desta afetação.

O fator da identificação projetiva como comunicação de uma *phantasia* inconsciente aponta para a complicação do manejo da contratransferência. Em capítulo do livro *Para além da contratransferência: o analista implicado* (Cintra, 2017), Cintra destaca que o paradoxo para o analista é delimitado da seguinte forma: por um lado, a formação do campo transferencial e da aliança terapêutica exige a atitude afetiva, portanto, empática; por outro, o analista é sempre convocado a manter um ponto de vista exterior ao que se desenrola no campo dos amores e das outras paixões transferenciais. A autora defende que o trabalho de escuta passa por viver as formas benignas de identificação projetiva que conduzem à empatia, e destaca que, quanto mais primitivo for o psiquismo, maior será a necessidade de duas mentes trabalhando juntas, o que remete aos ensinamentos de Bion sobre a *rêverie*. Sobretudo, a autora propõe e desenvolve a ideia de que "nos casos mais leves o paciente pode usar a identificação projetiva como se fosse *um fenômeno transicional*, uma brincadeira de repassar ao outro a sua realidade psíquica naquilo que tem de mais assustador, em um 'toma lá dá cá' que pode ser uma forma visceral de comunicação e de enriquecimento mútuo, desde que as identificações possam ser reintegradas" (Cintra, 2017, p. 25). A indagação que persiste diz respeito à qualidade da presença do outro, que seria capaz de dar sentido a essa

192 O TRABALHO DA PERLABORAÇÃO DA CONTRATRANSFERÊNCIA

brincadeira via identificação projetiva. Neste livro, o que aporto conceitualmente como a qualidade da presença do analista diz respeito a sua capacidade alucinatória na contratransferência.

A rêverie *materna e a função analítica*

Para Bion (1962/1994a), a identificação projetiva excessiva deve ser entendida como descrição mais em relação à qualidade onipotente e delirante da crença que está subjacente a ela. O autor (Bion, 1959/1994b; 1962/1994a) fez avançar essa dimensão ao considerar e enfatizar o aspecto comunicativo da identificação projetiva, além de sublinhar seu aspecto perturbador. Nas palavras dele, encontramos a indicação clara de que a contratransferência é uma criação do paciente dentro do analista pela comunicação que faz via identificação projetiva:

> *O analista que ensaia, em nosso atual estado de ignorância, o tratamento de tais pacientes, deve estar preparado para descobrir que, em uma considerável extensão de tempo analítico, a única evidência em que uma interpretação pode basear-se é a que se propicia através da contratransferência. (Bion, 1957/1994c, p. 224)*

O caminho aponta para a elucidação do que nos indagamos no início deste percurso: a contratransferência é uma forma de escutar os aspectos clivados do ego do analisando. O aspecto comunicativo da identificação projetiva, coloca dentro do analista *phantasias* inconscientes, muito primitivas, nos levando a afirmar que a contratransferência se faz presente pela forma de escutar o que não pode ser verbalizado porque não está representado no psiquismo do paciente. Nessa perspectiva, começamos a compreender a identificação projetiva como algo que é comunicado de inconsciente para inconsciente, via projeção de conteúdos do paciente para dentro do analista. Mas o que é comunicado foi por mim identificado como *phantasias*, e são estas as responsáveis por provocar a alucinação.

Bion (1962/1994a) refere que as condições que afetam a sobrevivência do bebê estão marcadas na própria personalidade, e que, junto com outros elementos do meio, a personalidade dele é manejada pela mãe:

> *Se a mãe e o bebê se ajustarem mutuamente, a identificação projetiva, através do emprego de um senso de realidade rudimentar e frágil, passará a exercer papel destacado no manejo em questão; a identificação projetiva, que em geral é uma fantasia onipotente, funciona neste caso de modo realista. (p. 132)*

O autor destaca que, quando Klein fala da identificação projetiva excessiva, está se referindo à crença excessiva na onipotência, mais do que à frequência com que o sujeito recorre a esse mecanismo. A identificação projetiva se manifesta então como uma conduta que visa despertar, na mãe, sentimentos dos quais o bebê deseja se livrar, cabendo a ela saber que a crença delirante e onipotente no que ele se livrou, projetando no objeto mãe, não tem efetivo poder de transformá-la naquilo que o bebê crê. Bion (1962/1994a) nos apresenta o seguinte exemplo dessa situação: se o bebê sente que está morrendo, pode despertar na mãe receio de que, de fato, esteja morrendo. A mãe equilibrada consegue aceitar esse temor e reagir terapeuticamente, isto é, de modo a fazer com que o bebê sinta estar recebendo de volta a sua própria personalidade amedrontada, mas de uma forma tolerável – os temores passam a ser manejáveis, então, pela personalidade do bebê.

Segundo essa teoria, a função alfa é o instrumento de trabalho na análise dos distúrbios do pensamento, sendo responsável por converter os dados sensoriais, que seriam os elementos beta, caóticos, em elementos alfa, fornecendo assim à psique material para pensamentos oníricos. Sob essa perspectiva, seria propiciada ao sujeito a capacidade para acordar ou dormir, para estar consciente ou inconsciente. As falhas da mãe em codificar as sensações que o bebê projeta nela o impediriam de aprender com sua experiência, ou seja, não permitiria que desenvolvesse a função alfa. Isso porque o bebê não é capaz de fazer uso das percepções sensoriais por si mesmo; precisa, portanto, confiar que a mãe exerça essa função e não falhe, fazendo o que for preciso para transformá-las.

É aqui que entra em jogo o conceito de *rêverie*, que seria a capacidade da mãe de ser o órgão receptor da coleta de sensações que o bebê, por meio de seu consciente, experimenta em relação a si mesmo. Em decorrência da identificação projetiva, pode ocorrer um colapso da interação entre a consciência rudimentar do bebê e a *rêverie* materna, complicando "o meio de campo". Rosenfeld (1988) estende essa compreensão para a dinâmica entre paciente e analista, destacando que este precisa entender as experiências do paciente, que, muitas vezes, funciona em processo primário, para tentar ajudá-lo a integrar seus conteúdos primitivos.

O ponto que marquei até o momento diz respeito à compreensão de que a identificação projetiva pode ser usada como recurso pelo paciente de muitas maneiras. Ele pode se valer desse mecanismo para buscar um estado de confusão, união ou até mesmo fusão na relação com o analista, o que precisa ser compreendido e manejado com cuidado. Cabe a nós, então, voltar os holofotes para o que está sob exame nesta tese, que diz respeito aos processos psíquicos do analista, envolvidos na capacidade terapêutica que esse tipo de configuração psíquica exige.

No modelo freudiano, o analista observa a relação transferencial para compreender o que o paciente pode estar comunicando sobre seus conteúdos recalcados, buscando encenar, via sintomas, sonhos e a própria transferência, algo do seu complexo edípico, na esperança de que, a partir dessa compreensão, possa transformar algo desses destinos. Se considerarmos processos primários, ou que ainda nem formaram representação-coisa, o analista precisará se voltar para sua contratransferência a fim de escutar e compreender o que o paciente está comunicando pela identificação projetiva. Trata-se, pois, de uma convocatória à atividade imaginativa do próprio analista.

Para Rosenfeld (1988), o analista que puder ter essa compreensão da dimensão menos violenta e mais comunicativa da identificação projetiva conseguirá, com seu manejo, diminuí-la e transformá-la, sem ser por ela paralisado. Mas a transformação desses conteúdos exige, sem dúvida, a capacidade empática do analista para recebê-los e senti-los como se fossem seus, o que exige uma sequência nesse trabalho, de modo a devolvê-los ao analisando, via *rêverie*.

Rêverie é a função materna, e que serve de modelo para a função analítica (Bion, 1962/1994a), que designa um estado de abertura a receber as emoções e as projeções que surgem do bebê (e também do analisando), de modo a contê-las e metabolizá-las por meio de um trabalho de transformação que capta as impressões sensoriais e todas as comunicações pré-verbais.

Para compreendermos melhor o conceito de *rêverie*, retomo o que Ogden (1994) define a partir da proposição de Bion (1962/1994a). Para Ogden, esse tipo de receptividade inconsciente envolve uma cessão (parcial) da individualidade a um terceiro sujeito, que não é o analista nem o analisando, mas, sim, uma terceira subjetividade gerada pelo par analítico. Em um livro de 2013,

196   O TRABALHO DA PERLABORAÇÃO DA CONTRATRANSFERÊNCIA

acrescenta que o interjogo dialético das subjetividades do analista e do analisando resulta na criação de um "espaço onírico intersubjetivo" (Ogden, 2013, p. 104) – um terceiro espaço, onírico, resultante da criação da dupla e a partir do qual é então possível trabalhar.

A concepção de terceiro analítico remete à ideia de que os dois sujeitos envolvidos na dupla vão produzir *rêveries*, embora de lugares diferentes. A assimetria a que o autor se refere não é relativa, porém, à posição que cada um ocupa, de acordo com o modelo "um fala sobre o outro porque tem a primazia de conhecer o inconsciente". Diz respeito, sim, especificamente, à relação dos papéis do analista e do analisando na estrutura analítica, criada para examinarem os conteúdos do analisando. E é aqui que reside o fundamental da análise: o clínico, que é o analista, ajuda o analisando a transformar os destinos dos seus afetos para viver melhor, de modo mais humano.

A princípio, a ideia de terceiro analítico nos parece diferente da proposição de trabalhar por meio da contratransferência, lançando mão da via sensível do analista, o que põe em relevo o psiquismo deste. Mas, na verdade, não há contradição em ambas as proposições, se entendermos que Ogden (2013) está falando da criação de um espaço potencial, que inclui as *rêveries* do paciente e as *rêveries* do analista. Ambos necessitam falar a mesma linguagem para brincar juntos neste espaço de criação comum – o terceiro analítico.

A imagem que nos é oferecida por Ogden (2013) é delicada e sutil, e, ao mesmo tempo, forte. Ele abre o livro de 2013, *Reverie e interpretação: captando algo humano*, com a metáfora de que esse terceiro analítico seria a música construída a partir das notas musicais, que, por si só, são apenas notas.[8] O autor ressalta, então, que

---

8   Ferenczi (1928) já havia utilizado a metáfora do diapasão, que fornece o som a partir do qual todos os instrumentos são afinados.

é no espaço entre as notas que conseguimos produzir uma infinidade de músicas.

O conceito de *rêverie* nos permite retomar o ponto demarcado no primeiro capítulo acerca da passagem em que Freud (1915/1990k) afirma haver uma espécie de comunicação de inconsciente para inconsciente, que permanece como enigma ao longo de sua obra. Permite também retomar o conceito de empatia (Ferenczi, 1928/2011b), de modo que possamos alinhar nossas ideias sobre a metapsicologia do analista ao trabalho de perlaboração.

A identificação projetiva como comunicação é entendida por Bion (1959/1994b) como a forma de o paciente fazer com que apareçam na mente do psicanalista conteúdos perturbadores que desconhece. Por meio da *rêverie,* os conteúdos podem ser tolerados, compreendidos e transformados na mente do psicanalista, para que daí o analisando possa reintrojetá-los de forma consciente. A *rêverie* é, para Bion (1962/1994a), um processo de alpha-betização – as *phantasias* inconscientes projetadas tomam forma na mãe ou no analista. Surge uma imagem surpreendente na mente do analista, e como ele vai usar isso depende da perlaboração dessa contratransferência. Entendo que o analista alucina um protopensamento, que pode ser um cheiro, por exemplo, e a partir desse ponto começa a significação e depois a perlaboração para devolver ao paciente. É a partir dessa experiência que a mãe/analista terá condições de oferecer algo para ser introjetado pelo outro, promovendo a função de simbolização primária.

Depois deste percurso por Ferenczi, Klein e Bion, e seus interlocutores, podemos dizer que a *rêverie* é a outra mão que precisa ser dada à empatia para criar condições de realização do trabalho estético da clínica. Acompanhamos anteriormente os aportes de Ferenczi sobre sua técnica, que visava recuperar a sensibilidade do psicanalista e a dimensão estética a que esse trabalho remete. A *rêverie* seria outra figura da contratransferência convocada para dar conta do tema do não representado, junto com a empatia. Para mim, não se trata apenas de nomenclaturas diferentes, criadas por autores diferentes como tentativas de responder ao mesmo problema, que é o do não representado ou da chamada pulsão de morte. Trata-se, sim, de categorias que andam juntas para favorecer o processo de perlaboração da contratransferência.

PARTE III

A dimensão estética da contratransferência na economia dos processos de simbolização primária

Lo que se demanda del analista es algo más que sus capacidades afectivas y su empatía; es, de hecho, su funcionamiento mental, porque las formaciones de sentido han sido puestas fuera de circuito en el paciente. Es en estos casos donde la contratransferencia recibe su significación más amplia.

Green, 1975/2008, p. 59

7. Êxito clínico: a estética da contratransferência

Nesta terceira parte do livro, busco dar o último passo teórico na direção de relacionar a compreensão do analista de sua própria metapsicologia com o trabalho estético da contratransferência, favorecendo as construções em análise.

Entendemos por estética a condição do analista de dar forma/figurabilidade, ou, em outras palavras, de transformar o sensível em sentido para o analisando, de modo a promover uma mudança na economia e na dinâmica psíquica deste. Sublinho que minha tese é justamente a de que a figurabilidade alcançada pelo trabalho estético da contratransferência nos permite realizar as (re)construções de representação-coisa em um processo analítico. Como se verá adiante, propomos que o modelo que serve de paradigma para esse trabalho é o de Gradiva, que encontra em sua própria alucinação a via régia da construção.

Iniciarei este percurso, então, pela dimensão clínica. Buscarei demonstrar a perlaboração da contratransferência na construção da simbolização primária por meio da discussão de aspectos de um caso clínico relatado por Julia Kristeva (2002). A interrogação da autora, "Quem, hoje em dia, ainda tem alma?" (p. 13), favorece o desenvolvimento de nosso argumento, de que são a empatia, a identificação projetiva e a *rêverie* que convocam a qualidade alucinatória do psicanalista e nos permitem articular os conceitos de contratransferência, de perlaboração e o de construções em análise. A inclusão desse caso tem ainda como objetivo destacar que as contratransferências não trabalhadas no bojo do processo analítico geram movimentos de represamento das transferências hostis do analisando, o que, como vimos, favoreceu a estagnação da análise do Homem dos Lobos e levou aos extremos do que se considera aceitável em psicanálise nos caso de Elizabeth Severn e Margaret Little.

A dimensão teórica das questões aqui colocadas é examinada na sequência, com a interligação dos temas por intermédio de autores que já citamos ao longo do percurso, e também por algumas contribuições de André Green e René Roussillon, incluídos neste capítulo.

Dimensão clínica: Julia Kristeva e o caso Didier

Kristeva (2002) questiona se há novas doenças da alma chegando aos nossos divãs ou se é a escuta dos analistas que precisa ser repensada diante das formas de apresentação dos padecimentos psíquicos. Na concepção da autora, geralmente, esses sujeitos são psicóticos que chegam com dificuldades relacionais e sexuais, sintomas somáticos, uso da linguagem de forma vazia e artificial, mostrando, ainda, uma impossibilidade de simbolizar traumas insuportáveis. Apesar de aparentemente estarem adaptados à vida social, possuem danos graves na sua constituição psíquica, tornando falho o processo de criar representações e seus valores significantes.

A *inibição fantasmática* desses pacientes anula o desejo, enquanto, paradoxalmente, são capturados e fazem uso exacerbado de imagens sem vitalidade representacional, apresentando-se por meio destas – são sujeitos que carecem profundamente da capacidade de imaginar, representar, fantasiar.

Do ponto de vista clínico, os fragmentos de um caso apresentado pela autora evidenciam as dificuldades com as quais nos deparamos na prática psicanalítica contemporânea, bem como o uso da perlaboração da contratransferência de forma exitosa nesses processos. Trata-se do paciente nomeado como Didier, um jovem que pintava quadros nas horas vagas, mas apenas os mostrava à sua mãe. Então, depois do falecimento desta, fechou o apartamento em que ela vivia, mantendo-o intacto.

Na ocasião em que procurou análise, Didier trazia queixas relacionadas à sua incapacidade de manter relações sexuais satisfatórias. Com uma narrativa fluente, porém vazia de significados, descrevia-se como incapaz de amar, neutro até sobre a morte da mãe e interessado apenas em pintura e masturbação. Segundo o relato de Kristeva (2002), durante anos, ela escutara um discurso construído com termos eruditos, polidos, proferidos com um tom de voz monótono, por um analisando que raramente parecia se afetar por suas intervenções. A autora-analista aponta então para a combinatória perversa que predominava no tratamento e que o paciente visava preservar pela masturbação, excluindo outros relacionamentos e mantendo uma intimidade excitante e devastadora com a mãe, que o adorava e, quando criança, o vestia e penteava como uma menina (ele nascera depois de uma irmã). Ocupava, assim, uma posição que poderíamos descrever como objeto de fetiche da mãe. A forma que Didier se referia a esta, chamando-a de "a mãe", inquietava a analista, retendo sua atenção inicialmente a um aspecto obsessivo e suas variantes narcísicas.

No decorrer do tratamento, Kristeva (2002) foi então se dando conta de que as palavras do analisando estavam apartadas dos afetos e que os efeitos terapêuticos esperados não se realizavam. Ele se mantinha acuado em seu discurso desvinculado e em suas atividades intelectuais e artísticas solitárias, demonstrando apenas um pesar por não poder mostrar suas obras para "a mãe", sendo que, desde o falecimento dela, até o prazer com a masturbação havia diminuído. O que ficava projetado na analista era uma *phantasia* inconsciente de reproduzir a condição de se exibir para a mãe, reativando a paixão inexistente que antes era preenchida pela presença excitante desta. Ambos viviam onipotentemente, em uma espécie de fusão mãe-bebê, e isso se converteu em impotência na e para a vida de Didier, pois ele ficou impedido de ser remetido à castração e a uma identidade a partir das questões edípicas. Ora, não seria este o sentimento que o analisando inoculava em Kristeva, o da impotência dela e de sua técnica?

As sessões seguiram por anos, com Didier mantendo uma aparente docilidade e colaboração, ditando regras de como avançar nos conhecimentos acerca de si, sem, porém, expressar seus afetos. Até seus sonhos adquiriam uma dimensão operatória com caráter defensivo que visava impedir o encontro com o caos pulsional, especialmente o das pulsões agressivas recalcadas. Contava sonhos que gerariam muita angústia em um paciente neurótico que estivesse em análise, porém, nele, tudo se passava sem modulação afetiva. Nenhum resultado terapêutico efetivo era alcançado, e o processo analítico se encontrava exatamente como a vida de Didier, congelado e estagnado. A analista se sentia, ao mesmo tempo, convocada e rejeitada, chamada e limitada pelos movimentos do analisando, que reproduzia, na transferência/contratransferência, o que vivia silenciosamente com sua mãe.

Na avaliação de Kristeva (2002), Didier havia falhado em criar uma verdadeira estrutura perversa, embora conseguisse êxito em se manter em conflitos pré-edípicos via cisões no ego e sexualização sem objetos. O pai, que podia salvá-lo desse engolfante processo fusional com a mãe, que poderia ter levado a uma franca psicose ou à homossexualidade, era fraco e ausente, embora tenha constituído algum traço da sexualidade do paciente, aparecendo em uma fantasia romanceada – tudo que o analisando sabia a respeito dele era que tinha sido marido de uma estrangeira antes de se casar com a mãe. Didier pensava, então, que poderia não existir se o pai não tivesse abandonado a estrangeira, ou se a mãe descartasse o menino decepcionante que havia nascido.

Durante os encontros com a analista, foram aparecendo somatizações que mostravam a fissura autoerótica, de forma metafórica, em uma espécie de dermatose, a qual evidenciava as falhas dessa configuração narcísica. Após a morte da mãe, as afecções de pele haviam se agravado, demonstrando a fragilidade que o impedia de ligar as pulsões a outros objetos. Contratransferencialmente, a analista relata a dificuldade de senti-lo como seu paciente e que, em alguns momentos, era como se quisesse persuadi-la a acreditar que ele não tinha alma – o único afeto que o mobilizava continuava a ser o pesar por não poder mais mostrar as obras à mãe, pois havia uma comunicação não verbal entre eles que era revivida por meio do ritual de lhe mostrar os quadros.

Em dado momento, Kristeva (2002) percebeu que a única situação em que a voz do paciente expressava certo contentamento, animação, acompanhada de enrubescimento, era quando falava de seus quadros, mesmo que, por vezes, a analista não conseguisse sequer imaginar como seriam eles. De toda forma, ela foi percebendo que a paixão de Didier estava encerrada nisso, mais do que na palavra. Como tentativa de religar a representação-coisa e a representação-palavra, construindo um circuito que permitisse a tramitação dos afetos, Kristeva aceitou ver as obras do analisando

206   ÊXITO CLÍNICO

– decisão que foi pensada a partir da percepção da necessidade de incluir no tratamento os meios de expressão nos quais havia sepultado seus traumatismos e desejos, em vez de persistir interpretando o uso da palavra defensiva que ele utilizara até então.

Fica claro, no relato do caso, que a analista se oferecia para ser afetada pelas imagens que o paciente apresentava, usando a contratransferência nela provocada, que agora posso nomear nas figuras da empatia e da *rêverie*, como tentativas de processar as *phantasias* inconscientes do analisando que se encontravam dentro da analista via identificação projetiva. Didier então começou a tirar fotos de seus quadros e trazê-las às sessões, podendo, assim, comunicar os conteúdos psíquicos que ele próprio não conseguia acessar. Kristeva, por sua vez, teve acesso às fantasias dele, via contratransferência; ou seja, os sentimentos que essa fantasia provocava nela ao ver as fotografias.

Compreendo então que a psicanalista trabalhou sobre esse material utilizando sua capacidade alucinatória como forma de rememoração e de investimento afetivo em traços de memória que já conhecia da história desse sujeito – aqui, trata-se do modelo descrito por Freud em "Delírios e sonhos na Gradiva de Jensen" (1907/1990d), que analisarei mais adiante. Estabeleceu-se, assim, um contato imaginário e simbólico entre ambos, um espaço potencial em que a analista ia mobilizando os afetos do analisando, ao expor, no processo analítico, os elementos das alucinações que suas obras despertavam nela, de modo que ambos pudessem associar a partir desse conteúdo.

Os sentimentos e as fantasias clivados no psiquismo do paciente – projetados no analista como forma desesperada de que sejam percebidos e escutados por meio da contratransferência – precisam então ser tolerados até que esse material possa ser significado e metaforizado, de modo que algo transformador se dê na análise, como ocorreu nesse caso de Kristeva (2002). Ao contrário, se a contratransferência fica reduzida aos pontos de conflito do analista, não há como reconhecer a necessidade de uma dimensão do trabalho de perlaboração como recurso para manejar as resistências provenientes de instâncias psíquicas como o superego e o id do analisando.

Trata-se de um recorte clínico que sugere uma releitura do texto ferencziano "As fantasias provocadas" (Ferenczi, 1924/2011f), uma vez que a aparente docilidade de Didier camuflava uma vida fantasmática sádica e caótica que permanecia congelada, tal qual a do Homem dos Lobos. A questão clínica que se impõe a partir do caso relatado por Kristeva, e dos historiais anteriormente examinados neste estudo, refere-se ao processo em jogo no psiquismo do analista, quando um ato do analisando lhe desperta ou provoca sentimentos, sensações, imagens e fantasias.

De fato, as transferências hostis convocam o psiquismo do psicanalista de várias formas: por vezes despertam sentimentos de raiva, de humilhação e, frequentemente, de impotência e de insuficiência teórica e técnica, quando o analisando se mostra em pleno registro da descarga, tal qual Elizabeth Severn e Margaret Little, ou em atitude aparentemente dócil e colaborativa, como em Homem dos Lobos e Didier. O imaginário do psicanalista, quando sua análise pessoal foi levada a cabo, ou seja, quando avançou até os pontos mais regressivos e psicóticos de sua própria subjetividade, pode tolerar esses sentimentos contratransferenciais e promover um questionamento sobre o que, naquela cena, fez emergir esse ou aquele sentimento, realizando seu trabalho por meio dessas experiências.

O analista que compreende, como parece ser o caso de Kristeva, as implicações da identificação projetiva na criação da contratransferência e consegue ser empático para receber esses conteúdos, sentir o efeito e as fantasias que nele provocam, para, a partir disso, metaforizar algo que possa ser devolvido ao analisando, convocando sua *rêverie*, está trabalhando por meio da sua contratransferência, percorrendo-a do início ao fim, sendo o fim o ponto em que o analisando pode introjetar algo dessa função simbólica que o analista está oferecendo mediante seu próprio processo perlaborativo.

Eis o que proponho como estética da contratransferência. Nessas circunstâncias, o que ocorre ao analista, por vezes, são imagens, contos, filmes, retalhos do relato do paciente, que emergem quase como um sonho, em uma espécie de alucinação, não parecendo ter nenhum nexo causal com a fala do analisando no momento presente da sessão, mas que podem servir como rememoração do que está "curto-circuitado" nas cadeias representativas de seu psiquismo.

A dimensão estética da contratransferência

Viemos costeando a dimensão estética da contratransferência até o presente momento, e agora buscamos enfrentá-la até onde seja possível no escopo deste livro. Sabemos que essa dimensão passa por abordar os pontos de vista econômico, portanto afetivo, vinculados à potência de um ato criador, sendo necessária então certa economia de libido disponível.

Para trabalhar a dimensão estética da clínica, Kupermann (2003) se apoia na concepção de alegria de Freud, que a definiu como uma experiência eminentemente estética, e nos sentidos atribuídos à estética por Elkaim e Stengers (1994). Afirma que a prática freudiana é apresentada a seu leitor por um viés cientificista, no qual o psicanalista se porta, diante do paciente, com a sóbria isenção do pesquisador frente ao seu objeto de estudo e intervenção.

> *Nesse sentido, o valor de uma interpretação é dado pelo que ela pode revelar da dimensão inconsciente do analisando, sem que se indague suficientemente a respeito dos meios através dos quais uma interpretação se dá efetivamente, bem como de seus efeitos concretos sobre a economia psíquica do sujeito em análise. (Kupermann, 2003, p. 221)*

Como uma das considerações da estética da clínica, Freud (1937/1990q) destaca que a verdade do ato psicanalítico é dada *a posteriori*, e não *a priori*, o que é observável pelo comportamento dos analisandos após receberem algumas interpretações. A partir dessa constatação, a questão que se coloca é a seguinte: o que dirige o ato analítico, já que sua verdade não é dada pelo psiquismo nem do paciente e nem do analista, sendo fruto de um acontecimento estético que ocorre na relação transferencial/contratransferencial? O riso do analisando quando recebe uma interpretação, observado por Freud em 1905 no Capítulo VI do livro sobre os chistes (Freud, 1905/1990i), e destacado por Kupermann (2003) como um exemplo da economia afetiva envolvida em um ato analítico, permite a esse autor avançar na elaboração da questão, asseverando que, se a dimensão econômica ou afetiva é resguardada em um ato analítico, não somente o campo daquilo que se pode pensar e representar é ampliado como também a potência do sujeito de agir no mundo.

As indagações pertinentes acerca da eficiência da interpretação, por mais verídica que esta seja, dizem respeito a quanto ela pode abranger de aspectos vinculados aos sentidos da linguagem,

210 ÊXITO CLÍNICO

e não da palavra em si. E mais ainda, quanto a psicanálise poderia causar uma iatrogenia na potência de pensar e agir do sujeito com interpretações intelectualizadas que não alcançam o afeto que o levou a recalcar determinado material.

Nesse caminho, Kupermann (2003) resgata os textos de técnica de Freud, em que este traz o exemplo da situação de angústia pela qual foi tomada uma infeliz divorciada frente à interpretação "cometida" por um médico instruído pela psicanálise. A falta de tato por parte do analista é o argumento decisivo para a violência da interpretação que causa um efeito iatrogênico dos piores, pois reproduz a confusão de línguas da origem do trauma. A questão decorrente dessas situações clínicas é colocada do seguinte modo: "Qual o limite *de* uma análise, ou *para* uma análise?" (Kupermann, 2003; 2008).

Pinheiro (1995) afirma que, na mutualidade, não se trata de uma análise em que haveria dois analistas e dois pacientes que alternariam os papéis, mas, sim, de a percepção do paciente acerca do sentimento subjetivo do analista ser por este levada em consideração. Em outras palavras, trata-se de uma análise em que o paciente poderia interpretar o analista no sentido de que suas observações seriam ouvidas no registro de uma verdadeira interpretação, e não apenas como fantasias ligadas à transferência.

O caminho da estética da contratransferência nos leva, pois, ao campo do afeto no processo da clínica analítica. Não temos nenhuma pretensão de esgotar o tema, que exige, por si só, uma investigação rigorosa que facilmente seria projeto de um pós-doutorado. Contudo, pretendo destacar o estatuto que a contratransferência adquire no processo de transformação ou elaboração dos afetos do analisando. Ao demonstrarmos a metapsicologia do analista, que pressupõe a empatia, a identificação projetiva e a *rêverie*, penso apontar para um trajeto clínico que implica uma torção no conceito de regressão à dependência (Winnicott, 1954/1978b). Seria necessária uma regressão do analista junto com o paciente, até os pontos de dependência do psiquismo deste; assim, podem trabalhar juntos, na linguagem da ternura, para que, pouco a pouco, o paciente vá assumindo seu verdadeiro *self*.

Em 1954, Winnicott aborda os aspectos metapsicológicos da regressão à dependência, propondo então um caminho inverso à progressão. Esse processo consistiria no caminho da cura do paciente que precisou constituir um falso *self* e se maneja na vida com grandes dificuldades de progressão. O analista precisaria conduzi-lo, então, mediante uma total liberdade à regressão na análise, até os pontos de dependência, para que gradativamente o paciente vá substituindo o falso *self* por seu verdadeiro eu. A questão seria até que ponto o terapeuta precisa ir ao encontro do paciente, apresentando-lhe ativamente uma qualidade na função analítica que lhe permita vivenciar as experiências de ser um hóspede bem-vindo e restituir a onipotência criativa. É nesse sentido que penso a alucinação do analista como a via régia do processo, de modo que este regride para viver dentro de si, como se fossem seus, processos do analisando, sem, no entanto, perder sua condição de discernimento de que não são seus aqueles conteúdos.

Abandonada nos primórdios da psicanálise pelo fato de não produzir transformação na psicopatologia do sujeito (Freud, 1895/2006k), apesar de causar certo alívio, a noção de catarse foi vista de outra forma por Ferenczi (1930/2011m, 1931/2011j). Segundo o psicanalista húngaro, se algo do analista for acrescido ao movimento catártico, este pode gerar alguma transformação no analisando. Já assinalei que a evolução dessa proposição foi feita por Kupermann (2003; 2008), segundo o qual o fator do analista a ser agregado à catarse é a presença sensível, tendo assim incidência no tema da compulsão à repetição que promove a descarga dos afetos.

O que fica destacado é que este caminho da criação na clínica seria pela via da neocatarse e da análise pelo jogo, conforme proposto por Ferenczi (1930/2011m). Sem dúvida, a retomada do conceito de catarse pela sensibilidade do analista recoloca o tema dos afetos na cena psicanalítica (Kupermann, 2003; 2008; 2017).

O caso Didier ilustra muito bem esse caminho de perlaborar a contratransferência do início ao fim, alcançando os afetos do analisando por meio da sensibilidade do analista. Kristeva (2002) se dá conta de que o caso não está evoluindo e de que os afetos do paciente estão congelados na imagem dos quadros/mãe. Parte então de sua contratransferência para se apropriar daquele analisando e senti-lo como seu, bem como dos pequenos esboços, da modulação da voz dele, para facilitar um processo de regressão. Propõe corajosamente que ele lhe mostre os quadros, permitindo-o regredir até os momentos vivenciados em sua infância, para que ela tenha condições de mobilizar tais afetos.

A questão central para a presente investigação consiste em destacar que, nesse trabalho, não é só o paciente que regride – o analista precisa regredir junto com ele para abandonar sua linguagem da paixão e conseguir falar com o infantil estagnado e mortífero dentro do analisando. Kristeva (2002) consegue ir até Didier por meio de sua empatia, mas é com sua função de *rêverie* que produz uma representação para a dupla sobre o que ela pode "sentir com" o paciente – tipo de trabalho que Ferenczi começa a fazer com Elizabeth, sendo então magistralmente levado adiante por Kristeva no caso Didier.

Este percurso me faz lembrar da minha investigação anterior, desenvolvida em dissertação de mestrado (Dallazen, 2010). Com enfoque na metapsicologia dos conceitos de superego e ideal do ego e na perlaboração dos conteúdos dos ideais de ego do analisando, apresentei o caso clínico de Eugênio, que ilustra um trabalho semelhante, ainda que resguarde consideráveis diferenças nas intensidades dos afetos em jogo no psiquismo do analisando em questão, que me levou a pensar em uma psicopatologia mais próxima da neurose. Retomo o exemplo clínico de Eugênio, que abordei em minha dissertação de mestrado (Dallazen, 2010), para lembrar o modo como foi realizado o atendimento na época e que, hoje, podemos repensar à luz do psiquismo da metapsicologia do analista.

Com severas inibições e uma ideação suicida bem estruturada, Eugênio não conseguia falar sobre cenas traumáticas e menos ainda sonhar. Ao longo do processo, perguntou se podia trazer contos que escrevia quando essas cenas terminavam, e foi por meio desse material que conseguimos realizar o processo de análise. O ponto que destaco é sobre o modelo de trabalho tomado como paradigma da condução clínica. Pensei então, já naquela época, o que se passava a partir dos contos e imagens que o paciente trazia, exigindo outro modelo de trabalho do analista. O que sustento hoje é que o modelo de trabalho com esses pacientes que encenam (*enactment*), por vezes, sem acesso às palavras, é encontrado em outro lugar da obra de Sigmund Freud, no modelo terapêutico proposto no artigo "Delírios e sonhos na Gradiva de Jensen" (Freud, 1907/1990d).

Na Parte II deste livro, realizei uma torção na proposta do texto "As fantasias provocadas" (Ferenczi, 1924/2011f) e questionei: o que é provocado e em quem? Trata-se de material que pode ser encontrado também em publicação recente, derivada dos resultados prévios desta investigação (Dallazen & Kupermann, 2017). Retomemos: enquanto Ferenczi olhava em seu artigo para as injunções ou proibições da técnica ativa como forma de provocar fantasias recalcadas nos analisandos que estavam sendo descarregadas em ato na sessão analítica, Kupermann e eu convocamos a ideia de que os próprios atos dos analisandos provocam fantasias nos analistas. Depois dessa publicação, o que avancei na minha tese diz

214   ÊXITO CLÍNICO

respeito ao fato de que, junto da empatia, a identificação projetiva e, sobretudo, a *rêverie* seriam as próprias alucinações provocadas no analista, o material bruto oferecido aos processos psíquicos envolvidos nesse trabalho. O algo a mais do analista, acrescido à sua presença sensível, seria a consideração de sua contratransferência e o decorrente trabalho de simbolização por meio da perlaboração desses afetos. A técnica da análise pelo jogo, que leva o analista a uma postura de implicação no trabalho, visando dissolver a confusão de línguas e podendo ele mesmo regredir com o paciente, a ponto de falar com ele a língua da ternura, visava promover a desidentificação narcísica com o agressor incorporado.

Busco então contribuir para o avanço desse campo colocando luz sobre os processos psíquicos do analista envolvidos na transformação desses afetos. Agrego uma dimensão estética da contratransferência quando circunscrevo que é por meio dessa metapsicologia que o analista pode oferecer sua função egoica ao analisando, promovendo uma função especular, constituinte de um aparelho metaforizante. Não foi isso que tentou Ferenczi e que realizou Kristeva ao se dispor à regressão em seu próprio infantil?

Para tanto, é necessário compreender o lugar da introjeção na dimensão estética da contratransferência. Vimos recentemente que é possível apreender a introjeção como um processo longo e que não ocorre de maneira aleatória. Acompanhamos, no Capítulo 4, o aporte de Ferenczi, sobretudo no texto de 1912, em que postula a introjeção como a extensão ao mundo externo do interesse, autoerótico na origem, pela introdução dos objetos exteriores na esfera do ego. Trata-se de um raciocínio que nos leva a ampliar a compreensão desse conceito, considerando, então, que a introjeção diz respeito à linguagem, ao mundo de representações e ao sentido que permite construir (Pinheiro, 1995; Kupermann, 2003).

Se a introjeção está na base da contratransferência primordial e também diz respeito ao mundo de representações e ao campo de criar sentido, figurar, representar e propiciar identificações, está atrelado ao conceito de figurabilidade. A questão central recai, então, sobre a relação do tema da figurabilidade do psicanalista e a sua função nas construções em análise. Entendemos que é possível, por meio desse processo, dar forma a afetos que estavam desligados ou cindidos no ego do analisando. O objeto nada mais é do que o suporte daquilo a que visa a introjeção, e isso, na compreensão aprofundada desse conceito, não é pouca coisa, pois o processo em si permite povoar o aparato psíquico de representações e tornar passível a apropriação de sentido que o analista pode oferecer ao sujeito. É, pois, a partir dessas bases que a estética da contratransferência pode ser lançada a um ponto de vista econômico.

Na leitura de Pinheiro (1995), o objetivo de Ferenczi com a proposição da introjeção é referi-la à esfera psíquica, aos sentimentos do objeto, este funcionando apenas como suporte das representações já investidas que traz consigo. Essas representações carregadas de sentido possibilitam ao aparelho psíquico apropriar-se do que lhe falta: o sentido. A autora traz então o exemplo do bebê que, ao ser amamentado, introjeta o seio, apontando que o fundamental desse processo será a inclusão da noção de prazer ou desprazer deste seio em amamentar. Eis a função especular que o analista pode oferecer.

O percurso nos conduz à relação da introjeção no tocante à produção imaginária. O aparelho que se apropria do sentido dado pelo objeto é necessariamente um aparelho de interpretação do desejo do outro. A metapsicologia do analista, que perlabora via empatia e *rêverie* as *phantasias* do analisando, oferece ao sujeito mais do que palavras e alucinações para que se aproprie dos afetos e pensamentos dele – oferece um modelo de interpretação e

216   ÊXITO CLÍNICO

produção de sentido dos afetos, uma condição de pensar, como diria Bion. A tarefa essencial reside no trabalho de transformar o sensível do analista em sentido. Não é essa a condição para a experiência na sua dimensão estética? O analisando, por sua vez, poderá se identificar com o sentimento e o sentido produzido pelo analista para introjetar a função egoica que este pode lhe oferecer como protótipo.

Neste caminho, compreendemos que uma forma de responder à indagação proposta por Kupermann, sobre o limite de uma análise, está em quanto o analista se entrega para a experiência de mutualidade e, sobretudo, usufrui desse recurso. O ponto recai sobre as possibilidades do analista de tolerar ser afetado pelo outro e quanto desta contratransferência é possível de ser perlaborada, ampliando a escuta por meio do seu próprio psiquismo. A subjetivação realizada pelo analista sobre o que se produz nesse encontro é o que volta para o circuito analítico contratransferência/transferência como material para ser perlaborado pelo analisando, que, ao introjetar esta função metaforizante, pode modificar sua economia psíquica.

O próximo passo é examinar o lugar da empatia e da *rêverie* na dimensão estética da contratransferência. Como apontei anteriormente, para que se estabeleça o campo da mutualidade, a empatia é fundamental, marcando, assim, o início do trabalho perlaborativo. Pensei então a *rêverie* como aliada da empatia na contratransferência, o que nos permite compreender como avança e onde termina o trabalho perlaborativo. Entendo que a empatia convoca o modo alucinatório do analista, por conta deste sentir como se fosse o outro. Esses sentimentos precisam ser contidos, e, pela *rêverie*, que é a função seletiva e especializada da função alfa materna, passam por uma seleção do que será levado ao processo de pensamento consciente que deriva para a figurabilidade. É a partir da preservação do seu princípio de realidade que o analista pode utilizar os objetos alucinatórios que emergem na contratransferência, ou seja, a significação desses elementos.

Contudo, por mais que possamos avançar na questão de o analista formular uma intervenção que agregue algo à catarse, produzindo uma neocatarse por meio da técnica do jogo, conforme as proposições de Ferenczi, e conferindo uma dimensão estética à clínica, é preciso avançar para entender o que propomos como dimensão estética da contratransferência. Regredir junto com o analisando a ponto de alcançar a sua própria linguagem da ternura implica que o analista lance mão de sua condição de figurar, representar sensações e sentimentos, compreendendo que decodificar sua contratransferência é o acesso ao mundo imaginário do analisando. É justamente sua condição de metaforizar o que sentiu como seu, mas que diz respeito ao outro, o início do processo de reconstrução das cadeias de simbolização primária do sujeito.

A ideia é que, enquanto a empatia permite experimentar os afetos do outro, a *rêverie* dá abertura à condição de selecionar de modo inconsciente os conteúdos para representá-los, de modo a devolvê-los na linguagem da ternura. De algum modo, compreendemos que a alucinação que é provocada no analista no campo de afetação mútua não deixa de ser a função de *rêverie*, que permite a comunicação destas de inconsciente para inconsciente entre os sujeitos da dupla. Proponho que as duas categorias juntas, empatia e *rêverie*, conseguem sustentar o que penso ser a estética da contratransferência. Ambas permitem que o analista faça um movimento de regredir, no sentido proposto por Winnicott (1954/1978b), até uma percepção que lhe sirva de norte para compreender o que está sendo comunicado a ele via identificação projetiva. Ao metaforizar e devolver algo ao sujeito, ambos estariam vivendo uma experiência que possibilita retirá-los do lugar comum e buscar novos sentidos.

218   ÊXITO CLÍNICO

Assim, a dupla sairia transformada, sendo esta a solução que encontramos nesta pesquisa para propor como uma das respostas possíveis às indagações referentes a quais processos conferem ao analista condição de figurar ao convocar a alucinação, apresentadas na Parte II. A *rêverie* materna, ampliada para a função analítica, é, sim, uma forma de lembrar em sentimentos e que faz avançar a escuta por meio de imagens que, ao operarem junto com a empatia e a identificação projetiva, conferem amplitude à escuta analítica.

A tese de que a perlaboração do psicanalista é condição para que aconteçam construções de representações-coisa no psiquismo do analisando está ancorada nos aportes de introjeção (Ferenczi, 1909/2011a; 1912/2011h), empatia (Ferenczi, 1928/2011b), identificação projetiva (Klein, 1946/1991d), *rêverie* (Bion, 1962/1994a), via sensível do analista (Kupermann, 2008) e nas noções de representação, alucinação e simbolização primária (Freud, 1895/1990e; 1896/2006l; 1900/1990f; 1914/2006e). Com esses conceitos, busco dar uma contribuição ao campo da estética da clínica, ao relacionar a perlaboração da contratransferência com o trabalho de figurabilidade do psicananalista. A condição de figurar é o que conseguiria dar forma a algo que, até perpassar o psiquismo do analista, havia falhado na tentativa de ser representado – portanto, ficava como conteúdo impedido de ingressar na dimensão simbólica e adquirir um sentido.

Criar um sentido para algo que, antes, era apenas uma percepção de um investimento libidinal em uma marca mnêmica, que emerge visualmente ou como sensações, está diretamente relacionado à questão da simbolização primária. Green (1990) apresenta uma contribuição importante para nos auxiliar no processo de ressignificar esses conceitos. Com base nas noções de Freud, Winnicott e Bion, afirma que a simbolização é a reunião de duas partes separadas que formam uma totalidade, sendo que cada uma delas conserva suas características, enquanto uma terceira estrutura é criada, tendo então características diferentes de cada uma das duas partes. Nessa perspectiva, o objeto analítico não está mais no inconsciente do analisando, nem somente no do analista, mas no espaço criado entre as trocas transferenciais/contratransferenciais. O ponto remete ao objeto analítico que precisa ser investigado nessa perspectiva, a troca entre a dupla de trabalho, eis o que restitui a possibilidade de significação dos afetos.

Conforme vimos na primeira parte do livro, o termo *Durcharbeitung* remete a uma dimensão de trabalho por meio de algo, relaciona-se às categorias da empatia e *rêverie*, e é a perlaboração que permitirá iniciar o trabalho de figurabilidade sobre as trocas que se dão no encontro analítico. Nessa proposição, enquanto o conceito de perlaboração se liga aos processos de empatia e de *rêverie*, a contratransferência estaria vinculada às identificações projetivas como comunicação – e são esses conteúdos que ganham forma de alucinação, convocando conteúdos imagéticos no analista que favorecem o processo de simbolização primária. A contratransferência seria o produto dessas trocas, e, por isso, é por meio desse sentimento que se pode criar algo entre a dupla que signifique os afetos gerados no encontro analítico.

O recorte examinado do caso de Kristeva (2002) continha esse trabalho. O espelhamento da mãe de Didier foi efetuado a partir da posição narcísica dela, que não conseguiu sair de sua perversidade para olhar e atender às necessidades do filho. Podemos conjecturar que essa mulher continha algo do que Green (1988a) descreve como a mãe morta, que, apesar de ser viva, encontra-se em uma depressão que a impede de funcionar como objeto vivo para as ligações da criança. Embora a mãe de Didier guarde diferenças em relação à figura apática e desvitalizada que imaginamos da mãe morta, a semelhança está em não servir de suporte para as demandas do filho, de simbolização nos primórdios da vida – como vimos, ela o via e o tratava como uma menina, deixando as necessidades dele desvitalizadas e desatendidas, de forma a não constituir uma condição psíquica que viabilizasse uma sublimação das pulsões, sendo seus quadros não necessariamente produtos da construção simbólica daquele sujeito. Foi Kristeva (2002) quem lhe ofereceu as alucinações e fantasias que as gravuras dele despertavam nela, vivendo como se fosse ele e com ele algo muito primitivo de simbolização.

O original desta tese é justamente que a qualidade estética da contratransferência é o processo alucinatório do psicanalista. Como via sensível, a contratransferência aciona a alucinação quando faz o analista regredir até uma percepção, investindo-a para, a partir dela, construir uma intervenção que vise promover uma condição de figurabilidade. Assentada nos termos freudianos, proponho que a alucinação do psicanalista é a matriz criativa do processo de figurar para a construção da representação-coisa no psiquismo do analisando, pois ela é gerada na mutualidade do encontro afetivo com o sujeito; é o objeto de exame da dupla analítica nas situações de pacientes com psicopatologias narcísicas.

8. Zoe/Gradiva e sua alucinação: paradigma de trabalho da figurabilidade nas construções em análise

A arte sempre constituiu a psicanálise, e temos alguns textos importantes na obra freudiana a partir da experiência artística, como o da escultura de Moisés de Michelangelo, o conto romântico de Wilhelm Jensen, e personagens da literatura, como Édipo e Hamlet. Fato é que a obra de arte favorece elaborações, afetando o sujeito e propiciando que algo seja criado a partir desse encontro.

Apreciador da arte, não muito dado ao gosto musical, Freud sempre preferia esculturas e teatro a um concerto de música. Mas, quando pensava em uma imagem para ilustrar o trabalho clínico, convocava o jogo de xadrez, que exige raciocínio, frieza, conhecimento e precisão dos jogadores. Embora somente as aberturas do jogo de xadrez sejam passíveis de serem conhecidas, a imagem do xadrez remete a uma instância na qual o tema do afeto fica bem menos evidente entre a dupla, ainda que deixe espaço para o que vai ser criado a partir dos dois jogadores.

Já Ferenczi e Ogden buscam inspiração na música. Ferenczi (1928/2011b) menciona o diapasão em razão do som que esse instrumento produz e que serve de baliza para regular todas as outras notas e afinar todos os outros instrumentos musicais. A ideia destacada por essa imagem diz respeito à necessidade de que analista e analisando estejam em sintonia, vibrando na mesma onda sonora, ou, na perspectiva ferencziana, na mesma linguagem da ternura. Há, porém, uma ressalva: não podemos nos esquecer de que o diapasão é um instrumento metálico que serve de referência, de ideal para todas as outras notas e instrumentos musicais – embora essa não tenha sido a ênfase dada pelo psicanalista húngaro. É, portanto, a partir da nota que o diapasão vai reproduzir que todos os elementos da música funcionarão, sendo esta *a* referência e não *uma* das referências.

O espaço de tempo entre a nota e a música que se produz com a sequência de notas que é tocada, como propõe Ogden (2013), também é interessante e aponta, na minha leitura, para a questão da reverberação. A música que é produzida entre o tempo em que se toca uma nota e outra tem efeito reverberativo – assim, cada nota tocada, ao encontrar a reverberação de outra, produz um som, e a sequência de sons retirada da reverberação das notas criará uma música, uma melodia. A imagem trazida por Ogden nos remete à ideia de que os dois sujeitos da dupla tocam notas que produzem um terceiro, a reverberação/*rêverie*, e que o terceiro analítico, o espaço potencial, seria o espaço em que se dá a música, a simbolização.

Inspirada pelas imagens do diapasão, da música produzida no espaço entre as notas e da minha formação como pianista clássica, penso que a dimensão estética da contratransferência pode ser ilustrada pela imagem de um pianista. O pianista precisa conhecer o diapasão, as notas, o espaço de tempo contido nos compassos e entre as notas, e também, no mínimo, duas linguagens musicais: a da clave de sol, tocada com a mão direita, e a da clave de fá, tocada com a mão esquerda. Trata-se de duas escalas diferentes, de linguagens diferentes que precisam ser executadas em uma mesma tópica, no mesmo compasso de tempo, de modo que essas notas de línguas diferentes reverberem juntas, criando uma melodia, um sentido.

O raciocínio de um pianista é diferente do raciocínio de um músico que toca um instrumento de corda, por exemplo. O pianista precisa ler duas partituras/representações ao mesmo tempo, e o faz por meio de seu processamento psíquico. Representação-coisa e representação-palavra precisam ser ligadas para formar uma música/significado viável a uma vida construída de sentidos, melodias, canções. Não seria essa uma imagem mais próxima do que estamos pensando como a perlaboração da contratransferência? O analista-pianista precisa ler as duas pautas/psiquismos ao mesmo tempo e escutar a reverberação delas para alcançar a música que quer produzir. A linguagem do paciente e a sua própria linguagem, transferência/contratransferência, são duas representações. O analista ainda toma conhecimento das duas formas de representação quando uma delas falha e os conteúdos são nele projetados – necessita fazer, então, com que essas linguagens distintas entrem em sintonia para criar um sentido que possa ser escutado como música pelos outros e, assim, produza uma condição de experiência para ambos.

A relação da alucinação, que assegura o processo de perlaboração, com o trabalho de figurabilidade reside na condição de criar imagens aos afetos sentidos, erigindo uma primeira forma a certos conteúdos afetivos irrepresentados. Até o presente momento, resgatei o tema do afeto não representado no psiquismo do paciente, que será sentido pelo analista como contratransferência e precisa ser perlaborado para voltar ao processo analítico a partir de uma intervenção que proporcione outra experiência afetiva ao sujeito, que resulte em representação.

224 ZOE/GRADIVA E SUA ALUCINAÇÃO

Para Freud (1915/1990a), a representação e o afeto são elementos distintos que têm destinos diferentes. Na sua teoria, toda pulsão se exprime nestes dois registros, representação e afeto, sendo que, no conjunto de artigos metapsicológicos, define que os afetos seriam as representações-palavra, enquanto as ideias são as representações-coisa – coisa em si, derivada do visual. Essa diferenciação tem um sentido tópico importante, pois, enquanto a imagem, a representação-coisa teria como destino o recalcamento, e, portanto, estaria no sistema inconsciente, a representação-palavra encontra-se no sistema pré-consciente/consciente.

É na ligação entre ambas as formas de representação que o recalcamento incide, separando a ideia dos afetos. Assim, a ideia – representação-coisa – é recalcada, enquanto o afeto – representação-palavra – tem três possíveis destinos. São eles: a supressão, que seria a conversão da histeria; o afeto livre, que seria a angústia da psiconeurose de angústia; e o deslocamento, que é a condição dos sintomas obsessivos (Freud, 1915/1990a). Vou me deter na questão da representação-coisa, que aponto como o objetivo da intervenção por meio da perlaboração da contratransferência.

No sentido psicanalítico proposto por Freud em "Inibições, sintomas e angústia" (1926/1990m), um sintoma tem sempre uma representação-palavra ligada a uma representação-coisa, que não é explicitamente ameaçadora por resultar de uma formação substitutiva que pode ingressar no pré-consciente/consciente, disfarçando a ideia original e, assim, não oferecendo grandes perigos ao ego. A interpretação, na análise clássica, visa separar essa formação substituta, que pode ser um sonho, um sintoma, um devaneio, para que o afeto encontre a representação-coisa recalcada e assim tome consciência da fantasia e do desejo que promoveu tal destino. Ao suspender o recalque e superar as resistências, essa formação perderia força por estar consciente para o sujeito.

A representação-coisa ". . . consiste num investimento, se não de imagens mnésicas diretas da coisa, pelo menos no traço mnésico mais afastado, derivado dela" (Freud citado por Laplanche & Pontalis, 1992, p. 450). É regida pelos processos primários, que encontram na alucinação uma forma de reinvestimento da imagem que proporcionou a experiência de satisfação. Aqui, é importante o processo pelo qual se constitui uma representação-coisa, que nos remete às primeiras inscrições dos traços de memória.

É preciso recuar consideravelmente no tempo para retomar o que Freud diz na "Carta 52" (1896/2006l). O aparelho psíquico formaria traços de memória a partir das experiências de satisfação, e estas estariam sujeitas a retranscrições, de tempos em tempos. A memória não se faria presente de uma vez só, mas seria construída em vários tempos, a partir de registros diversos. Nessa carta, descreve um esquema em que o primeiro registro da percepção seria a indicação de percepção, que por associação simultânea derivada da repetição da experiência produzira uma transcrição que seria o segundo registro, as lembranças conceituais, ou seja, as representações-coisa. A representação-palavra seria uma terceira transcrição ligada às representações verbais.

Esses sucessivos registros seriam a realização psíquica em épocas sucessivas da vida e exigiriam uma espécie de tradução do material. Uma falha nessa tradução seria o que Freud nomeia de recalcamento, e visaria inibir o desprazer que a tradução de um conteúdo geraria. Considerando que, para Freud, essas inscrições acontecem por contiguidade e semelhança e estão em relação ao prazer ou desprazer que uma nova transcrição geraria, a falha na transcrição da indicação de percepção para o segundo registro dos conceitos resultaria em uma falha no processo de simbolização primária, dificultando a construção dos sentidos. Essa é a teoria que sustenta a metapsicologia e a técnica da primeira tópica.

Se assim acontece, como ficaria o processo analítico considerando a teoria da segunda tópica, em que a pulsão de morte está irrepresentada? Sabemos que, para Freud (1920/1990n), seria, quem sabe, o limite da analisabilidade. A pulsão de morte carece de perpassar por esse processo, de se fazer marcas mnêmicas, indicações de percepção, e passar por todo o processo de transcrições, demonstrado na época dos estudos pré-psicanalíticos, se tomarmos o texto dos sonhos como inaugural. Na primeira parte do livro, vimos que a pulsão de morte faz emergir algo que nunca foi prazer, por isso nunca foi representado, mostrando-se das formas mais complexas na vida do sujeito e dentro de um processo analítico.

Uma falha nesse processo não significa que não vá se constituir um psiquismo; contudo, provavelmente será uma constituição precária, que carecerá de contornos bem estabelecidos no ego, impossibilitando uma clara diferenciação eu e não eu. Esses sujeitos são os que chegam para um psicanalista sem a demanda clara de análise, a qual visa decompor o sintoma por meio de um processo autorreflexivo instaurado. O trabalho de análise com esses pacientes que apresentam falha na capacidade de figurar e simbolizar é criar, construir, sintetizar, e não desvelar o que está oculto e recalcado, portanto, não funcionando sob o modelo dos sonhos, apresentado no Capítulo VII do texto da interpretação dos sonhos (Freud, 1900/1990f).

A compulsão à repetição pode ser mais bem compreendida sob o ângulo apontado por Green (1990) de que o modelo da segunda tópica seria o "modelo do ato" (*agieren*), em que a compreensão essencial reside na questão da transformação. Nesse modelo, o sujeito estaria baseado nas moções pulsionais do id, que podem oscilar entre a ligação e a descarga direta mediante o ato, que provocaria um curto-circuito na representação, abrindo caminho para a compulsão a repetir. Para o autor, esse caminho seria decorrente de falhas do objeto primário que levariam a um trauma insuportável, o qual subverte a lógica do psiquismo. Aqui, ocorreria uma impossibilidade de renunciar à satisfação imediata e uma tentativa de expulsar a dor para fora do psiquismo, como se o sujeito renunciasse a conservar a marca mnêmica da experiência psíquica que poderia oferecer um objeto ao pensamento. A pulsão de morte teria um objetivo desobjetalizante, o que apresenta sérias complicações para o analista que se defronta com essas manifestações.

A minha questão de pesquisa incide justamente no ponto dos atendimentos clínicos de pacientes que carecem de representações-coisa e apresentam falhas na simbolização primária. Apontei anteriormente que o limite da interpretação reside na questão da pulsão de morte que precisa ser representada para ingressar no registro do princípio do prazer. Se na primeira tópica havia uma tranquilidade sobre a direção que o tratamento analítico devia seguir, na segunda, o tema da representação entra em pauta, pois o trabalho analítico reside justamente em como criar representações para ligá-las aos afetos ou ao menos favorecer a retomada do processo de transcrição que ficou curto-circuitado.

Todo o caminho percorrido até esse momento visa investigar como esse afeto irrepresentado mobiliza o analista, de modo que este necessita realizar um trabalho diferente da análise clássica, de decompor a formação substitutiva por objetivar criar esta representação-coisa para que a compulsão à repetição possa cessar ao ligar o afeto a alguma representação que possa ser inscrita no sistema inconsciente. A partir dos apontamentos de Green (1990), entendemos que o analista pode se oferecer como objeto aberto ao imprevisível da experiência. O objetivo seria criar uma ligação intersubjetiva, mediante a qual a transferência possa ser objetalizada, recuperando a condição de representação.

A figurabilidade e as construções em análise

É esse trabalho de fazer representar algo no inconsciente do sujeito que estou, neste livro, chamando de construir em análise. Para tanto, entendo ser pertinente examinar mais detalhadamente os conceitos de representação (*Vorstellung*) e de figurabilidade (*Darstellung*). Sabemos que o termo *Vorstellung*, traduzido por representação ou por apresentação, é polêmico. Segundo o dicionário comentado do alemão, o vocábulo implica a visualização de uma imagem, de algo já representável que pode ser invocado. Seria um movimento de colocar algo diante de nós, diferente de *Darstellung*, que significa, por sua vez, um esforço para captar e dar forma a algo, ou seja, representar, constituir, figurar – a figurabilidade.

Figurar (*darstellen*) é usado, coloquialmente, como "representar", "constituir", "erigir", "significar" (Hanns, 1996); ou seja, dar alguma forma a algo. A figurabilidade implica um duplo movimento – o de colocar sob a forma de imagens apreensíveis e, depois, mostrar ao destinatário algo que para ele ainda é incompreensível. Sabemos, pelo trajeto que viemos desenvolvendo, que dar forma a algo por meio da perlaboração do psicanalista é uma forma de se realizar o processo de criar representação-coisa, a primeira transcrição realizada a partir das indicações de percepção. Esse processo tende ao alucinatório, que é o reinvestimento de uma marca que convoca o sensitivo, as imagens, os cheiros, as sensações. O analista apreenderia algo comunicado de inconsciente para inconsciente, constituiria esse algo de modo interpessoal, o colocaria na dimensão de linguagem, ainda que de forma pictória, e, em seguida, o mostraria ao analisando. Das várias significações apresentadas pelo autor, destaco a que entendo mais próxima da proposição freudiana, a de reprodução mental de imagens.

Recuando à "A interpretação dos Sonhos" (Freud, 1900/1990f), na Parte III do Capítulo VI, apreende-se justamente que a condição de figurabilidade diz respeito aos pensamentos do sonho no que toca a sofrerem uma seleção e uma transformação que os torna aptos a serem captados como imagem, a alucinação visual do sonho. Trata-se, então, de algo "representado" no sentido de ser configurado, estruturado de forma imagética, portanto, diverso de "representado" no sentido dos representantes da pulsão. Essa condição organizadora do sonho exige uma regressão tópica, formal e temporal. Para Laplanche e Pontalis (1992), sob este útlimo aspecto, Freud insiste no papel das cenas infantis de natureza essencialmente visual na elaboração das imagens do sonho.

O tema das representações e da figurabilidade está diretamente relacionado à questão dos limites da perlaboração do psicanalista. Realizamos a aproximação do conceito de contratransferência de 1910 com o de perlaboração de 1914 para propor que o trabalho por meio da contratransferência é, nas patologias narcísicas, o correlato do trabalho por meio da transferência nas psiconeuroses. E que assim como o paciente precisa perlaborar e elaborar certos conteúdos, o analista também necessita realizar esse trabalho em relação aos seus conteúdos, que são, ao mesmo tempo, do paciente, ampliando a condição de analisabilidade.

A articulação dessa proposição com a figurabilidade, no que se refere ao trabalho estético da contratransferência como ferramenta de construção de vias simbolizatórias nas análises, surge da concepção de um psiquismo aberto que está sujeito a transformações e retranscrições, formando outros arranjos na vida. As contribuições de Green (1990) nos ajudam a ressignificar essas relações e os conteúdos examinados ao longo desta tese, ao demonstrar, por meio do conceito de limite, que o campo da representação-palavra, ainda que possa ser vasto, é limitado; trata-se, portanto, de um

230   ZOE/GRADIVA E SUA ALUCINAÇÃO

sistema fechado. Já o sistema de representação-coisa é um conjunto aberto e complexo, na medida em que abarca todas as variações dos sentidos cinestésicos – ou seja, as associações sensoriais, como as visuais, cinestésicas, auditivas, gustativas, motoras.

Ao atendermos pacientes que se encontram sob o registro da pulsão de morte, a força da sensorialidade reaparece por meio da alucinação, que adquirirá um caráter fundamental para sustentar o processo de figurabilidade. Green (1990) propõe que a ampliação da analisabilidade se dá a partir de um "modelo terciário" que integra o modelo clássico de análise centrado na transferência e o modelo pós-freudiano centrado na contratransferência. O "terciário" teria no enquadre interno do psicanalista a matriz da simbolização. O modelo que proponho para pensar a ampliação das condições de analisar um sujeito, como elemento terciário, parte do modelo da Gradiva, que assenta as bases da intervenção da alucinação do psicanalista.

O processo analítico teria o objetivo, nesses casos que estamos examinando, de trabalhar com a representação. A dimensão dessa proposta está na ênfase colocada sobre o psiquismo do analista, que, por meio de sua alucinação, promove essa construção. Acompanhemos, nas palavras de Green (1990), a proposta clara de criar a representação-coisa mediante a figurabilidade, agora alinhada à perlaboração da contratransferência como recurso:

> *O que significa que tudo o que o analista faz é, de um lado, tentar representar para si mesmo qual o funcionamento psíquico de seu paciente e, de outro, comunicar a seu paciente o resultado de sua representação, de modo que o paciente possa ter sua própria representação de seu funcionamento psíquico. É tudo a que o analista pode aspirar, se não quiser se lançar em sua*

ação normativa, ou reparadora, ou de adaptação, ou em qualquer tipo de ação psíquica que não respeite o princípio de neutralidade analítica e recuse utilizar a situação analítica como situação de hipnose ou sugestão. (Green, 1990, pp. 64-65)

Eis o que estamos defendo. Nos casos em que há uma falha de representação, é o psiquismo do analista que cumprirá essa função. Na perlaboração da contratransferência, reside a ampliação da analisabilidade por permitir uma função estética que favorece os processos de simbolização primária do analisando. Ele poderá introjetar a função egoica que observa no analista, bem como as marcas de uma experiência que podem ser retranscritas e ressignificar os objetos e suas funções. Demonstrei nos historiais clínicos os fracassos dos processos por não encontrar no psiquismo do analista o espaço de criação da matriz simbólica. Como contraponto, apresentei, no século XXI, Kristeva (2002) ilustrando minhas proposições ao se oferecer como objeto metaforizante dos quadros de seu paciente, criando um espaço entre ele e o universo psíquico da analista, de modo que pudessem transitar e representar os conteúdos de Didier.

A função do enquadre compreendido nesse sentido que apontei ao longo deste percurso é, na compreensão de Green (1975/2008), a condição para que se estabeleça um processo de simbolização, que visa dar conta da criação de sentidos para aquilo que era da ordem da sensação. Fundamental para o pensamento clínico na contemporaneidade, o autor assinala nesse texto que as mudanças, as trocas que podem efetivamente se dar na técnica psicanalítica concernem ao subjetivo do analista, o que inclui a contratransferência em sua função imaginativa. Isso passa pela interrogação sobre o que o paciente desperta nele, sentimento este que é fruto da relação, e o material que realmente precisa ser examinado. São as condições do analista que impõem o limite da analisabilidade de um sujeito, adquirindo a contratransferência uma dimensão imaginativa.

É a essa dimensão imaginativa que me refiro como figurabilidade, e que decorre do processo de se deixar afetar contratransferencialmente pelo que está excluído do pensamento do analisando. Quando o psiquismo do analista assume a função de enquadre, que pressupõe as noções de continente e contido de Bion (1962/1994a), para criar o espaço onde vão se dar as trocas e transformações, pode sentir os ataques ao enquadre como tensões contra ele. São sensações decorrentes das moções pulsionais do paciente, e é sobre esses movimentos que se produz um trabalho intenso de figurabilidade. Green (1975/2008) afirma que todo o processo ocorre como se fora o analista quem pôde alcançar um resultado análogo a uma representação alucinatória de desejo, como ocorre com os bebês ou os neuróticos. Funcionando como enquadre, o analista permitiria o nascimento e o desenvolvimento da relação de objeto

Diante desse funcionamento de ineficiência do recalcamento, que leva a uma alteração grave no ego, mais do que nunca o ego do analista está implicado no processo analítico, tanto quanto o do paciente. Proponho, então, que a perlaboração da contratransferência tem um papel primordial na sustentação dessa espera necessária para o movimento de criar condições de figurar e inscrever representações possíveis, de modo a se domar essas intensidades psíquicas do paciente que estão descarregadas em atos. Podemos questionar, por exemplo, se o uso do divã, nesses casos, é eficaz, e se ver o rosto do analista passa a ter alguma relevância, como evidenciar a alteridade. Já assinalei esses pontos na Parte II, mas volto a eles para sustentar minha posição de que, em certos casos, o rosto do analista funciona como marca da alteridade que pode ser introjetada, alinhando-nos à proposta de Winnicott (1971/1975).

Essa compreensão da contratransferência que estamos apreendendo também se faz presente em outros autores que mencionamos, como Money-Kyrle, que, por ocasião do 19º Congresso Psicanalítico, em julho de 1955, em Genebra, proferiu uma conferência que resultou na publicação do artigo intitulado "Contratransferência normal e alguns de seus desvios". Nele, afirma que, "se de fato, o analista está perturbado, é também provável que o paciente tenha inconscientemente contribuído para este resultado e esteja, por sua vez, perturbado por isto" (Money-Kyrle, 1956/1990, p. 361).[1] Destaco a posição do autor de que o superego do analista está implicado nesses períodos de perturbação emocional, impedindo-o de compreender o que se passa no processo analítico. Ou seja, se o superego do analista for severo, pode advir uma sensação de fracasso como expressão de uma culpa inconsciente persecutória ou depressiva. Ao passo que, se o analista contar com suas cotas de narcisismo bem analisadas, poderá lançar mão de um superego benevolente, que pode tolerar suas próprias limitações de compreensão por um período de tempo, sem sofrimento indevido e mantendo-se sereno para o trabalho.

A posição mais ativa na escuta do analista, quando há predominância da pulsão de morte, de funcionamentos regidos pela cisão do ego, faz o tema da contratransferência necessariamente reaparecer anos após sua primeira nomeação na obra freudiana. Embora no conhecido e relevante texto de técnica da obra de Freud (1937/1990q) não esteja explícito o termo contratransferência, há referências ao narcisismo do analista já na abertura do artigo, quando o autor critica a tendência do analista de sempre estar com a razão diante de uma intervenção realizada.

---

1 Examino os desdobramentos desse artigo no Capítulo 4 deste livro, junto com as elaborações de contratransferência de Paula Heimann.

É possível que Freud estivesse percebendo que pacientes cuja manifestação se dá pela compulsão à repetição, com uma grande dificuldade de sublimação das pulsões, acarretam um dispêndio maior de energia do analista quanto à percepção e ao manejo de sua contratransferência e, consequentemente, quanto ao investimento em sua análise pessoal. É verdade que essa recomendação aparece nos primeiros artigos de técnica, mas ganha força quando Freud fala de tratamentos conhecidos como "análises de caráter", que oferecem as maiores resistências ao restabelecimento e, segundo a proposta deste trabalho, mobilizam maior contratransferência no analista.

Roussillon (2001) desenvolve a proposta de modelos de perlaboração de acordo com cada uma das cinco resistências descritas por Freud em 1926, apresentadas pelas três instâncias psíquicas da teoria estrutural, a saber: resistências do ego, que seriam o sintoma, a transferência e o ganho secundário da doença; resistência do id – a compulsão à repetição; resistência do superego – a difícil situação de reação terapêutica negativa.

Para Roussillon (2006), a reação terapêutica negativa é instigada por certos aspectos narcísicos do analista que não puderam ser contemplados pelo próprio em sua consciência, fomentando a severidade de seu superego. Essa reação deriva da hostilidade mobilizada no analisando e também não tornada consciente, podendo se apresentar como estagnação das análises pela impossibilidade dos analistas de a escutarem. Como exemplo, examinamos o caso do Homem dos Lobos, que, com sua aparente docilidade e adesividade ao analista, não pôde tolerar ser odiado transferencialmente, e ainda a necessidade de adoecimento, como nos quadros que apresentam manifestações melancólicas e masoquistas, por exemplo, o de Elizabeth Severn.

Como superar resistências mais severas à análise? Pautado nas proposições de Winnicott e também do subjetivo do analista como enquadre de Green (1975/2008), Roussillon (2006) responde que é necessário perlaborar o narcisismo do analista e sua hostilidade, de modo a se abrir a porta para o exame da hostilidade contida na reação terapêutica negativa; destaca, ainda, que a perlaboração desse tipo de resistência do superego é a mais difícil de ser superada, justamente porque implica diretamente o analista.

No texto "Construções em análise", Freud (1937/1990q) já salientara os limites da analisabilidade, mas as questões técnicas depois da virada de 1920 haviam sido deixadas de lado até essa ocasião. É certo que há duas partes envolvidas em um trabalho analítico, a do paciente e a do analista. A do analista, tão relegada a um segundo plano, "é a de completar aquilo que foi esquecido a partir dos traços que [o paciente] deixou atrás de si ou, mais corretamente, construí-los", propõe Freud (1937/1990q, p. 293).

Chegamos então à principal indagação desta pesquisa: como o psicanalista pode realizar o trabalho de construir as lacunas representacionais do paciente? Não fica clara, na passagem citada, a necessidade de considerar a relação entre analista e analisando, bem como o trabalho sobre as resistências advindas do id e do superego. Não há, pois, indicações, no texto freudiano, de como o analista realiza o trabalho das construções em análise, contentando-se apenas em dizer que nos cabe completar lacunas, seguindo o modelo do trabalho do arqueólogo, que escava sobre as ruínas existentes. Vimos nos textos freudianos das décadas de 1920 e 1930 a necessidade de o paciente provocar o analista a ter reações ríspidas, as descargas em atos que revelam, aos olhos do profissional, uma repetição desprazerosa, a necessidade do paciente de colocar o analista no lugar de ideal do ego. Mas com qual

236 ZOE/GRADIVA E SUA ALUCINAÇÃO

modelo poderíamos trabalhar, de modo a contemplar transferências/contratransferências?

Sabemos que a interpretação difere da construção, sendo a segunda necessária para completar as lacunas da memória do paciente (Freud, 1937/1990q). Para Freud, é a partir das lembranças, dos sonhos e das repetições de comportamentos dentro da sessão que se pode oferecer uma construção de fragmentos da história infantil do sujeito – como um arqueólogo que reconstrói paredes, pinturas, decorações a partir de escombros e da combinação dos restos que sobrevivem, por intermédio da suplementação. O analista vai construir, então, a partir de todo e qualquer tipo de material vivo à disposição dentro de uma sessão; contudo, nada é dito sobre como fará essa suplementação para realizar uma construção, dispondo para tanto de "objetos destruídos".[2] Sabemos, apenas, que esta deve ser confirmada pelo analisando, promovendo novas lembranças e fazendo emergir nele o sentimento de convicção, dispositivo considerado um poderoso fator na transformação do processamento dos afetos na obra freudiana.

É curiosa a preocupação evidente nesse texto freudiano de 1937 (Freud, 1937/1990q) quanto a uma construção ser correta ou não, apontando para a importância do diálogo entre analisando e psicanalista, "quebrando" de certa forma a posição onipotente do segundo. Há aqui uma atitude mais benevolente no sentido de tolerar que possamos cometer equívocos sem que isso implique,

---

2 O tema dos objetos destruídos remete novamente à presença do rosto do analista como registro de alteridade. Para compreender melhor essa questão, cf. o texto de Winnicott "O papel do espelho da mãe e da família no desenvolvimento infantil" em O brincar e a realidade (1971/1975) e o capítulo 6 deste livro, sobre a hospitalidade em Ferenczi. Também abre para uma investigação sobre o conceito de desobjetalização de André Green (1975/2008), como forma de voltar ao tema da pulsão de morte em um trabalho que possa decorrer deste.

necessariamente, graves prejuízos psíquicos aos nossos pacientes. Green (1975/2008) aponta para o fato de o analista se dispor, inclusive, ao fracasso que o tratamento com o tipo de paciente em questão pode levar.

Diante dessas questões, penso ser necessário examinar modelos que propõem outras formas de pensar o trabalho analítico e o rumo da técnica, considerando a relação da pulsão com o objeto, em especial o que acontece entre a dupla psicanalítica se a ausência de representação da pulsão passa a ser o problema da análise. Sobre esse ponto, Candi (2010) aborda as proposições de Klein, Bion, Winnicott, Green, que aportamos neste livro, para refazer o percurso que delimita o duplo limite, o das cadeias de representação interna e externa. As duas cadeias seriam as da representação, sobre a palavra e sobre o objeto, falhas nos casos graves. Nessas condições em que o paciente não consegue se comunicar com o analista pela palavra, este é convocado a trabalhar psiquicamente para preencher esse vazio. É nesta perspectiva que compreendemos a epígrafe da Parte III, que explicita, nas palavras de Green (1975/2008), a implicação do funcionamento do analista com certos tipos de caso, sendo a contratransferência o que confere potência para a realização da análise.

O trabalho exige, então, que o analista desenhe imagens que correspondem à vida mental do paciente, ajustando suas possibilidades psíquicas às dele. Trata-se de uma tentativa de suprir as elaborações primárias que o objeto materno não conseguiu realizar, compensando o vazio de simbolização primária que se instalou no sujeito. A *rêverie* materna passa a ser realizada pelo analista mediante o trabalho de perlaboração da contratransferência, resultando em uma figuração do sentimento experimentado pelo analista.

Rastreamos, na proposição freudiana, a necessidade de criar um sentimento de convicção no paciente depois da inclusão da pulsão de morte na teoria, pelas construções que o analista realiza, entendendo-se que isso se deve à direção da cura com a nova teoria da pulsão. Ao longo deste livro, nos aproximamos de outra compreensão da contratransferência, distinta da freudiana. Propusemos, na esteira de autores como Ferenczi, que a convicção, presente em "Construções em análise", de 1937 (Freud, 1937/1990q), deveria ser substituída pela ideia da aquisição do sentimento de confiança, alcançado pelo abandono da hipocrisia do analista, que permitiria a experiência da mutualidade.

Na primeira tópica, Freud não trouxe questões acerca da representação porque partia da ideia de que a pulsão se representava e ainda recalcava, retornando em sintomas, sonhos, atos falhos, devaneios. Porém, no cenário da teoria estrutural, a pulsão de morte que precisa se ligar a uma representação para imbricar-se à pulsão de vida e, consequentemente, entrar no princípio do prazer, abre o debate sobre como construir representações – ou religar as cadeias associativas entre representação-coisa e representação--palavra que se rompem pela intensidade da pulsão de morte em certos momentos da vida, como vimos anteriormente. A intensidade da pulsão desligada das representações remete ao tema dos pacientes que se apresentam por meio de atuações violentas contra si e contra os outros, como no caso de Didier.

A questão da contratransferência do analista diante do *acting out/in* do paciente é abordada por Roussillon (2006). Ele lembra que o *acting* não é um problema da metapsicologia freudiana, mas que aparece, ao longo da obra, em referências como "pôr em ato", que expressa uma tendência de funcionamento psíquico, e não um estado. O *acting* seria uma ameaça à situação analítica, referindo-se o *acting out* a situações de ato fora da sessão analítica, e o *acting in* ao acesso à motilidade dentro da situação transferencial terapêutica, impondo problemas teóricos e técnicos ao psicanalista.

O problema, segundo as ideias desse autor, reside no fato de que o trabalho de associação livre demanda um processo de pensamento reflexivo, com uma carga energética não muito alta. Para tanto, precisa de um trânsito de ir e vir das catexias entre pulsão, representação-coisa, representação-palavra e o pensamento reflexivo propriamente dito. O ato "curto-circuitaria" essa cadeia de ligações num ponto ou noutro de seu desenrolar, interrompendo o trabalho psíquico. A contratransferência que emerge no analista não seria simplesmente um sentimento de ser agredido pelo paciente, pela interrupção da associação livre necessária ao trabalho.

Entendemos que se trataria, antes de qualquer coisa, de uma necessidade do próprio analista de restabelecer as condições de analisabilidade, sem perder a neutralidade necessária, evitando um rebote no analisando a um manejo inadequado sobre sua própria contratransferência. Essa restituição do trabalho analítico interrompido por um *acting* do paciente não é possível sem que esteja implicada no próprio funcionamento mental do analista uma teoria do *acting* e da contratransferência que lhe permita conferir um sentido.

Roussillon (2006) apresenta brevemente algumas teorias do ato a partir de autores como A. Green, D. Winnicott e W. Bion, que passam por concepções como ato-descarga, ato-signo e ato-tela. A ideia de ato-signo, por exemplo, sustenta que o ato contém um "conteúdo" psíquico em busca de um "recipiente", pautando-se na teoria de Bion e da identificação projetiva como comunicação. O ato seria destinado a fazer o analista (possível recipiente) "sentir" o que o sujeito não pode representar, fazê-lo sentir a "coisa" psíquica a ser representada.

Neste cenário, é possível compreender a proposta de construção, quando Freud passa a falar das alucinações e delírios, como outra forma de representar. O questionamento freudiano, ainda no artigo de 1937 (Freud, 1937/1990q), insiste sobre o ponto de como uma conjectura do analista de tal ordem pode se tornar uma convicção no paciente com valor terapêutico tão efetivo quanto uma recordação resultante de uma interpretação. E mais, considera que uma construção é sempre uma (re)construção de um fragmento de verdade histórica sobre algo que já existiu. Propõe recolocar, então, os holofotes na questão: de onde surge a construção que passa a ter tanta veracidade e efeito no psiquismo do sujeito em tratamento? E no caso de pacientes com atuações severas do registro do não representado, as construções em análise não teriam a dimensão de criar/construir uma representação onde nunca existiu antes?

Esse reposicionamento coloca em evidência, justamente, o que Freud relega para a última parte de seu artigo, que é a situação em que o analista comunica suas construções aos pacientes, as quais podem evocar no analisando "recordações vivas" que não diziam respeito ao evento em si sobre o qual foi realizada uma construção. Trata-se aqui de detalhes relativos ao tema da intervenção que são catexizados pela construção oferecida, rememorando detalhes resultantes de traços de memória. Por exemplo, o rosto de pessoas, cheiros, objetos, certos comportamentos no momento da cena, acerca dos quais a construção não teria como ter conhecimento. Dessa forma, o sujeito consegue deslocar o tema evocado pela construção de uma lembrança para objetos adjacentes.

Ao aproximar essas "recordações vivas" de elementos isolados da cena recalcada, Freud (1937/1990q) traz à tona o tema da alucinação e dos delírios do paciente. Como mencionado há pouco, a cisão do ego deixa uma fenda que impossibilita a capacidade de síntese egoica de satisfazer o id, o superego e a realidade ao mesmo tempo. Então, no lugar de um sintoma, surgem os delírios, ou seja, construções do paciente realizadas mediante grandes deformações e rompimentos nas conexões das cadeias representacionais, tentando substituir o fragmento de realidade rejeitado por outro produzido pelo sujeito.

Durante todos os anos da presente investigação, havia uma questão recorrente: por que pensar o processo de perlaboração do analista como uma alucinação? Qual seria o argumento que sustentaria a proposição de usar a alucinação e não pensar o trabalho em termos de fantasia, também por parte do analista? O argumento que sustentamos é que, se estamos pensando as construções em termos de representação-coisa, avançando da ideia de construir sobre o que já está soterrado no inconsciente os elementos vivos transferidos ao analista, pela identificação projetiva, convocariam alucinações na forma de lembranças em sentimentos, imagens, cheiros, rostos, no psiquismo do analista. A alucinação do analista é que vai favorecer que ele realize o investimento nestas suas marcas evocadas pelas identificações projetivas do analisando e encontrará em seu inconsciente elementos para promover as construções de representação para oferecer ao analisando.

Zoe/Gradiva e a cura pela alucinação

Escolho o modelo da Gradiva para ilustrar o trabalho de figurabilidade por meio da alucinação e finalizar o último passo da tese apresentada neste livro, que é interligar a perlaboração da contratransferência, a figurabilidade, via alucinação do analista, com as construções em análise.

O argumento sobre a alucinação do analista ser a via régia das construções encontrou ancoragem nos sentidos encontrados sobre o conceito de alucinação na obra de Freud, e, a partir de um dos modelos de trabalho proposto por Freud (1907/1990d): o da Gradiva. Trata-se da segunda proposição neste livro – o modelo que vislumbro para sustentar a figurabilidade e as construções de representação com pacientes graves reside, basicamente, no fator alucinatório do psicanalista. Era deste recurso que Zoe/Gradiva lançava mão para catexizar as imagens em seu psiquismo, que iam surgindo ao longo dos encontros com seu amor de infância, Hanold. Essas imagens, que no romance eram nítidas para ambos, adquiriam, para ele, caráter delirante, e, para ela, alucinatório. Era a partir desse lugar subjetivo que ela conseguia formular breves intervenções reverberativas dos delírios de seu amado e que davam pistas de uma realidade que o afetava, afastando-o paulatinamente de seus delírios. Trata-se de uma qualidade subjetiva do analista, sua capacidade alucinatória, que exige um trabalho de perlaboração para se tornar útil para a dupla de trabalho.

Fédida (1988) é um dos autores, entre tantos, que se refere ao trabalho da Gradiva em Freud para afirmar que se trata do único exemplo de uma análise bem-sucedida em toda a sua obra, justamente por ser uma ficção em que a cura se dá pela via do amor. O autor destaca que a personagem Zoe Bertgang/Gradiva jamais força Hanold a sair do seu delírio, ou faz alusão direta de que o apaixonamento dele por Gradiva refere-se a ela, Zoe, por saber que é preciso tempo para que ele elabore seu delírio e possa abandoná--lo. No entanto, Fédida situa a cura no campo do amor, como tantos outros autores que encontrei versando sobre Gradiva.

Estou ciente de que o texto da Gradiva já foi alvo de inúmeros exames psicanalíticos, e há incontáveis publicações a respeito desse trabalho, pertencente aos textos da cultura que remetem ao campo da estética. Contudo, meu objetivo é sublinhar o fator alucinatório contido no modelo de tratamento esboçado nesse artigo. É nesta perspectiva que estou circunscrevendo a Gradiva como paradigma de trabalho analítico das construções em análise pela alucinação do analista.

A proposta de pensar a construção de algo que nunca foi antes representado nos leva a fazer uma inversão na ideia de alucinação contida no texto de 1937. Vamos examinar o que propomos ser a alucinação por parte do psicanalista. Quando aborda o tema da alucinação no texto "Construções em análise", Freud (1937/1990q) remete o leitor a outra compreensão do delírio, diferente da que o vê, apenas, como um afastamento do mundo real, ou da que considera a influência da realização do desejo sobre o conteúdo do delírio. A característica que acentua, aqui, é a da alucinação que emerge em casos de não psicóticos, demonstrando a presença de algo que foi experimentado na infância e depois esquecido. Segundo o autor, isso ocorreria, talvez, porque a criança viu ou ouviu esse "algo" numa época em que ainda mal podia falar e, na atualidade, força o seu caminho à consciência, mesmo que deformado pelas forças do recalque.

Vamos, então, dar mais um passo na compreensão da alucinação e sua função no trabalho analítico. Entre as diversas formas de responder à pergunta anteriormente formulada, qual seja, com qual modelo poderíamos trabalhar, de modo a contemplar transferências/contratransferências, convido a pensar a partir da Gradiva de Wilhelm Jensen.[3]

Em 1907, Freud escreveu um texto em que se dedica a investigar os processos criativos dos escritores que contam os sonhos nunca sonhados, e também a examinar um método de terapêutica por meio do amor. Para tanto, utiliza o conto de Jensen, em que encontramos no personagem Hanold um exemplo dessa espécie de rememoração delirante.

---

3 Ressalto que a leitura que teço do artigo acerca do conto pompeano destaca Gradiva como terapeuta, e não apenas como objeto do delírio do personagem, *a priori*, principal.

O artigo em questão inaugura o tema das construções na obra freudiana, já que o personagem Hanold, um arqueólogo que vive uma experiência em Pompeia, cidade soterrada pela erupção de um vulcão, trata de soterrar o amor da infância com sua vizinha e companheira de brincadeiras, Zoe. Passa a se interessar, então, apenas por figuras de mármore, não dando espaço em sua vida para as mulheres de carne e osso. Até que, ao encontrar em um museu de Roma a escultura de Gradiva, que destaca um modo peculiar de caminhar, algo desse amor infantil é evocado, gerando em Hanold uma ânsia de encontrar mulheres que reproduzam essa característica da escultura.

Não nos interessa neste livro discorrer longamente sobre o conto de Jensen e nem acerca de todos os apontamentos de Freud; buscamos destacar, sim, a questão técnica e, sobretudo, seus desdobramentos no que diz respeito à alucinação como processo criativo inaugurado com a contratransferência.

Vejamos: a escultura Gradiva ativa a "recordação viva" de uma característica do amor de infância do arqueólogo, a qual havia soterrado sob o efeito do recalque, junto do amor experimentado. A decorrência para Hanold é um sonho de angústia que começa a desencadear um delírio de encontrar Gradiva, tornando a figura de mármore uma figura imaginária, que o leva a empreender uma viagem até Pompeia. Ele passa a ter convicção de que conheceu Gradiva e busca uma forma de reencontrá-la.

Hanold claramente não é um psicótico, mas seus delírios sobre Gradiva, provavelmente, traziam ecos de lembranças infantis esquecidas. Assim, não se trata de produtos arbitrários de sua imaginação, tendo sido essas fantasias determinadas pelo acervo de impressões infantis esquecidas, como marca mnêmica na teoria de Freud. Na visão do autor, em 1937, a essência é de que há um método na loucura, bem como um fragmento de verdade histórica, sendo que a crença, característica dos delírios, possa extrair sua força exatamente de fontes infantis desse tipo. O novo modelo de trabalho vislumbrado para promover tais construções em análise é o da técnica utilizada por Gradiva, do amor.

As construções erguidas em um processo analítico são muito similares aos delírios dos pacientes, pois são tentativas de explicação e cura. Porém, na análise daqueles que apresentam patologias narcisistas, o objetivo não é substituir um fragmento de realidade rejeitado por outro, mas justamente o contrário. A intenção é construir, no bojo do processo analítico, um fragmento de história que tente revelar as conexões existentes entre o material do momento presente que está sendo rejeitado e o conteúdo que resguarda essa vivência histórica, o qual foi originalmente repudiado, e quiçá nunca processado a ponto de adquirir estatuto de representação-coisa, ou ficar cindido de sua ligação com a representação-palavra, impedindo a formação simbólica. Assim, o analista estaria fazendo um trabalho de favorecer a construção das cadeias representacionais, por vezes transformando traços de memória em representação-coisa, promovendo o processo de simbolização primária, que entendo ser um dos objetivos da construção em análise.

Nesse sentido, é necessário dar um passo a mais no que Freud considera construções em análise, alçando a alucinação do analista a via de reconstrução das cadeias precariamente existentes no analisando, ou curto-circuitadas – como as nomeia Roussillon (2006) –, e dando, ao mesmo tempo, suporte para que o sujeito possa sentir a angústia que estava sendo evitada. Penso abrir, assim, a possibilidade de um devir para uma reorganização psíquica do analisando via figurabilidade do analista proporcionada pelo seu processo de perlaboração.

Gradiva, sabiamente, percebe que precisa aceitar de pronto o delírio de seu amado vizinho Hanold, pois, se contrariá-lo, acabaria

246 ZOE/GRADIVA E SUA ALUCINAÇÃO

com a possibilidade de tirá-lo dessa posição. Freud (1907/1990d) destaca que mesmo o tratamento sério de um caso real de doença desse tipo só poderia ter sequência situando-se, inicialmente, no mesmo plano da estrutura delirante e passando então a investigá--la o mais completamente possível.

Nessa perspectiva, a então terapeuta Zoe-Gradiva aproxima-se de Hanold e de seu delírio para se dispor a uma reabertura das marcas, e, via empatia, vai encontrando dentro de si recordações vivas que a faziam pensar por meio do passado histórico dela a realidade ou não dos delírios dele, deslocando-o lentamente do delírio para a realidade. Penso que os conteúdos que afetavam Gradiva lhe causavam pequenas alucinações como forma de rememorar traços de sua infância que também eram da infância de Hanold. E mais, trabalhava por intermédio destas, trazendo então um exemplo do que pode ser a perlaboração da contratransferência.

A técnica usada por Gradiva era pautada no amor que sentia por Hanold. A diferença entre Gradiva e um analista é que o segundo não pode corresponder ao amor do personagem a ser curado. Para o modelo clássico de análise freudiana, o que Gradiva faz é o oposto do que faz um psicanalista na condução de um processo. Mas, em se tratando de buscar um novo modelo, cabe destacar o trabalho de Gradiva como o paradigma de análise com pacientes graves. O trabalho consistia em falas simples, que eram ligeiras modificações sobre o que havia escutado no dia anterior; no uso de palavras ambíguas, que davam expressão tanto ao delírio como ao conteúdo de verdade soterrado nele, levando em consideração os sentimentos do herói, e não somente o que ele falava e fazia. Sobretudo, interessa salientar que o método utilizado por Gradiva consiste em dirigir "sua atenção para o inconsciente de sua própria mente, auscultando suas possíveis manifestações, e expressando-as através da arte, em vez de suprimi-las por uma crítica consciente" (Freud, 1907/1990d, p. 93).

Esse exemplo possilibita afirmar a hipótese inicial sobre a alucinação como o processo psíquico do analista que funciona como rememoração no que está em pauta nas construções em análise. O uso imaginativo que Gradiva fazia de seu inconsciente permitiu que escutasse o inconsciente interrompido do outro, Hanold. Assim, enquanto ele delirava, Gradiva alucinava para manter-se perto de seu objeto de amor e, ao mesmo tempo, encontrar recursos para tirá-lo do delírio emergido a partir de um sonho.

A perlaboração da contratransferência é, sim, um instrumento de investigação e de contenção, de *setting* analítico. Nessa mesma linha, Fédida (1988; 1992) aponta que o caráter de maior evidência para o trabalho clínico por meio da contratransferência é a subjetividade, mais do que a pessoa real do analista, e a partir dessa subjetividade ele pode auxiliar o paciente a discriminar seus sentimentos fantasiosos em relação a ele, analista, daqueles considerados realistas. Sustento que o trabalho de "refletir" as projeções transferenciais do analisando dos aspectos reais do funcionamento do psicanalista seria mais efetivo e preciso e passaria eminentemente pela sensibilidade da escuta dos objetos alucinatórios da contratransferência.

Com esse raciocínio, o analista é tirado de sua posição defensiva de nada sentir – que foi a de Kristeva durante bom tempo do tratamento –, na qual faz uso de suas teorias e técnicas clássicas, inclusive, como armaduras que o deixam protegido de qualquer desestabilização afetiva, para ser lançado ao umbigo dessas experiências como caminho que favorece a transformação e cria condições de emergir no outro um espírito livre.

Para encerrar, faço uma útlima proposição: nos casos em que o trabalho de reconstruir as cadeias associativas de vivência

248 ZOE/GRADIVA E SUA ALUCINAÇÃO

transferencial com o analista for eficaz, será gerado o sentimento de confiança tão buscado para a efetiva transformação terapêutica, em detrimento do sentimento de convicção proposto por Freud ao longo de toda a obra. No texto "Delírios e sonhos na Gradiva de Jensen" (Freud, 1907/1990d), é necessário lembrarmos que, ao analisar os personagens Gradiva e Hanold, Freud assinala que só os sentimentos têm valor mental. Em outras palavras: nenhuma força mental é significativa se não possuir a característica de despertar sentimentos, sendo que as ideias só são recalcadas porque estão associadas à liberação de sentimentos que devem ser evitados. Trata-se, justamente, da dimensão de experiência que sustento ser passível de o analisando poder viver junto ao analista nesse processo de metaforização e transformação dos seus conteúdos pela perlaboração da contratransferência do psicanalista.

O dispositivo da convicção está presente na obra de Freud em vários artigos, sendo ressaltado, sobretudo, em "Construções em análise" (1937/1990q). O analista deveria, então, via construção, levar o paciente a experimentar o sentimento de convicção que a interpretação poderia proporcionar ao ter como resultado uma lembrança. No entanto, perguntamos: convicção não remeteria à noção de convencimento? De um sujeito fazer algo para convencer o outro desse algo? Parece então que o dispositivo escolhido por Freud marca, justamente, uma posição narcísica do analista, que tenta gerar uma verdade absoluta no paciente. Mas a única certeza possível é de que não há como estarmos convictos do que quer que seja em uma análise.

Figueiredo (2012) assinala que a falta de capacidade em confiar ou o sentimento de desconfiança não é privilégio de pacientes paranoicos; citando Khan (1963/1984), demonstra que tanto a criação da confiança quanto o trajeto que pode levar da confiança à desconfiança dependem dos "acertos" e das falhas da mãe

– e, acrescento aqui, do analista. Este, por sua vez, pode funcionar como dispositivo que protege o analisando dos sentimentos primitivos de não confiar, derivados de experiências que geraram deficiências nas reservas narcísicas no período do narcisismo primário. Levar o sujeito a uma condição essencial do habitar e existir no próprio corpo passa por uma espécie de crença no objeto – mãe/analista – poder dar conta e aguentar as identificações projetivas, as quais comunicam sentimentos que, justamente, o sujeito não consegue tolerar.

Nesse sentido, o sentimento de confiança de uma análise seria produzido quando a construção oferecida pelo analista recupera um fragmento de experiência que se encontra desconectado da verdade histórica do material. Foi precisamente o que Kristeva fez na condução do caso Didier: libertar certos fragmentos das deformações criadas pelo paciente e repetidas transferencialmente em um *acting*, com a analista, possibilitando que esta última fizesse uma marca de diferença no psiquismo do paciente. Marcar o que pertence a uma história infantil, primitiva, que não está mais em conexão com o presente real do paciente, pressupõe colocar em operação a alteridade, que é o lugar do analista nesse trabalho, pondo em movimento a conjugação entre passado, presente e futuro, de modo a abrir um horizonte para o analisando. A alucinação do analista é, pois, a via régia dessa construção que possibilita o nascimento do sentimento de confianaça em si e no outro e, consequentemente, o devir do sujeito em psicanálise e na vida.

Considerações finais: a transformação da escuta psicanalítica a partir da sensibilidade clínica para construir sentido

> *Em nenhum caso se deve sentir vergonha de reconhecer, sem restrições, erros cometidos no passado. Nunca se esqueça que a análise não é um procedimento sugestivo, em que o prestígio do médico e sua infalibilidade têm que ser preservados acima de tudo. A única pretensão alimentada pela análise é a da confiança na franqueza e na sinceridade do médico, não lhe fazendo mal algum o franco reconhecimento de um erro.*
>
> Sándor Ferenczi, 1928/2011b, p. 37

A discussão que realizo neste momento final remete, necessariamente, à motivação para este estudo: ampliar as condições de escuta psicanalítica por meio do desenvolvimento de uma sensibilidade clínica. Trata-se de uma construção que advém de diversos fatores – das experiências vividas na análise pessoal, do conhecimento teórico, de discussões clínicas junto a colegas mais experientes, das trocas entre analista e analisando, que propiciam experiências distintas a ambos –, tudo isso nos permite novas re-transcrições, de

252   CONSIDERAÇÕES FINAIS

forma a gerar uma transformação contínua, profunda e certamente interminável.

Mas é o que vivemos junto a nossos pacientes, no calor da transferência e da contratransferência, que nos coloca, inevitavelmente, diante dos limites e das potencialidades da escuta analítica. E foram justamente experiências radicais, de interrupções violentas e traumatizantes, que me levaram à busca por ampliar as condições de analisabilidade, o que demandou repensar conceitos, pré-conceitos, apreender outras teorias e elaborar afetos remanescentes da primeira análise pessoal. Havia, pois, a necessidade de investir em um segundo tempo de formação, de modo a dar um "salto teórico", saindo da posição de analista centrada nas teorias clássicas da psicanálise e avançando para autores contemporâneos. O retorno a uma reanálise, o projeto de investigar teoricamente a contratransferência e um período de supervisão de pacientes difíceis foram decisivos para avançar neste projeto.

O livro apresentado, portanto, é fruto de experiências clínicas em que escutar o inaudível foi muito difícil para quem, até aquele momento, manejava os atendimentos tendo como sustentação, quase que exclusivamente, as teorias freudianas. Eu percebia o que se passava, mas não conseguia intervir de forma eficaz, de modo a ter acesso a materiais para realizar as construções em análise. A contratransferência que vivenciava nessas ocasiões, por muito tempo, vinha acompanhada de culpa, por entender que se tratava de falta de análise de minha parte. Usá-la como ferramenta de escuta do que se fazia presente em meu psiquismo por meio do que o paciente nele implantava apenas começava se esboçar como possibilidade.

A sensibilidade do psicanalista estava no cerne da questão, e, nesse sentido, a tese inicial não se desfez. Ao contrário, à medida que fui estudando autores que passaram por situações clínicas drásticas, como Ferenczi, Winnicott e Kristeva, fui construindo outra compreensão da dimensão do problema da pulsão de morte na clínica psicanalítica e a contratransferência que esses fenômenos convocam. Os estudos teóricos foram tomando corpo, permitindo que eu experimentasse, cotidianamente, intervenções que considerassem os afetos sentidos ao longo de uma sessão de análise.

Sem dúvida, este caminho de pensar a clínica dos padecimentos que hoje se apresentam à escuta analítica, e que levam o profissional ao seu limite radical de experiência, convoca a sensibilidade do psicanalista, que precisa atentar para questões metapsicológicas, psicopatológicas e técnicas que transcendem qualquer escola. Figueiredo (2012) declara, em momentos distintos do livro *As diversas faces do cuidar*, o fim da era das escolas – proposição com a qual estou de acordo, e que penso ser este livro em si um exemplo da transformação que vem acontecendo incessantemente nos meios psicanalíticos, seja em instituições de formação ou nas universidades. Contudo, aceitar o fim das fidelidades teóricas não significa a criação de uma miscelânea desconectada de pressupostos metapsicológicos. Significa fazer reverberar os conceitos, dialogando, na medida do possível, com as contribuições oferecidas por consagrados psicanalistas que estudam e pesquisam seriamente há mais de um século.

A tradição freudiana me constitui, e avançar para outros modos de clinicar e me sustentar teoricamente não significa desmerecê-la ou renegá-la. Muito ao contrário – o presente livro está profundamente implicado com a obra de Freud, e um dos meus principais objetivos era enraizar questões clínicas contemporâneas no legado freudiano, fazendo trabalhar algumas heranças deixadas pelo autor, como as questões da contratransferência e das construções em análise. Penso que resgatar esses conceitos à luz dos processos psíquicos do analista, circunscrevendo a qualidade que rege seu trabalho como a alucinação, permite recolocar no cenário

254 CONSIDERAÇÕES FINAIS

psicanalítico atual a vigência da psicanálise freudiana como processo terapêutico.

O que me levou a este trajeto foi a consciência que sempre me norteou de que é impossível exercer uma clínica psicanalítica desconectada do conhecimento profundo e rigoroso de teorias e técnicas. Entendo que o conhecimento de premissas do método e o saber de teorias têm que ver com o psicanalista não poder fazer de sua ignorância um mérito. Há uma densa teoria sobre o campo da sensibilidade clínica; não se trata de usar esta nomenclatura para justificar a insuficiência teórica e a falta de análise da contratransferência do psicanalista. Uma coisa é a ignorância a respeito do psiquismo que está em nosso divã, e outra bem diferente é colocar-se no lugar de suprema ignorância. Sobretudo, considero o trabalho clínico o umbigo da psicanálise e da constituição de um psicanalista. É de fato impossível avançar no conhecimento dos meandros psicanalíticos sem ser instigado pelos contornos, acentos e pontos nevrálgicos que a atividade clínica nos revela a todo o momento.

A produção está conectada à clínica e vice-versa. Por isso escolhi, para abrir este livro , um trecho do belíssimo texto de Pontalis (2005) intitulado *A partir da contratransferência: o morto e o vivo entrelaçados*. Nele, o autor narra as dificuldades que enfrentou para preparar uma conferência cujo tema central era a contratransferência – curiosamente, o fato de não conseguir produzir lhe permitiu pensar em sua clínica, no que há de morto e de vivo e que produz efeitos no analista, de modo que trabalhar esse tema requer um exame contínuo dos sentimentos despertados – trata-se do que aqui nomeamos, justamente, de perlaborar a contratransferência.

No sentido do que é proposto por Pontalis, forçar teorias e técnicas para entrar no espírito de uma escola específica, de uma instituição à qual se esteja ligado, ou até mesmo para a compreensão de um caso clínico, significa uma intimidação violenta de conceitos, o que leva à estagnação e à crise da própria psicanálise. É a falta de sensibilidade pura do analista e de conhecimentos teóricos sobre o tema que muitas vezes fica escondida na suposta frieza convocada pela abstinência e que impõe os mais drásticos limites à analisabilidade na clínica atual.

Certamente, a contratransferência continua sendo um tema espinhoso que exige um olhar para dentro, um olhar para fora de si e para o que se dá entre os sujeitos, de modo a compreendermos o que acontece com o analisando. As hipóteses que formulei na construção do projeto me levaram a desenvolver e sustentar a tese, apresentada neste livro, de que são necessárias uma escuta ativa e uma intervenção do analista que considerem os sentimentos contratransferenciais por meio dos quais a dupla analítica vai trabalhar. Do material bruto trazido pelo paciente podemos retirar o conteúdo para construir algo da ordem da representação-coisa e restituir ao psiquismo condições de transformar destinos pulsionais primitivos por meio do processamento do circuito representação-coisa e representação-palavra, permitindo que a pulsão ingresse na esfera psíquica.

Penso que se faz pertinente então, nesta discussão final, compartilhar alguns fatos clínicos do caso[1] que me motivou a este estudo, não só para sublinhar os erros incorridos na escuta e nas interpretações pautadas em um ponto de vista teórico exclusivo, mas também para reafirmar a importância de desenvolver uma teoria da escuta pela via sensível do psicanalista e uma habilidade para

---

1 Para resguardar a confidencialidade do caso estou seguindo os passos de Freud de fazer transformações e alterações suficientes para que os dados apresentados não permitam a identificação do sujeito. O material não será abordado em extensão e profundidade. Serão apresentados aqui apenas fatos clínicos redigidos após o encerramento do tratamento, de modo a não contaminar o andamento do caso na época. Os episódios referidos são pertinentes para ilustrar a discussão aqui proposta, e não para fins de discussão clínica.

sua aplicação, que considero a principal aquisição ao longo deste processo de transformar o sensível em sentido.

Trata-se de um jovem homem que permaneceu em atendimento comigo durante três anos e meio, com frequência de três vezes por semana, e que nomearei de Douglas. Quando chegou para a primeira entrevista, estava muito assustado com o que havia feito poucos dias antes. Contou que apresentava frequentemente crises de agressividade e descontrole, batendo nas companheiras, quebrando móveis dos apartamentos onde residiam, reatualizando constantemente cenas que reproduziam, de algum modo, uma vivência traumática da sua infância, que ele nomeava de "gritarias e quebradeiras".

Na semana anterior, Douglas começou uma conversa com a namorada que estava com ele havia anos, querendo saber se ela havia transado com mais "caras" do que ele. Não se dá conta do ato falho apresentado na primeira entrevista e, ao escutar o assinalamento da analista, reage defensivamente, dizendo que foi uma forma errada de se expressar. Relata que a conversa com a namorada, iniciada em lugar público, terminou com os vizinhos chamando a polícia porque ele havia quebrado todos os móveis da casa dela.

Depois de alguns meses comparecendo três vezes por semana e recusando-se a deitar no divã, Douglas pôde assimilar o término do namoro, lamentando-se por ter sido tão violento, e começou a reorganizar-se em seu próprio apartamento. Ele tinha dificuldade de ficar sozinho e pensar em crescer em sua profissão. Estávamos em um período em que seu desespero com a solidão e a angústia por quebrar as coisas que conquistava estavam menos agudos e nos permitiram examinar um pouco mais a fundo sua história. Poucos dias antes, ele havia contado em análise que fazia uso excessivo de álcool, várias vezes por semana. Parecia então estar aceitando sua própria condição, que ficara negada em seu psiquismo. Quando o indaguei sobre desde quando as quebradeiras vinham fazendo parte de sua vida, em situações de uso de álcool, Douglas se lembrou de um episódio consideravelmente importante, que estava cindido em seu ego. Desde pequeno, presenciara cenas em casa entre os pais, de "gritarias e quebradeiras"; então, parecia que um "botão" era acionado nele de repente, e começava a quebrar tudo na casa das namoradas, como antigamente. O uso do álcool também desencadeava situações estranhas, de autoviolência, que quase o levaram ao suicídio mais de uma vez.

A revivência da cena que ele reproduzia, em parte, era relativa às "gritarias e quebradeiras" noturnas que escutava de seu quarto quando pequenino e que o impediam de dormir por temer o que poderia acontecer. Nessas ocasiões, o pai chegava em casa e encontrava a mãe bebendo. A primeira lembrança que me relatou datava de mais ou menos 3 anos de idade – ele ia até a "tendinha da esquina" da casa deles comprar um garrafão de vinho para a mãe: "voltava me quebrando todo para carregar o garrafão, imagina, pequeninho, não tinha muita força, mas vinha contente porque com o troco ela me deixava comprar balinhas". Sem se dar conta, falava da cisão promovida em seu ego.

Quando questionei com que frequência isso acontecia, conta que era a cada dois ou três dias. Com o tempo, começou a se dar conta de que a mãe era quem bebia e que seu alcoolismo era resultante de uma identificação com a mãe. Começou a contar das brigas e se lembrou de que, muitas vezes, elas costumavam se estender pela madrugada, na hora em que a mãe ia para cama. Nunca havia ligado a questão de comprar o álcool para a mãe com as brigas noturnas e com sua própria bebedeira.

A segunda lembrança que conseguiu trazer, e que novamente apresenta uma cisão no ego entre a percepção e o afeto correspondente, referia-se à época em que o pai era professor de um colégio e lecionava à noite. Quando chegava em casa, encontrava a mãe bebendo no sofá e assim começavam as brigas e gritarias. O pai jantava e ia dormir. Depois de um tempo, o menino acordava com outras "gritarias" que lhe assustavam e corria para o quarto das irmãs. Na ocasião, imaginou que fossem devidas ao estado da mãe, sem supor uma possível cena sexual entre os pais, indicada pela sequência apresentada na lembrança. Contou que se lembrava também de que, quando terminavam essas "gritarias e quebradeiras" da madrugada, ele ia até o quarto dos pais – a mãe geralmente já estava dormindo, e quem abria as cobertas para acolhê-lo era o pai, que geralmente estava nu, e em quem se abraçava para dormir.

A parte que remetia ao alcoolismo da mãe foi possível de ser reconstruída em uma cadeia associativa que desfez, até certo ponto, a desautorização que se instalou entre a percepção de comprar garrafão de vinho e a consequência disso, que eram as brigas com o pai decorrentes das bebedeiras da mãe. O efeito do que se quebrara em seu ego pelo alcoolismo da mãe lhe causava um sofrimento absurdo, que o mantinha em uma identificação passiva na vida, embora parecesse excessivamente ativo. A bebida começou a diminuir depois desse período de análise, em que pôde falar sobre quem era a sua mãe, mas voltou a persistir quando começou a falar sobre quem era o pai, na vida real e, principalmente, em seu imaginário.

Uma nova sequência de lembranças se produziu, de cenas em que claramente ele era ativo em irritar o pai para que lhe infligisse castigos corporais. Porém, mesmo na hora em que narrava essas cenas na sessão, Douglas se colocava como vítima, não se dando conta de que contribuía para o desencadeamento da violência. Nesse mesmo período em que "apanhava do pai", um tio drogado, irmão da mãe, passou a morar com a família. Tinha 15 anos a mais que o analisando, que, na época, estava com 5 anos de idade, e foi com esse tio que aconteceram algumas "brincadeiras homossexuais".

Na escuta, ficava evidente que o pai tentava colocar alguns limites ao menino, que era agitado e agressivo, buscando sempre afrontar a autoridade paterna – intenção que era verbalizada pelo analisando ao narrar esses episódios. O pai, evidentemente, não compreendia que, na verdade, o filho comunicava seu desamparo; com isso, reproduzia essa vivência ao bater nele durante o dia e à noite acolhê-lo quando estava apavorado, sem conseguir dormir.

Sabemos da constituição da fantasia de espancamento como base dos destinos masoquistas do sujeito e da posição masoquista do ego em relação ao superego, como motivo inconsciente da necessidade de punição, como Freud mesmo descreveu em 1919 e retomou em 1924. O masoquismo é um dos temas que nos permitem avançar no estudo da pulsão de morte, seu incremento nos destinos pulsionais de transformação no contrário e volta contra si mesmo, que se apresentavam nos primeiros tempos de vida, anteriores ao recalcamento e à violência de Douglas. Proposta de seguimento de pesquisa que se abre a partir dos limites do escopo da presente investigação, que, na última parte, entrou no tema do irrepresentado, da figurabilidade e da alucinação como rememoração. Trata-se de elementos que se inter-relacionam com o tema da pulsão de morte. Aprofundar o estudo desse conceito é uma necessidade e se alinha a esta tese pelo tipo de psicopatologia em jogo nos casos aqui trazidos, os quais apresentam maior exigência e habilidades na escuta e intervenção do analista.

Na segunda tópica freudiana, a relação do narcisismo com o masoquismo e a pulsão de morte, bem como a implicação diagnóstica da contratransferência diante de pacientes com questões narcísico-identitárias nos levam a inter-relacionar o campo da psicopatologia à contratransferência, sendo este um desdobramento possível da presente investigação. Também os *enactments* se apresentam como outro desdobramento possível de investigação da

260 CONSIDERAÇÕES FINAIS

contratransferência na clínica dessas situações limites. São duas aberturas para dar seguimento às investigações realizadas, que, por caminhos diferentes, levam a temas cujo eixo dorsal é a polêmica questão da pulsão de morte.

Essa breve indicação do que penso seguir pesquisando decorre do ponto mais difícil no processo analítico de Douglas, que era desfazer a cisão de ego que se apresentava. O pai, descrito como violento, era quem na verdade cuidava e dava algum amparo psíquico ao filho, ainda que, ao mesmo tempo, pudesse promover um excesso de excitação, levando a uma clara confusão de línguas entre ambos que fomentava fantasias homossexuais no menino. As relações de Douglas entravam sempre no campo do embate e, além de denunciarem seu desamparo primordial, apontavam para uma considerável homossexualidade latente. Evidentemente, podemos indagar de qual homossexualidade se tratava: de ser penetrado pela potência masculina do pai ou seria da ordem de um desejo de objeto homossexual? Sempre me pareceu que estava no campo constituinte do sujeito masculino, embora não fosse possível examinar os conteúdos dessa forma. O tema que foi mais difícil de perlaborar pela dupla dizia respeito à passividade do paciente, que, na verdade, escondia uma atividade homossexual em relação ao pai, a qual, ao término desta tese, entendemos como o desejo da linguagem da ternura que solicita uma forma de ser investido amorosamente pelo pai.

A dificuldade de escutar esses conteúdos decorria do fato de eu não conseguir compreender teoricamente a contratransferência que percebia em mim, de raiva, impotência e irritação com as provocações do analisando, e por reduzir a implicação desses sentimentos a complexos não suficientemente analisados de minha parte. Sem dúvida, sempre há essa dimensão da contratransferência que precisa ser examinada silenciosamente pelo analista para descondensar os seus conteúdos daquilo que recebe do analisando para ser afetado. Porém, como vimos ao longo deste livro, este não é o todo da questão. Esse foi o primeiro ganho desta pesquisa: mudar o estatuto da contratransferência, propondo que se trata de um sentimento que devemos tolerar para, por meio dele, trabalhar conteúdos do analisando.

Neste caso, porém, a ideia de eliminar a contratransferência por meio da análise pessoal levou ao fracasso clínico. Eu seguia interpretando pela linha clássica de compreensão das resistências em jogo para analisar os conteúdos narcísicos, bem como a homossexualidade de Douglas. Após os estudos realizados sobre a identificação projetiva em sua forma resistencial e, sobretudo, em sua dimensão comunicativa de *phantasias* inconscientes, supus que a forma como Douglas contava o que lhe ocorria em relação às suas figuras paterna e materna fazia com que sentisse insegurança, impotência, desejo e medo ao mesmo tempo. Esses fatos eram então encenados nas brigas com as namoradas, que terminavam frente à polícia ou aos seguranças dos bares.

Figueiredo (2008) afirma que a necessidade de compreender e tolerar a existência desse tipo de contratransferência complementar, evidentemente sem entrar no jogo do paciente, faz parte do processo e precisa ser contido e tolerado pelo analista. Hoje é possível elaborar a ideia de que ser convocada contratransferencialmente a desempenhar o papel que o pai representava na cena estava a serviço, também, de uma resistência que encobria o ponto mais delicado do psiquismo que se encontrava em meu consultório: a possibilidade do suicídio.

Ora, não é difícil pensar que se um sujeito se vê profundamente prejudicado em sua constituição de recursos egoicos e em seu valor narcísico, tanto pelo desamparo gerado pelo alcoolismo da mãe, que não conseguia prestar atenção nos pequenos hóspedes,

262 CONSIDERAÇÕES FINAIS

filhos, que chegaram à família, como pelo pai, que o deixava exposto à sua própria agressividade e sexualidade, que então se voltava contra ele quando tinha seus acessos de rebeldia, desencadeando os violentos castigos, e exposto à linguagem da paixão precocemente. Se o sujeito procura ser compreendido em sua língua pela mãe e não encontra esse acolhimento, se volta para o pai e novamente não encontra essa compreensão, facilmente nos remetemos à proposição de Ferenczi (1928/2011k) de que a tendência é morrer sem grandes resistências.

Douglas apresentava uma forte tendência de se colocar em cenas que o levariam à morte, porém, temia esse destino, e a forma de fazer resistência a isso foi procurando análise. Percebia e ficava aterrorizado com a ideia de que a análise, à medida que avançava, ia desfazendo certas cisões do ego, e temia tomar consciência do caos pulsional que existia dentro dele, sem poder tolerá-lo e contê-lo. A dialética inconsciente era a seguinte: precisava desfazer as percepções que estavam desautorizadas de adquirir sentido em relação à sua história, tomando consciência de seus movimentos homossexuais latentes de forma equivocada, e não como decorrentes do desamparo radical que gritava por algum investimento que o sexualizassse ternamente. Isso o levaria ao suicídio, por imaginar que a dupla analítica não conseguiria dar conta de tal desamparo. Contratransferencialmente, a confusão de línguas se deu pelo fato de a analista entender essa homossexualidade como uma questão de saída edípica, e não como defesa que encobria o problema maior que era a tendência ao suicídio. Essa questão da tendência suicida que aponta para aspectos muito melancólicos da estrutura desse sujeito me parece ser a vertente contratransferencial que ficou encoberta pela contratransferência complementar, que convocou a analista a encenar o papel do pai de ser severa ao insistir em limites por meio da manutenção de regras do *setting* e incorrer em interpretações com cunho edípico.

Essa composição de fatos clínicos levou Douglas a precisar promover uma cena violenta de gritaria e quebradeira dentro do consultório, literalmente, para inocular na analista seus sentimentos e fazê-la escutar o limite de sua compreensão sobre o campo das falhas do narcisismo e da destrutividade.

Diante dessa construção transferencial/contratransferencial, Douglas entrou em um sério movimento de compulsão a repetir seu padrão de quebrar o que tinha assim que surgiu a questão de ir para a cama dos pais à noite e dormir abraçado ao pai, bem como fazer travessuras que provocassem a ira deste, para afrontar sua dimensão de autoridade, e ainda as experiências com o tio. As combinações que asseguravam o *setting* para que ocorresse o trabalho analítico foram as primeiras a serem quebradas. O analisando faltava a várias sessões seguidas e, nesse meio-tempo, arrumava encrencas que o faziam ligar tarde da noite, quase de madrugada, para minha casa, pedindo socorro. Então vinham as tentativas de negociar, por telefone, o não pagamento dos honorários referentes às faltas.

O tema do valor, que ele desesperadamente precisava adquirir aos olhos do outro/pai/analista, como caminho que pudesse favorecer a sua construção, inicialmente como sujeito, e posteriormente de sua masculinidade, apareceu também por meio dos honorários. A recusa em acertar o pagamento das faltas teve início, claramente, após um período da análise em que Douglas havia recordado experiências homossexuais. Certa vez, então, me fez um relato muito angustiado: na noite anterior ao nosso encontro, havia feito mais uma quebradeira na casa da namorada, e só saíra vivo do bar onde começou a briga porque era muito amigo do proprietário: "se não fosse essa sorte, os seguranças, que eram uns armários, teriam me espancado até matar". Fiz então uma intervenção marcando o entendimento de que as "quebradeiras" haviam começado

264 CONSIDERAÇÕES FINAIS

no consultório desde que ele falara em experiências homossexuais. E acrescentei que, juntos, precisávamos refletir sobre a relação entre bater nas namoradas com a necessidade de provocar homens violentos e maiores que ele e quebrar as combinações da análise que asseguravam o tratamento.

A reação de Douglas foi imediata e violenta – começou a chutar a porta do consultório, quebrar um aparador de madeira e os objetos de decoração que havia pela sala, ao mesmo tempo que gritava, ordenando que eu abrisse a "merda desta porta". Esbravejando, dizia que eu não sabia como era o mundo dos negócios e que não se devia misturar assuntos de dinheiro com assuntos de trabalho. Insistia em dizer que havia ligado várias vezes para tentar acertar a questão do pagamento, justamente para não misturarem esse assunto com aqueles que ele considerava pertinentes ao nosso trabalho, mas que eu havia me recusado a fazer esse acerto por telefone com ele. Acusava-me de ter quebrado a confiança, me chamando de burra porque ele havia contado das experiências homossexuais em caráter de confiança, e eu havia jogado isso tudo na cara dele para golpeá-lo. Depois de passar um tempo chutando a porta, quebrando objetos de decoração, gritando e me xingando, ficou em pé na minha frente com as mãos na cintura em um breve silêncio.

Nesses minutos de "gritaria e quebradeira", fui invadida por um medo muito grande de que ele começasse a me bater, como frequentemente me contava que fazia com as namoradas. Um sentimento de medo me fez ficar imóvel enquanto a cena acontecia. Em seguida, surgiu a impotência, além de certo vazio por não saber o que fazer diante daquela cena, pois tinha certeza de que qualquer coisa que falasse se voltaria contra mim. Assim que Douglas parou em pé na minha frente sem gritar, com voz firme, ordenei que parasse com a gritaria e a quebradeira e se sentasse, pois nosso horário não havia terminado e precisávamos conversar. Para minha surpresa, já que fiz essa intervenção quase sem pensar, ele se acalmou, voltou para sua poltrona e foi possível dizer-lhe que o que ele havia mostrado naquela cena era o que vivera a vida inteira e que tinha muitos sentimentos que precisavam ser processados sobre todas as lembranças que haviam surgido nas últimas semanas. Compreendi, naquele momento, que ele encenava algo para me mostrar alguma coisa que vivera, mas sem processar, sem tramitar pela via da representação-coisa/representação-palavra que permitisse uma narrativa sobre esse tipo de sentimento encravado em seu psiquismo como marcas mnêmicas.

Finalizamos. Douglas foi embora, e, em seguida, me veio o sentimento de que nunca mais veria aquele analisando. Uma profunda tristeza e sensação de fracasso tomaram conta de mim; no horário seguinte que tínhamos agendado, aguardei descrente que o veria novamente. Eis uma nova surpresa: lá estava Douglas, na hora marcada, e com o pagamento de todos os honorários que estavam em aberto. Sentou-se e pôde verbalizar que havia sido muito difícil o que acontecera no consultório, que reconhecia a gravidade do que se passava com ele desde que começara a análise, dimensão que reduzira até então, mas que não via a possibilidade de seguirmos juntos naquele momento porque eu havia quebrado a confiança que ele tinha em mim como analista. Por reconhecer o quanto se beneficiara ao longo daqueles três anos de tratamento, fizera questão de vir dizer tudo isso e de não sair devendo, como havia ocorrido em análises anteriores.

Após o longo percurso aqui relatado, penso ser necessário fazer algumas considerações sobre esses fatos clínicos. A primeira delas consiste em reconhecer que a intervenção sentida como violenta pelo analisando foi feita sob efeitos da contratransferência não perlaborada – a tentativa de manutenção da abstinência e da interpretação pautada nas resistências do ego, sem que eu tivesse

266 CONSIDERAÇÕES FINAIS

a compreensão do que a contratransferência me comunicava das *phantasias* dele. Já falei de meu desconhecimento inicial de teorias acerca da contratransferência; há também a necessidade, porém, de ressaltar argumentos metapsicológicos que hoje são mais compreensíveis, a exemplo do caminho que apontamos como possibilidade de um projeto de pós-doutorado. A compreensão do psiquismo primário, tendo o masoquismo primário como fundante, na sua versão não erógena, permite contemplar os movimentos de passividade e atividade do analisando sob outro prisma. A passividade que ele apresentava na vida, de nunca conseguir dormir sozinho ainda na vida adulta, de beber e se impedir de levar adiante um relacionamento, as dificuldades que apresentava de crescer quebrando tudo também em sua profissão e se organizar com maior autonomia financeira decorriam da não imbricação da pulsão de vida com a pulsão de morte, impedindo que a primeira sublimasse a agressividade, de forma a defletir essa pulsão de morte mediante outros destinos pulsionais e estabelecer uma força de progressão na vida.

Em termos freudianos, podemos pensar nos destinos do masoquismo originário do sujeito, nas inscrições psíquicas que não são ainda representações – as impressões e traços de memória –, que podem se repetir dentro de um processo de análise em forma de *acting*, trazendo à tona as proposições da "Carta 52" (Freud, 1896/2006l) que vimos na última parte do livro. Neste livro, busquei então pensar no universo anterior ao recalcado – como os conceitos de autoerotismo, ego realidade inicial, prazer do órgão – presente nos casos de traumas precoces, considerando que são sujeitos que incitam maior contratransferência no analista, justamente pela projeção para dentro deste desses aspectos clivados e regressivos que o levam a viver os efeitos da pulsão de morte como se fossem sentimentos seus.

A primeira incursão teórica realizada ao longo do doutorado foi uma revisão dos próprios conceitos freudianos mencionados anteriormente e que exerceu uma grande influência para a proposição da tese da perlaboração da contratransferência. Entendo que o texto das construções em análise (Freud, 1937/1990q) é postulado como uma intervenção a ser realizada em materiais que já estão soterrados pelo recalcamento; mas o fato de Freud voltar a um texto técnico no final de sua obra, depois de passar dezessete anos produzindo sobre a questão da pulsão de morte, nos permite alçar as construções a outro patamar, o de construção de representações primárias, que favoreçem a simbolização primária dos destinos do masoquismo não erógeno – núcleo central defendido nesta tese.

Hoje é possível formular que os sentimentos intensos de medo, impotência, fracasso e humilhação que Douglas me fez experienciar em nosso penúltimo encontro, possivelmente, haviam sido vivenciados repetidamente em sua infância, sem que pudessem ser figurados, representados e simbolizados. Fazer uma identificação projetiva maciça desses sentimentos foi a forma que conseguiu para contar para a analista o que não era possível de ser narrado. Concluído este livro, podemos partir desta perspectiva: que esta é a maneira como pacientes com núcleos mais psicóticos conseguem transferir; se entendermos que transferência consiste em tirar de um lugar e colocar dentro de outro, podemos com certeza defender que há um modo de escutar o que é transferido dos conteúdos primitivos inarráveis. Pois bem, a contratransferência é essa ferramenta de escuta, e a insensibilidade do analista é que limita o processo de escuta e a analisabilidade desses sujeitos.

O tema da sensibilidade do analista remeteu ao segundo grande estudo realizado no processo desta pesquisa, que foi a obra de Ferenczi. Não bastava ler os textos que remetiam à técnica, foi necessário compreender os desenvolvimentos desse importante autor acerca do trauma para apreender a fundo o que sustenta como sensibilidade do analista. Os exemplos clínicos e as alterações técnicas que foi testando para dar conta do que sua clínica lhe mostrava foram de grande valia para a disponibilidade clínica com pacientes não neuróticos. Ferenczi desenvolveu as proposições das fantasias provocadas, que, aliadas ao conceito de empatia, constituem uma vertente forte da implicação do trabalho do psiquismo do analista para alcançar os traumas do campo do narcisismo presente com maior força em certos atendimentos.

Como vimos, a partir da consideração da realidade externa na constituição das patologias, Ferenczi formula a empatia como escuta mais acolhedora em comparação à técnica freudiana, além do uso terapêutico da contratransferência e da regressão emocional do paciente no *setting* (Dallazen & Kupermann, 2017). O conceito representa uma evolução considerável acerca da questão da escuta, e é sem dúvida um tema pautado em problemas como "repetição", "regressão" e *"acting out"*. Compreender o que é "sentir dentro", como se conteúdos que dizem respeito ao analisando fossem também do analista, nos possibilitou desenvolver a proposição de que a via de trabalho com esse tipo de paciente se dá pela alucinação do analista.

É então pela via do psiquismo do analista que podemos abrir um espaço para receber, acolher e conter a linguagem da ternura proferida pelo infantil que habita em cada analisando – lembrando que acolher não significa ser conivente com certos sentimentos, mas, sim, abrir espaço para conceber o estrangeiro, tanto o estrangeiro que chega em nosso consultório como a língua que ele fala, e, sobretudo, a contratransferência como estrangeiro. Esse foi outro grande aporte a este processo de perlaboração encontrado em Ferenczi e nos desenvolvimentos da ética do cuidado.

Sem dúvida, o estudo da teoria do trauma realizado por Ferenczi nos textos já mencionados na segunda parte do livro foi fundamental para a distinção do trauma edípico como pensado por Freud, e do trauma relativo ao narcisismo, como trabalha Ferenczi, o que leva a manifestações distintas na clínica e requer alterações na técnica. O tema da desautorização, como desenvolvido pelo psicanalista húngaro, permite redimensionar a compreensão do conceito de cisão do ego (Freud, 1938/2006m), ao esclarecer que permanece no psiquismo a percepção do sujeito, bem como o afeto, e que a cisão consiste na desautorização da ligação entre esses dois elementos, o que recai nas falhas de tradução das marcas mnêmicas e dos traços de memória, "curto-circuitando" as cadeias representacionais e, consequentemente, desfavorecendo as simbolizações primárias desse psiquismo.

É justamente neste ponto em que o afeto fica desautorizado de se ligar à percepção que entram as defesas primitivas, remetendo o sujeito ao uso de identificações projetivas. A teoria da identificação projetiva foi outra grande incursão que exigiu bom tempo de estudo e leitura de textos de Melanie Klein e seus colaboradores. Pensar a identificação projetiva como defesa permitiu encontrar e conhecer a vertente teórica, desconhecida até este percurso de investigação, que alça esse fenômeno ao estatuto de comunicação de conteúdos primitivos. Certamente, essa descoberta favoreceu muito a compreensão do caso aqui relatado e da economia e dinâmica da transferência/contratransferência, transformando profundamente o modo de escutar na clínica psicanalítica.

Os estudos de Melanie Klein, Bion e Rosenfeld foram apenas iniciados no final deste percurso, e esta é uma outra vertente que apontamos como caminho a ser seguido. A possibilidade de indagar que conteúdos essa identificação projetiva comunica abriu o tema das diferenças metapsicológicas do conceito de fantasia e o de alucinação em Freud, bem como de *phantasia* inconsciente em Klein. Contudo, o tempo que se coloca como limite em um

270   CONSIDERAÇÕES FINAIS

processo de doutoramento, necessário, impediu o aprofundamento do conhecimento sobre esses aspectos, apenas iniciado nesta pesquisa.

O conceito de *rêverie* foi incluído em um segundo momento, tornando-se fundamental para o trabalho de descrever a metapsicologia do analista. A *rêverie* viabilizou ressignificar a postulação freudiana da dimensão de comunicação de inconsciente para inconsciente e então completar o trabalho iniciado com a empatia, atribuindo à contratransferência um estatuto estético. Conforme Bion (1962/1994a), *rêverie* é a função materna convocada alucinatoriamente na mãe, que, sem que tenha tanta consciência do que lhe foi acionado, realiza um trabalho de investimento em sua memória a partir do sentimento que lhe foi despertado e o decodifica, de modo a devolver algum significado sobre essa experiência para seu bebê. Cria-se então, entre eles, um espaço de criação compartilhado, que seria o espaço de terceiridade, como propõe Green (1975/2008), ou o terceiro analítico, como sustenta Ogden (1994).

O tema da metapsicologia do analista era algo que aparecia desde a época do mestrado, quando investiguei os destinos do superego e do ideal de ego em um romance familiar. Quando iniciei esta pesquisa, não tinha clareza de onde chegaria, mas foram o desdobramento e o caminho para abarcar a indagação que se originaram na minha experiência clínica e que ressignificaram a indagação sobre a metapsicologia do psicanalista emergida ao longo do processo de mestrado. Dedicar um ponto a descrever a metapsicologia do analista foi o momento mais trabalhoso da tese e do livro, pelo fato de serem muitas teorias e muitos autores completamente novos para mim e que colocavam interrogações diretas ao que eu conhecia por meio da obra freudiana. Mas, depois deste longo percurso, pude propor a empatia, a identificação projetiva e a *rêverie* como elementos da perlaboração do analista.

Penso ter sustentado a ideia de enraizar na obra de Freud a questão clínica da escuta dos pacientes que estão sob o regime do irrepresentado, propondo a perlaboração da contratransferência como recurso de construção em análise. Isso permitiu o longo estudo por meio de autores distintos e um retorno a Freud com outra compreensão sobre determinados conceitos. Foi possível neste livro apreender os aportes metapsicológicos realizados ao longo de praticamente cem anos de história, estudar e descrever a metapsicologia do analista e propor a alucinação como a matriz criativa das construções em análise, a via sensível do analista a ser agregada às catarses dos analisandos para que se faça um trabalho de inscrição via figurabilidade do analista, acrescentando uma dimensão estética à contratransferência.

Sem dúvida, há semelhanças e diferenças na atuação de um psicanalista dentro de uma clínica privada ou dentro dos âmbitos da academia. Aposto sempre no método psicanalítico em ambos os terrenos de pesquisa, sendo possível escutar o que o texto apresenta por meio da leitura crítica e desconstrutiva. Sem dúvida, entrar em um ponto do texto leva a uma cadeia de associações, e não imaginamos de antemão aonde iremos parar. Um exemplo claro é que jamais me ocorreu, ao iniciar este processo de pesquisa, que investigar o tema da contratransferência, as cadeias associativas realizadas por meio dos estudos, faria com que eu recaísse no tema da alucinação. Penso ter sido essa a principal descoberta desta pesquisa e nossa contribuição ao desenvolvimento do tema da contratransferência.

Sabemos que, por mais autonomia que tenha um analista, ele é constituído por sua história com a psicanálise, pelos modelos teóricos com os quais se afina, pelo encontro com seus analistas, supervisores, coordenadores de seminário, orientador de pesquisa, banca escolhida para a interlocução. As respostas aqui

272 CONSIDERAÇÕES FINAIS

encontradas, de ser a Gradiva o paradigma de trabalho analítico pela via sensível do analista e de ser a alucinação a origem do processo criativo entre a dupla analítica, foram as possíveis de serem formuladas a partir da reflexão profunda de todas as interlocuções realizadas ao longo da pesquisa. Certamente, não se trata da única forma de responder aos problemas clínicos que a figura clínica descrita nesta discussão me apresentou, mas é, sim, uma forma de responder e uma contribuição que podemos oferecer ao campo científico que se ocupa deste tema, a contratransferência e a clínica dos pacientes graves.

Referências

Abraham, N., & Torok, M. (1995). *A casca e o núcleo*. Rio de Janeiro: Escuta.

Balint, M. (1990). Introdução. In S. Ferenczi. *Diário clínico de 1932* (pp. 1-6). São Paulo: Martins Fontes. (Trabalho original publicado em 1969)

Balint, M. (2014). *A falha básica: aspectos terapêuticos da regressão*. São Paulo: Editora Zagodoni. (Trabalho original publicado em 1968)

Baranger, M., & Baranger, W. (1961). La situación analítica como campo dinámico. *Revista Uruguaya de Psicoanálisis, 4*(1), 3-54.

Bernardi, B. L. (2007). Origem e evolução histórica do conceito de contratransferência. In J. Zaslavsky, & J. P. Manuel (Orgs.). *Contratransferência: teoria e prática clínica*. Porto Alegre, Artmed.

Bion, W. (1994a). Uma teoria sobre o pensar. In W. Bion. *Estudos psicanalíticos revisados* (*second thoughts*) (3. ed. rev., pp. 127-138). Rio de Janeiro: Imago. (Trabalho original publicado em 1962)

Bion, W. (1994b). Ataques à ligação. In W. Bion. *Estudos psicanalíticos revisados (second thoughts)* (3. ed. rev., pp. 109-126). Rio de Janeiro: Imago. (Trabalho original publicado em 1959)

Bion, W. (1994c). Diferenciação entre a personalidade psicótica e a personalidade não-psicótica. In W. Bion. *Estudos psicanalíticos revisados (second thoughts)* (3. ed. rev., pp. 55-78). Rio de Janeiro: Imago. (Trabalho original publicado em 1957)

Birman, J. (2009). A atualidade dos escritos ferenczianos. In *Sándor Ferenczi, a ética do cuidado* (2. ed.). São Paulo: Duetto. (Coleção Memória da Psicanálise da revista *Mente & Cérebro*, n. 3)

Botella, C., & Botella, S. (2002). *Irrepresentável: mais além da representação*. Porto Alegre: Criação Humana.

Brunswick, R. M. (1981). Supplément à l'"Extrait de l'histoire d'une névrose infantile" de Freud. In M. Gardiner (Org.). *L'Homme aux Loups par ses psychanalystes et par lui-même* (pp. 268-316). Paris: Gallimard. (Trabalho original publicado em 1928)

Candi, T. (2010). *O duplo limite: o aparelho psíquico de André Green*. São Paulo: Escuta.

Cintra, E. M. U. (2017). Empatia, identificação projetiva e rêverie: escutar o inaudível na clínica do trauma. In E. M. U. Cintra, G. Tamburrino, & M. F. R. Ribeiro. *Para além da contratransferência: o analista implicado* (pp. 17-29). São Paulo: Zagodoni.

Cintra, E. M. U., & Figueiredo, L. C. (2010). *Melanie Klein: estilo e pensamento*. São Paulo: Escuta.

Conte, B. S. (2004). *Prazer e dor: o masoquismo e a sexualidade*. Porto Alegre: Criação Humana.

Costa, M. O. (2016). *De que cor será sentir? Método psicanalítico na psicose*. Barueri: Manole.

Dallazen, L. (2010). *O superego e o ideal do ego: um destino ao romance familiar*. Dissertação de mestrado, Instituto de Psicologia da Universidade de São Paulo, São Paulo, SP, Brasil.

Dallazen, L., & Kupermann, D. (2017). A perlaboração da contratransferência nas construções em análise. In E. M. U. Cintra, G. Tamburrino, & M. F. R. Ribeiro. *Para além da contratransferência: o analista implicado* (pp. 69-84). São Paulo: Zagodoni.

De León, B., & Bernardi, R. (2000). *Contratransferência*. Buenos Aires: Editora Pelmos.

Derrida, J. (2003). Questão do estrangeiro: vinda do estrangeiro. In J. Derrida, & A. Dufourmantelle. *Anne Dufourmantelle convida Jacques Derrida a falar da hospitalidade*. São Paulo: Escuta.

Dias, H. M. (2007). *Contratransferência: um dispositivo clínico psicanalítico*. Tese de doutorado, Pontifícia Universidade Católica de São Paulo, São Paulo, SP, Brasil.

Dias, H. M., & Berlinck, M. T. B. (2011). Contratransferência e enquadre psicanalítico em Pierre Fédida. *Revista Psicologia Clínica, 23*(2), 221-231.

Elkaim, M., & Stengers, I. (1994). Do casamento dos heterogêneos. *Boletim de Novidades pulsional, 63*.

Etchegoyen, R. H. (1987). *Fundamentos da técnica psicanalítica*. Porto Alegre: Artes Médicas.

Fédida, P. (1988). *Clínica psicanalítica: estudos*. São Paulo: Escuta.

Fédida, P. (1989). *Comunicação e representação. Novas semiologias em psicopatologia*. São Paulo: Escuta.

Fédida, P. (1992). *Crisis y contra-transferencia*. Buenos Aires: Amorrortu.

Fédida, P. (1996). *O sítio do estrangeiro: a situação psicanalítica*. São Paulo: Escuta.

276 REFERÊNCIAS

Ferenczi, S. (1990). *Diário clínico de 1932*. São Paulo: Martins Fontes. (Publicação póstuma. Trabalho original publicado em 1969)

Ferenczi, S. (2011a). Transferência e introjeção. In S. Ferenczi. *Obras completas: Psicanálise* (vol. I, A. Cabral, trad.). São Paulo: Martins Fontes. (Trabalho original publicado em 1909)

Ferenczi, S. (2011b). Elasticidade da técnica psicanalítica. In S. Ferenczi. *Obras completas: Psicanálise* (vol. IV, A. Cabral, trad.). São Paulo: Martins Fontes. (Trabalho original publicado em 1928)

Ferenczi, S. (2011c). Confusão de língua entre os adultos e a criança. In S. Ferenczi. *Obras completas: Psicanálise* (vol. IV, A. Cabral, trad.). São Paulo: Martins Fontes. (Trabalho original publicado em 1933)

Ferenczi, S. (2011d). A técnica psicanalítica. In S. Ferenczi. *Obras completas: Psicanálise* (vol. II, A. Cabral, trad.). São Paulo: Martins Fontes. (Trabalho original publicado em 1919)

Ferenczi, S. (2011e). Prolongamentos da "técnica ativa" em psicanálise. In S. Ferenczi. *Obras completas: Psicanálise* (vol. III, A. Cabral, trad.). São Paulo: Martins Fontes. (Trabalho original publicado em 1921)

Ferenczi, S. (2011f). As fantasias provocadas. In S. Ferenczi. *Obras completas: Psicanálise* (vol. III, A. Cabral, trad.). São Paulo: Martins Fontes. (Trabalho original publicado em 1924)

Ferenczi, S. (2011g). Contraindicações da técnica ativa. In S. Ferenczi. *Obras completas: Psicanálise* (vol. III, A. Cabral, trad.). São Paulo: Martins Fontes. (Trabalho original publicado em 1926)

Ferenczi, S. (2011h). O conceito de introjeção. In S. Ferenczi. *Obras completas: Psicanálise* (vol. I, A. Cabral, trad.). São Paulo: Martins Fontes. (Trabalho original publicado em 1912)

Ferenczi, S. (2011i). A criança mal acolhida e sua pulsão de morte. In S. Ferenczi. *Obras completas: Psicanálise* (vol. IV, A. Cabral, trad.). São Paulo: Martins Fontes. (Trabalho original publicado em 1929)

Ferenczi, S. (2011j). Análise de crianças com adultos. In S. Ferenczi. *Obras completas: Psicanálise* (vol. IV, A. Cabral, trad.). São Paulo: Martins Fontes. (Trabalho original publicado em 1931)

Ferenczi, S. (2011k). A adaptação da família à criança. In S. Ferenczi. *Obras completas: Psicanálise* (vol. IV, A. Cabral, trad.). São Paulo: Martins Fontes. (Trabalho original publicado em 1928)

Ferenczi, S. (2011l). O problema do fim da análise. In S. Ferenczi. *Obras completas: Psicanálise* (vol. IV, A. Cabral, trad.). São Paulo: Martins Fontes. (Trabalho original publicado em 1928)

Ferenczi, S. (2011m). Princípio de relaxamento e neocatarse. In S. Ferenczi. *Obras completas: Psicanálise* (vol. IV, A. Cabral, trad.). São Paulo: Martins Fontes. (Trabalho original publicado em 1930)

Ferenczi, S., & Rank, O. (2011). Perspectivas da psicanálise. In S. Ferenczi. *Obras completas: Psicanálise* (vol. III, A. Cabral, trad.). São Paulo: Martins Fontes. (Trabalho original publicado em 1924)

Figueiredo, L. C. (2006). A clínica psicanalítica a partir de Melanie Klein. O que isto pode significar? *Jornal de Psicanálise, 39*(71), 125-150.

Figueiredo, L. C. (2008). *Psicanálise: elementos para a clínica contemporânea*. São Paulo: Escuta.

Figueiredo, L. C. (2012). *As diversas faces do cuidar: novos ensaios de psicanálise contemporânea*. São Paulo: Escuta.

278 REFERÊNCIAS

Figueiredo, L. C., & Coelho Junior, N. (2008). *Ética e técnica em psicanálise* (2. ed. rev.). São Paulo: Escuta.

Freud, S. (1990a). As pulsões e seus destinos. In S. Freud. *Edição standard das obras psicológicas completas de Sigmund Freud* (vol. XIV, J. Salomão, trad.). Rio de Janeiro: Imago. (Trabalho original publicado em 1915)

Freud, S. (1990b). As perspectivas futuras da psicanálise. In S. Freud. *Edição standard das obras psicológicas completas de Sigmund Freud* (vol. XI, J. Salomão, trad.). Rio de Janeiro: Imago. (Trabalho original publicado em 1910)

Freud. S. (1990c). Repetir, recordar e elaborar. In S. Freud. *Edição standard das obras psicológicas completas de Sigmund Freud* (vol. XII, J. Salomão, trad.). Rio de Janeiro: Imago. (Trabalho original publicado em 1914)

Freud. S. (1990d). Delírios e sonhos na Gradiva de Jensen. In S. Freud. *Edição standard das obras psicológicas completas de Sigmund Freud* (vol. IX, J. Salomão, trad.). Rio de Janeiro: Imago. (Trabalho original publicado em 1907)

Freud, S. (1990e). Projeto para uma psicologia científica. In S. Freud. *Edição standard das obras psicológicas completas de Sigmund Freud* (vol. I, J. Salomão, trad.). Rio de Janeiro: Imago. (Trabalho original publicado em 1895)

Freud, S. (1990f). A interpretação dos sonhos. In S. Freud. *Edição standard das obras psicológicas completas de Sigmund Freud* (vol. IV e V, J. Salomão, trad.). Rio de Janeiro: Imago. (Trabalho original publicado em 1900)

Freud, S. (1990g). Análise terminável e interminável. In S. Freud. *Edição standard das obras psicológicas completas de Sigmund Freud* (vol. XXIII, J. Salomão, trad.). Rio de Janeiro: Imago. (Trabalho original publicado em 1937)

Freud, S. (1990h). Observações sobre o amor transferencial. In S. Freud. *Edição standard das obras psicológicas completas de Sigmund Freud* (vol. XII, J. Salomão, trad.). Rio de Janeiro: Imago. (Trabalho original publicado em 1915)

Freud, S. (1990i). Fragmento da análise de um caso de histeria. In S. Freud. *Edição standard das obras psicológicas completas de Sigmund Freud* (vol. VII, J. Salomão, trad.). Rio de Janeiro: Imago. (Trabalho original publicado em 1905)

Freud, S. (1990j). A dinâmica da transferência. In S. Freud. *Edição standard das obras psicológicas completas de Sigmund Freud* (vol. XII, J. Salomão, trad.). Rio de Janeiro: Imago. (Trabalho original publicado em 1912)

Freud, S. (1990k). O inconsciente. In S. Freud. *Edição standard das obras psicológicas completas de Sigmund Freud* (vol. XIV, J. Salomão, trad.). Rio de Janeiro: Imago. (Trabalho original publicado em 1915)

Freud, S. (1990l) Psicanálise silvestre. In S. Freud. *Edição standard das obras psicológicas completas de Sigmund Freud* (vol. XI, J. Salomão, trad.). Rio de Janeiro: Imago. (Trabalho original publicado em 1910)

Freud, S. (1990m). Inibições, sintomas e angústia. In S. Freud. *Edição standard das obras psicológicas completas de Sigmund Freud* (vol. XX, J. Salomão, trad.). Rio de Janeiro: Imago. (Trabalho original publicado em 1926)

Freud, S. (1990n). Além do princípio do prazer. In S. Freud. *Edição standard das obras psicológicas completas de Sigmund Freud* (vol. XVIII, J. Salomão, trad.). Rio de Janeiro: Imago. (Trabalho original publicado em 1920)

Freud, S. (1990o). História de uma neurose infantil. In S. Freud. *Edição standard das obras psicológicas completas de Sigmund*

Freud (vol. XVII, J. Salomão, trad.). Rio de Janeiro: Imago. (Trabalho original publicado em 1918[1914])

Freud, S. (1990p). O Ego e o Id. In S. Freud. *Edição standard das obras psicológicas completas de Sigmund Freud* (vol. XIX, J. Salomão, trad.). Rio de Janeiro: Imago. (Trabalho original publicado em 1923)

Freud, S. (1990q). Construções em análise. In S. Freud. *Edição standard das obras psicológicas completas de Sigmund Freud* (vol. XXIII, J. Salomão, trad.). Rio de Janeiro: Imago. (Trabalho original publicado em 1937)

Freud, S. (1990r). Totem e tabu. In S. Freud. *Edição standard das obras psicológicas completas de Sigmund Freud* (vol. XIII, J. Salomão, trad.). Rio de Janeiro: Imago. (Trabalho original publicado em 1912-1913)

Freud, S. (1990s). Linhas de progresso na terapia analítica. In S. Freud. *Edição standard das obras psicológicas completas de Sigmund Freud* (vol. XVII, J. Salomão, trad.). Rio de Janeiro: Imago. (Trabalho original publicado em 1919)

Freud, S. (1990t). O problema econômico do masoquismo. In S. Freud. *Edição standard das obras psicológicas completas de Sigmund Freud* (vol. XIX, J. Salomão, trad.). Rio de Janeiro: Imago. (Trabalho original publicado em 1924)

Freud, S. (1990u). Luto e melancolia. In S. Freud. *Edição standard das obras psicológicas completas de Sigmund Freud* (vol. XII, J. Salomão, trad.). Rio de Janeiro: Imago. (Trabalho original publicado em 1917)

Freud, S. (2006a). Psicologia de grupos e análise do eu. In S. Freud. *Edição standard das obras psicológicas completas de Sigmund Freud* (vol. XVIII, J. Salomão, trad.). Rio de Janeiro: Imago. (Trabalho original publicado em 1921)

Freud, S. (2006b). O mal-estar na civilização. In S. Freud. *Edição standard das obras psicológicas completas de Sigmund Freud* (vol. XXI, J. Salomão, trad.). Rio de Janeiro: Imago. (Trabalho original publicado em 1930)

Freud, S. (2006c). Esboço de psicanálise. In S. Freud. *Edição standard das obras psicológicas completas de Sigmund Freud* (vol. XXIII, J. Salomão, trad.). Rio de Janeiro: Imago. (Trabalho original publicado em 1940[1938])

Freud, S. (2006d). A perda da realidade na neurose e psicose. In S. Freud. *Edição standard das obras psicológicas completas de Sigmund Freud* (vol. XIX, J. Salomão, trad.). Rio de Janeiro: Imago. (Trabalho original publicado em 1924)

Freud, S. (2006e). Sobre o narcisismo: uma introdução. In S. Freud. *Edição standard das obras psicológicas completas de Sigmund Freud* (vol. XIV, J. Salomão, trad.). Rio de Janeiro: Imago. (Trabalho original publicado em 1914).

Freud, S. (2006f). Formulações sobre os dois princípios de funcionamento mental. In S. Freud, *Edição standard das obras psicológicas completas de Sigmund Freud* (vol. XII, J. Salomão, trad.). Rio de Janeiro: Imago. (Trabalho original publicado em 1911)

Freud, S. (2006g). O humor. In S. Freud. *Edição standard das obras psicológicas completas de Sigmund Freud* (vol. XXI, J. Salomão, trad.). Rio de Janeiro: Imago. (Trabalho original publicado em 1927)

Freud, S. (2006h). Carta 69. In S. Freud. *Edição standard das obras psicológicas completas de Sigmund Freud* (vol. I, J. Salomão, trad.). Rio de Janeiro: Imago. (Trabalho original publicado em 1897)

Freud, S. (2006i). Fetichismo. In S. Freud. *Edição standard das obras psicológicas completas de Sigmund Freud* (vol. XXI, J. Sa-

282 REFERÊNCIAS

lomão, trad.). Rio de Janeiro: Imago. (Trabalho original publicado em 1927)

Freud, S. (2006j). O estranho. In S. Freud. *Edição standard das obras psicológicas completas de Sigmund Freud* (vol. XVII, J. Salomão, trad.). Rio de Janeiro: Imago. (Trabalho original publicado em 1919)

Freud, S. (2006k). Estudos sobre a histeria. In S. Freud. *Edição standard das obras psicológicas completas de Sigmund Freud* (vol. II, J. Salomão, trad.). Rio de Janeiro: Imago. (Trabalho original publicado em 1895)

Freud, S. (2006l). Carta 52. In S. Freud. *Edição standard das obras psicológicas completas de Sigmund Freud* (vol. I, J. Salomão, trad.). Rio de Janeiro: Imago. (Trabalho original publicado em 1896)

Freud, S. (2006m). A divisão do eu no processo defensivo. In S. Freud. *Edição standard das obras psicológicas completas de Sigmund Freud* (vol. I, J. Salomão, trad.). Rio de Janeiro: Imago. (Trabalho original publicado em 1938)

Freud, S., & Binswanger, L. (1995). *Correspondance 1908-1938* (R. Menahem & M. Strauss trad.). Paris: Calmann-Lévy.

Freud, S., & Ferenczi, S. (1995). Carta de 13 de fevereiro de 1910. In E. Falzeder, E. Brabant, & P. Giampieri. *Sigmund Freud & Sándor Ferenczi: correspondência (1908-1911)*. Rio de Janeiro: Imago.

Gerber, I. (2017). Neutralidade, naturalidade, neuturalidade. In E. M. U. Cintra, G. Tamburrino, & M. F. R. Ribeiro. *Para além da contratransferência: o analista implicado*. São Paulo: Zagodoni.

Grinberg, L. (1981). *Aspectos mágicos en la transferencia y en la contratransferencia. Sus implicaciones técnicas. Psicoanálisis aspectos teóricos y clínicos.* Barcelona: Paidós Ibérica. (Trabalho original publicado em 1973)

Grinberg, L. (1982). Mas allá de la contraidentificación proyectiva. *Actas del XIV Congresso Latinoamericano de Psicoanálisis,* FEPAL, p. 205-209.

Green, A. (1988a). Pourquoi le mal. In A. Green. *La folie privée: psychanalyse des cas-limites.* Paris: Gallimard.

Green, A. (1988b). Narcisismo: estrutura ou estado? In A. Green, *Narcisismo de vida, narcisismo de morte.* São Paulo: Escuta.

Green, A. (1990). *Conferências brasileiras de André Green: metapsicologia dos limites.* (H. B. Vianna, trad.). Rio de Janeiro: Imago.

Green, A. (2008). *De loucuras privadas.* Buenos Aires: Amorrortu. (Trabalho originalmente publicado em 1975)

Grosskurth, P. (1992). *O mundo e a obra de Melanie Klein.* Rio de Janeiro: Imago.

Grotstein, J. S. (1992). Introdução. In M. I. Little. *Ansiedades psicóticas e prevenção.* Rio de Janeiro: Imago.

Hanns, L. A. (1996). *Dicionário comentado do alemão de Freud.* Rio de Janeiro: Imago.

Heimann, P. (1959). Countertransference. *British Journal of Medical Psychology, 33,* 9-15.

Heimann, P. (2002). Sobre a contratransferência. *A contratransferência à luz do desejo do analista, 21*(29), revista da Escola Letra Freudiana, 15-20. (Trabalho originalmente publicado em 1949)

Isaacs, S. (1969). A natureza e a função da fantasia. In S. Isaacs. *Os progressos da psicanálise* (pp. 79-135). Rio de Janeiro: Zahar. (Trabalho originalmente publicado em 1943).

284 REFERÊNCIAS

Jacobs, T. J. (1986). *The use of the self. Countertransference and communication in the analytic situation*. Madison: International University Press.

Kahtuni, H. C., & Sanches, G. P. (2009). *Dicionário do pensamento de Sándor Ferenczi*. São Paulo: Fapesp.

Kernberg, O. (1998). Fairbairn's contribution. An interview of Otto Kernberg. In N. J. Skolnick, & D. E. Scharff (Eds.). *Fairbairn then and now*. New York: The Analytic Press.

Khan, M. M. (1984). O conceito de trauma cumulativo. In M. M. Khan. *Psicanálise: teoria, técnica e casos clínicos*. Rio de Janeiro: Francisco Alves. (Trabalho original publicado em 1963)

Klein, M. (1991a). Inveja e gratidão. In M. Klein. *Inveja e gratidão e outros trabalhos* (E. M. R. Barros, coord. ed.). Rio de Janeiro: Imago. (Trabalho original publicado em 1957)

Klein, M. (1991b). Narrativa da análise de uma criança. In M. Klein. *Inveja e gratidão e outros trabalhos* (E. M. R. Barros, coord. ed.). Rio de Janeiro: Imago. (Trabalho original publicado em 1961)

Klein, M. (1991c). As origens da transferência. In M. Klein. *Inveja e gratidão e outros trabalhos* (E. M. R. Barros, coord. ed.). Rio de Janeiro: Imago. (Trabalho original publicado em 1952)

Klein, M. (1991d). Notas sobre alguns mecanismos esquizoides. In M. Klein. *Inveja e gratidão e outros trabalhos* (E. M. R. Barros, coord. ed.). Rio de Janeiro: Imago. (Trabalho original publicado em 1946)

Klein, M. (1991e). Sobre a identificação. In M. Klein. *Inveja e gratidão e outros trabalhos* (E. M. R. Barros, coord. ed.). Rio de Janeiro: Imago. (Trabalho original publicado em 1955)

Klein, M. (1991f). Nosso mundo adulto e suas raízes na infância. In M. Klein. *Inveja e gratidão e outros trabalhos* (E. M. R. Barros, coord. ed.). Rio de Janeiro: Imago. (Trabalho original publicado em 1959)

Kohut, H. (1959). Introspection, empathy, and psychoanalysis: An examination of the relation between mode of observation and theory. In H. Kohut. *The Search for the Self.* New York: International Universities Press.

Kristeva, J. (2002). A alma e a imagem. In J. Kristeva. *As novas doenças da alma.* Rio de Janeiro: Rocco.

Kupermann, D. (2003). *Ousar rir: humor, criação e psicanálise.* Rio de Janeiro: Record.

Kupermann, D. (2008). *Presença sensível: cuidado e criação na clínica psicanalítica.* São Paulo: Civilização Brasileira.

Kupermann, D. (2009). Introjeção, corpo erógeno e simbolização. In *Sándor Ferenczi, a ética do cuidado* (2. ed., pp. 31-35). São Paulo: Duetto. (Coleção Memória da Psicanálise da revista *Mente & Cérebro*, n. 3)

Kupermann, D. (2010). A via sensível da elaboração: caminhos da clínica psicanalítica. *Cadernos de psicanálise 23*, 41-35.

Kupermann, D. (2012). O excesso e seus destinos na clínica freudiana. *Cadernos de Psicanálise, 28*(31), 23-50.

Kupermann, D. (2014). A maldição egípcia e as modalidades de intervenção clínica em Freud, Ferenczi, Winnicott. *Revista Brasileira de Psicanálise, 48*(2), 47-58.

Kupermann, D. (2017). *Estilos do cuidado: a psicanálise e o traumático.* São Paulo: Zagodoni.

Langenscheidt, Eurodicionário Português (2001). *Eurodicionário alemão-português/português-alemão.* Queluz de Baixo: Presença.

286 REFERÊNCIAS

Laplanche, J. (1992). *Novos fundamentos para a psicanálise.* São Paulo: Martins Fontes.

Laplanche, J. (1996). La prioridad del otro. Buenos Aires: Amorrortu.

Laplanche, J., & Pontalis, J-B. (1992). *Vocabulário da psicanálise.* São Paulo: Martins Fontes.

Larousse, K. (1980). *Pequeno dicionário enciclopédico.* Rio de Janeiro: Editora Larousse do Brasil.

Lisondo, A. B. D. (2010). *Rêverie* re-visitado. *Revista Brasileira de Psicanálise, 44*(4), 67-84.

Levinas, E. (1974). *Autrement qu'être ou au-delà de l'essence.* Dean Haag: M. Nyhoff.

Little, M. I. (1992). *Ansiedades psicóticas e prevenção: registro pessoal de uma análise com Winnicott.* Rio de Janeiro: Imago.

Little, M. I. (2002a). A resposta total do analista às necessidades do seu paciente. *A contratransferência à luz do desejo do analista, 21*(29), revista da Escola Letra Freudiana, 89-114. (Trabalho originalmente publicado em 1950)

Little, M. I. (2002b). Contratransferência e a resposta do paciente a isso. *A contratransferência à luz do desejo do analista, 21*(29), revista da Escola Letra Freudiana, 55-68. (Trabalho originalmente publicado em 1951)

Maia, M. (2009). O tato do analista. In *Sándor Ferenczi, a ética do cuidado* (2. ed., pp. 36-43). São Paulo: Duetto. (Coleção Memória da Psicanálise da revista *Mente & Cérebro*, n. 3)

Maldiney, H. (1991). *Penser L'homme et la folie.* Grenoble: Millon.

Martín-Cabré, L. J. (2006). La contribución de Ferenczi al concepto de contratransferência. Trabalho apresentado no Congresso

Internacional Ferenczi e a Psicanálise Contemporânea. Associação Psicanalítica de Madri e Sociedade Sándor Ferenczi, Madri, 1998.

McGuire, W. (1976). *Correspondência completa de Sigmund Freud e Carl Gustav Jung.* Rio de Janeiro: Imago.

Menezes, L. C. (1993). Algumas reflexões a partir de uma situação de análise mútua. *Revista Percurso, 10*(1), 15-18.

Minerbo, M. (2000). *Estratégias de investigação em psicanálise: desconstrução e reconstrução do conhecimento.* São Paulo: Casa do psicólogo/Fapesp.

Money-Kyrle, R. (1990). Contratransferência normal e alguns de seus desvios. In E. B. Spillius. *Melanie Klein hoje: desenvolvimento da teoria e da técnica* (vol. 2, pp. 35-46). Rio de Janeiro: Imago. (Artigo original de 1956)

Ogden, T. H. (1994). The analytic third-working with intersubjective clinical facts. *International Journal of Psychoanalysis, 75,* pp. 3-20.

Ogden, T. H. (2013). Reverie *e interpretação: captando algo humano.* São Paulo: Escuta.

Oliveira, B. S. M. (2009). Paula Heimann. In A. F. Sérvulo (Org.). *Contratransferência de Freud aos contemporâneos.* Casa do Psicólogo: São Paulo.

Oliveira, L. E. P. (2014). *L'invention de la psychanalyse: Freud, Rank, Ferenczi.* Paris: Campagne Première.

Pick, I. B. (1990). Elaboração na contratransferência. In E. B. Spillius. *Melanie Klein hoje: desenvolvimento da teoria e da técnica* (vol. 2, pp. 47-61). Rio de Janeiro, Imago. (Trabalho original publicado em 1985)

288 REFERÊNCIAS

Pinheiro, T. (1995). *Ferenczi: do grito à palavra*. Rio de Janeiro: Zahar.

Pontalis, J.-B. (2005). A partir da contratransferência: o morto e o vivo entrelaçados. In J.-B. Pontalis. *Entre o sonho e a dor* (Cláudia Berliner, trad.). São Paulo: Ideias & Letras.

Racker, H. (1982). A neurose de contratransferência. In H. Racker. *Estudos sobre técnica psicanalítica* (pp. 100-119). Porto Alegre: Artes Médicas. (Trabalho originalmente publicado em 1948)

Racker, H. (1985) Os significados e usos da contratransferência. In H. Racker. *Estudos sobre técnica psicanalítica* (pp. 120-157). Porto Alegre: Artes Médicas. (Trabalho originalmente publicado em 1953)

Rivière, J. (1969). Sobre a gênese do conflito psíquico nos primórdios da infância. In J. Rivière. *Os progressos da psicanálise* (pp. 48-78). Rio de Janeiro: Zahar. (Trabalho originalmente publicado em 1936)

Robert, P. F. P. (2015). *Da transferência negativa à destrutividade: percursos da clínica psicanalítica*. Tese de doutorado, Instituto de Psicologia da Universidade de São Paulo, São Paulo, SP, Brasil.

Rosenfeld. H. (1971). Uma contribuição à psicopatologia projetiva na estrutura do ego e nas relações de objeto do paciente psicótico. In E. B. Spillius. *Melanie Klein hoje: desenvolvimento da teoria e da técnica* (vol. 1, pp. 125-145). Rio de Janeiro: Imago.

Rosenfeld, H. (1988). *Impasse e interpretação: fatores terapêuticos e antiterapeuticos no tratamento psicanalítico de pacientes neuróticos, psicóticos e fronteiriços*. Rio de Janeiro: Imago.

Roussillon, R. (2006). *Paradoxos e situações limites da psicanálise*. São Leopoldo: Unisinos.

Roussillon, R. (2016). A elaboração e seus modelos. *Psicologia USP, 27*(2), 367-374.

Segal, H. (1975). *Introdução à obra de Melanie Klein.* Rio de Janeiro: Imago.

Simanke, R. T. (1994). A formação da teoria freudiana das psicoses. Rio de Janeiro: Editora 34.

Strachey, J. (1948). Naturaleza de la acción terapéutica del psicoanálisis. *Revista de Psicoanálisis, 5*(4).

Tamburrino, G. (2007). *Escutando com imagens: clínica psicanalítica.* São Paulo: Vetor.

Tamburrino, G. (2013). *O analista no campo analisante: dos impasses às transferências possíveis.* Tese de doutorado, Instituto de Psicologia da Pontifícia Universidade Católica de São Paulo, São Paulo, SP, Brasil.

Vieira, B. A. (2017). *A empatia em Freud e em Ferenczi: em busca de uma ferramenta para a clínica psicanalítica.* Dissertação de mestrado, Instituto de Psicologia da Universidade de São Paulo, São Paulo, SP, Brasil.

Winnicott, D. W. (1975). *O brincar e a realidade.* Rio de Janeiro: Imago. (Trabalho original publicado em 1971)

Winnicott, D. W. (1978a). O ódio na contratransferência. In D. W. Winnicott. *Da pediatria à psicanálise.* Rio de Janeiro: Imago. (Trabalho original publicado em 1947)

Winnicott, D. W. (1978b). Aspectos clínicos e metapsicológicos da regressão no contexto psicanalítico. In D. W. Winnicott. *Da pediatria à psicanálise.* Rio de Janeiro: Imago. (Trabalho original publicado em 1954)

Série Psicanálise Contemporânea

Adoecimentos psíquicos e estratégias de cura: matrizes e modelos em psicanálise, de Luís Claudio Figueiredo e Nelson Ernesto Coelho Junior

O brincar na clínica psicanalítica de crianças com autismo, de Talita Arruda Tavares

Budapeste, Viena e Wiesbaden: O percurso do pensamento clínico-teórico de Sándor Ferenczi, de Gustavo Dean-Gomes

Do pensamento clínico ao paradigma contemporâneo: diálogos, de André Green e Fernando Urribarri

Do povo do nevoeiro: psicanálise dos casos difíceis, de Fátima Flórido Cesar

Expressão e linguagem: aspectos da teoria freudiana, de Janaina Namba

Fernando Pessoa e Freud: diálogos inquietantes, de Nelson da Silva Junior

Heranças invisíveis do abandono afetivo: um estudo psicanalítico sobre as dimensões da experiência traumática, de Daniel Schor

A indisponibilidade sexual da mulher como queixa conjugal: a psicanálise de casal, o sexual e o intersubjetivo, de Sonia Thorstensen

Interculturalidade e vínculos familiares, de Lisette Weissmann

Janelas da psicanálise, de Fernando Rocha

Os lugares da psicanálise na clínica e na cultura, de Wilson Franco

Metapsicologia dos limites, de Camila Junqueira

Nem sapo, nem princesa: terror e fascínio pelo feminino, de Cassandra Pereira França

Neurose e não neurose, 2. ed., de Marion Minerbo

A perlaboração da contratransferência: a alucinação do psicanalista como recurso das construções em análise, de Lizana Dallazen

Psicanálise e ciência: um debate necessário, de Paulo Beer

Psicossomática e teoria do corpo, de Christophe Dejours

Relações de objeto, de Decio Gurfinkel

Transferência e contratransferência, 2. ed., de Marion Minerbo

O tempo e os medos: a parábola das estátuas pensantes, de Maria Silvia de Mesquita Bolguese